U0137536

郭瑞祥 著

1268-1279

亡天下·南宋覆灭史

Collapse of
the Southern Song Dynasty

团结出版社

UNITY PRESS

**图书在版编目（CIP）数据**

亡天下：南宋覆灭史：1268—1279 / 郭瑞祥著
. -- 北京：团结出版社，2023.10（2023.11 重印）
ISBN 978-7-5234-0236-8

Ⅰ. ①亡… Ⅱ. ①郭… Ⅲ. ①中国历史 - 研究 -
1268-1279 Ⅳ . ① K245.07

中国国家版本馆 CIP 数据核字（2023）第 113783 号

出 版：团结出版社
　　　　（北京市东城区东皇城根南街 84 号 邮编：100006）
电 话：（010）65228880 65244790（出版社）
　　　　（010）65238766 85113874 65133603（发行部）
　　　　（010）65133603（邮购）
网 址：http://www.tjpress.com
E-mail：zb65244790@vip.163.com
　　　　tjcbsfxb@163.com（发行部邮购）
经 销：全国新华书店
印 装：三河市东方印刷有限公司

开 本：170mm×240mm　16 开
印 张：15
字 数：204 千字
版 次：2023 年 10 月　第 1 版
印 次：2023 年 11 月　第 2 次印刷

书 号：978-7-5234-0236-8
定 价：45.00 元
　　　　（版权所属，盗版必究）

# 序　言

　　自秦始皇横扫六合，一统天下，各个朝代周而复始，但始终没有跳出盛衰兴亡的周期率。尽管每个朝代灭亡的原因不同，情形有异，但公认的大朝代中，像宋朝这样亡于异族的独此一朝。有人以明朝作比，然而明朝先亡于农民起义，再由边将引外族入寇，不能完全算作被外族吞并。

　　在古人心目中，有一个超越国家的概念，那就是"天下"。所谓"天下"，指的是华夏文明覆盖的地区。蒙元兴起于外邦，直到忽必烈即位，才推行汉化政策，主动接近和接受华夏文明，由"蛮夷"入华夏。所以在很多人心目中，其他朝代属政权更迭，是"亡国"，而宋朝则是"亡天下"。

　　除此之外，南宋灭亡时士大夫和地方守臣的种种表现，又与其他朝代大不相同。

　　汉亡时，无论西汉还是东汉，人们普遍感到"气数将尽"，大多数臣子主动抛弃了旧王朝，积极寻求新政权的构建方式。比如王莽篡汉并没有遇到太大的阻力，除了东郡太守翟义起兵之外，朝野上下反对的声音几不可闻。只是他即位后倒行逆施，才引发轰轰烈烈的绿林暴动。东汉黄巾起义后，人心分崩离析，社会上流行谶语，如著名的"代汉者当涂高"，赤裸裸昭示刘氏天下将尽。诸侯相争，不是为汉室天下去争，争的是下一个朝代出自何氏。即使刘表、刘焉这样的汉室宗亲，也在釜底抽薪，倾覆汉室。

唐朝自安史之乱后，一直动荡不安，形成藩镇割据的局面。又经黄巾之乱，皇室早已威望不再。唐昭宗成为藩镇侮辱嬉戏的对象，先后被军阀和宦官李茂贞、刘季述、韩全海、朱温挟持和幽闭，最后被公然杀害，而天下竟无人问罪。

然而，宋朝灭亡时情况要复杂得多。一方面，涌现了一批忠义敢死之士，坚决抵御蒙元，一心匡扶宋室，如血战到死的李芾、宁死不屈的文天祥等，佚名所撰《昭忠录》所载为抗蒙（元）牺牲的人士达一百三十多位。另一方面，也有不少叛变投敌甚至主动投敌的将领，如范文虎、吕师夔等。另外，还有更多人士，不愿担负失节的骂名，在朝廷危难之际，干脆溜之大吉，撂挑子不干，如留梦炎、陈宜中之辈，以至于太皇太后召集朝会，只有五人到场。

宋朝末世，形形色色，不一而足。形成这种局面，首先应考察宋朝的文化背景。

两宋之际，帝王"与士大夫共治天下"，士大夫通过科举走上政治舞台，政治地位前所未有。这些乡绅或平民出身的读书人虽没有收复幽云、封狼居胥的武功，却有"为天地立心，为生民立命，为往圣继绝学，为万世开太平"的使命感，于是他们举起复兴儒学的大旗，最终诞生了理学。理学讲究"天理"，而忠义气节是天理的主要内涵之一。二程说："固有杀身以成仁者，只是成就一节是而已。" "忠以事君，完始终大节。"朱熹注疏孔子"杀身成仁"："仁人，则成德之人也，理当死而求生，则与其心有不安矣，是害其心之德也。当死而死，则心安而德全矣。" 认为为了仁义而死，可以心地坦荡而且道德完美。正是理学的价值观深入人心，诞生了许多宁折不弯的践行者。正如近人黄节所称："自宋以降，仗义死节之士远轶前古，论者以为程朱讲学效。"

但也正是僵化的理学教条，催生了一批伪君子。理学倡导"存天理，灭人欲"，人欲岂可消除？在生存欲的驱使之下，许多士人表面上仁人君子，背地里蝇营狗苟。如贾余庆、刘岊之辈，既不愿放弃荣华富贵，又不能挽救社稷黎民于水火，便换副嘴脸，明为宋朝股肱之臣，暗里却拼命讨好元人，极尽龌龊肮脏之能事。

因此，从文化上讲，士大夫的两极分化，成也理学，败也理学。

总体来说，宋末人心未失，但朝纲不振；武将有报国之心，却难有报国之门；文臣不乏睿智担当之士，却纷争不断，拧不成一股绳。兴亡盛衰自有因果，在强大的蒙古铁骑之下，临安的宫殿最终变成了大元的府衙。其中所谓的因果，文化价值观只是其中一项，其政治、军事、经济、体制、用人等值得全面检讨。如贾似道不是无能之辈，亦有革新除弊之举，为何堕落为粉饰太平、弄权要君、恬嬉逸乐的亡国之相？

诸多方面，序言不能一一陈列，而这正是全书的要旨。

本书记述从襄阳被围到崖山海战的十数年历史，但不限于裁剪故事，而是以时间轴上的史实为生发点，考察南宋末年的政治、经济、军事、哲学、商业状态，探析南宋衰败覆亡的内在逻辑。换言之，本书回答了两个值得后人沉思和借鉴的问题：南宋如何灭亡与何以灭亡。

2022 年底

# 目　录

楔子：壮烈悲歌 ……………………………………………… 001

第一章　襄阳攻防战 ……………………………………… 006

聚焦襄阳 ………………………………………………… 006

陷阱 ……………………………………………………… 010

救援 ……………………………………………………… 013

常败将军 ………………………………………………… 017

蒙古水军 ………………………………………………… 021

攻城的技术 ……………………………………………… 027

献城 ……………………………………………………… 032

角色转换 ………………………………………………… 038

第二章　师相贾似道 ……………………………………… 041

军事策略 ………………………………………………… 041

"王室有同于再造" ……………………………………… 046

不成功的军费审计 ……………………………………… 050

"犹把山川寸寸量" ……………………………………… 054

皇帝的智商 ……………………………………………… 059

"福华"时代 ……………………………………………… 064

息兵蓄锐 ……………………………………………… 068

势如破竹 ……………………………………………… 072

血战阳逻堡 …………………………………………… 077

惨败丁家洲 …………………………………………… 082


第三章　第三种力量 ………………………………………091

公论代言人 …………………………………………… 091

堕落与蜕变 …………………………………………… 095

与权势共舞 …………………………………………… 099

请诛贾似道 …………………………………………… 103

权臣末路 ……………………………………………… 108


第四章　理学下的士大夫 …………………………………113

儒学的尊崇与式微 …………………………………… 113

天理和人欲 …………………………………………… 116

士大夫无耻 …………………………………………… 121

陈宜中 ………………………………………………… 125

战、逃还是和？ ……………………………………… 128

被烧焦的焦山 ………………………………………… 133

常州之屠 ……………………………………………… 136


第五章　一旦归为臣虏 ……………………………………140

树未倒猢狲已散 ……………………………………… 140

临安降 …………………………………………… 144

"满朝朱紫尽降臣" …………………………… 147

北上 ……………………………………………… 152

朝拜元廷 ……………………………………… 157

青灯古佛了残生 ……………………………… 161

## 第六章　不屈的厓山 …………………………… 165

新政权 ………………………………………… 165

泉州 …………………………………………… 169

流亡 …………………………………………… 173

血染厓山 ……………………………………… 177

## 第七章　忠君还是保民？ …………………… 182

江陵之失 ……………………………………… 182

与城俱亡 ……………………………………… 185

"吾惟一死而已" ……………………………… 188

固守东川 ……………………………………… 191

褒贬钓鱼城 …………………………………… 195

## 第八章　一曲正义歌 …………………………… 200

临危受命 ……………………………………… 200

逃离虎口 ……………………………………… 204

"臣心一片磁针石" …………………………… 209

"惟有一腔忠烈气" …………………………… 212

帝王年表暨本书历史段大事记 …………………………………219

主要参考资料 ………………………………………………………222

主要参考论文 ………………………………………………………225

# 楔子：壮烈悲歌

入夜的汉水笼罩在神秘的黑暗之中，江水潴涨，拍打着江岸，发出"嘭——哗——"溢退的声音，沉闷而单调。如果不是远方星星点点的灯火发出朦胧的红色的光，人们会产生置身远古蛮荒的错觉，忘记了时间的流逝，忘记了现实的悲惨。

向着灯光将镜头拉进，这里是汉水的一支清泥河，向北蜿蜒三十里，团山（位于今襄阳市樊城区团山镇境内）脚下，百余轻舟停靠河中。最前头的小船上，两人低声细语，伴随着河水的澎湃之声，倾耳细听，可以辨别出他们谈话的内容。

"这些船只都检查过了吗？"其中矮胖的一人悄声问道。

"三只船连成一组，中间的装物资，左右两船蒙上草秸作假象，掩护中间船只，一切停当。"回答问话的人高而瘦，像一根麻秆。

高而瘦的人叫张顺，矮而胖的人叫张贵，他们生活在大巴山东麓和秦岭余脉交会的山坳之间，从小养成勇猛、侠义的性格，又极其迅捷，是天生的将领之材。二人同出一张，高矮胖瘦形成鲜明对比，张顺便俗呼为"竹园张"，张贵为"矮张"。

矮张对竹园张说："朝廷召我二人为都统，手下这三千民兵都是忠勇敢死之士。这次救援襄樊，必死而已。他们家里大多上有双老，下有妻小，我们不能欺骗他们！"二人商量之后，决定把此行的任务坦诚交代给手下三千名士卒，一来出于对他们及家人的怜悯，二来让他们抱定必死的决心，免得临阵退缩，影响这次特别援助行动。

襄阳、樊城已被蒙古大军围困五年，城中虽然还有粮食，但最缺的是盐、布帛、柴火，他们这次行动，就是将援助物资送到城中！

于是，二人向百余艘轻舟传令："此行有死而已，汝辈或非本心，宜亟去，毋败吾事。"不一会儿，亲卫反馈过来信息，士卒们士气高昂，个个争上前线，誓死杀敌。

一切准备停当，张顺低沉地吼道："出发！"亲卫从他眼里看到了凛然杀气。

这是公元 1272 年，南宋度宗咸淳八年，初夏。由张顺、张贵和三千死士组成的援助特别行动，面对的是横扫欧亚大陆、史上最强兵团——蒙古铁骑。

黑暗之中，百余艘轻舟悄然出航，两岸山麓应该林木葱郁，平原应该芦苇茂密，而此时全部没入黑暗，隐约有风声飒然，仿佛为志士壮行。

张贵读过两年书，蓦然想起两句诗："风萧萧兮易水寒，壮士一去兮不复还。"现在的季节已是初夏，前面是汉水而不是易水，但张贵仍然感到萧瑟的寒气。

轻舟行驶在初涨的水面上，每条船只留下一盏红灯作为标识。船行如梭，如鬼魅。

快到清泥河入汉水汇流处，前面就是蒙军控制的水域了。二张下令船队集结，隐蔽在附近的高头港。他们稍做休整，排好阵形，拿出早就准备好的战斗武器，如火枪、火炮、炽炭、巨斧、劲弩等，只待一声令下冲入汉水，直达襄阳城下。

过了子时，夜漏下三刻，以张贵为先锋，张顺殿后，百余艘轻舟乘风破浪驶入蒙军水上封锁线。在外围，进展尚且顺利，过了磨洪滩就是襄阳封锁线的核心区域了，蒙军的封锁十分严密，无数战舰停靠江边，士兵枕戈待发，张弓欲射！更要命的是，他们还在两岸栽上木桩，用粗大的铁索拦截江面，以防止船只强行突破。江上无法砌墙，这一道道铁索却比城墙还坚硬，想要突破封锁，比攻城更难！

蒙军发誓，大到鸿雁，小到苍蝇，都不能从江面通过！

明知是锋利的刀剑也要迎上去，明知是滚烫的油锅也要跳进去，敢死队像飞蛾扑火一样冲进了磨洪滩！

张贵安排一部分民兵向蒙军射击火枪火炮，吸引敌军注意，自己则带领精锐前去截断铁索。他们冒着蒙军的枪林箭雨，先用炽炭烧，待铁索被烧红，再用巨斧将其砍断。虽然办法笨了一些，耗时多一些，但终究有效。如果有蒙军过来阻拦，就用劲弩射击，加以掩护。宋军人少，不敢恋战，讲究的是一个"快"字。只要撕破缺口，马上前行。就这样边战边行，好在夜黑风高，船小灵活，整整战斗一夜，砍断铁索几百根，转战一百二十余里，黎明时分抵达了襄阳城下。

城中见援军赶到，如见亲人，连忙打开城门，放他们进去。

卸完物资才有时间重新集合部队，清点人数，伤亡巨大。最令人遗憾的是，都统之一的"竹园张"张顺也不见了踪影。茫茫汉水，何处寻找？看来凶多吉少。果然，几天之后，有军民在附近水域找到了他的尸体，身中四枪六箭，但依然手持弓箭，怒目圆睁，保持着战斗姿态！

军民感念张顺援救恩德，敬仰献身为民的忠义，为他收殓尸体，结冢安葬，还建立祠堂以享祭祀。

得到这样一支骁勇善战、不怕牺牲的队伍，吕文焕很是振奋，挽留张贵一起驻守襄樊。然而张贵有更深远的考虑。襄阳城眼下的困境不是防守力量不足，而是缺乏外援和物资的救助。沿襄阳顺汉水而下，是宋荆湖北路的郢州（今湖北钟祥），那里驻扎着宋将范文虎的军队。张贵打算赴郢州，在吕文焕与范文虎之间架起信息桥梁，里应外合，击退蒙军。即便不能完全解除襄阳之围，至少打通一条运输物资的交通线。

但现在要出城，谈何容易！

封锁线被敢死队撕破了一道缺口，蒙军都元帅阿术大为恼怒，严令加强江上布防，增加木桩和铁索数量，不仅架设在水面上，而且分布于水下，数十里路程内星罗棋布，构筑起空中、江面、水下立体防御工程，即使鱼虾也难以通过。

张贵不仅勇猛，而且具有坚韧的品质，认准目标勇往直前，不达目的誓不罢休。他修书一封，装在密封的蜡丸里，先安排两个人潜回郢州，通风报信，让郢州部队在中途接应。

又是一个伸手不见五指的夜晚，两名勇士悄悄从水下潜出襄阳城。这两名勇士水性极好，他们在水下连续潜行数日，不吃不喝，中途遇到密集的木桩就锯断通行。由于目标小，他们竟悄无声息地躲过江面上成千上万双元军的眼睛，神不知鬼不觉地把书信送到了郢州宋军驻地，然后又潜回襄阳，告知张贵，郢州方面承诺在一个叫龙尾洲的地方接应敢死队。

张贵向吕文焕辞行，打开襄阳东门，敢死队出城登舟，准备像入城时一样杀蒙军一个措手不及。到船上清点人数时，发现少了一人。这人前几天违反军纪，受到过张贵责罚。张贵心中吃了一惊，暗叫不好："这人一定叛变投敌了，这次突围计划恐怕已经泄露。"

形势发生了变化，隐匿潜行肯定行不通了。现在的关键是抢速度，或许叛徒还未到达蒙军大营，或许蒙军还未来得及进行有针对性的部署。张贵挥手下令，轻舟全速向东南驶行，遇敌杀敌，遇桩砍桩，强行突围。

敢死队尽是不要命的死士，战斗力特别强，竟然顺利地突破了蒙军的封锁线，张贵暗自侥幸，长长地舒了一口气。到小新城这个地方，忽然江两岸燃起火把，将天际照得通亮，如同白昼。敢死队的轻舟完全暴露在江面上。看灯火起处，一队队蒙古兵列队而立，十步一岗，虎视眈眈地眺望江心。张贵大叫不好，命令敢死队把所有的劲弩都用上，压制岸上的蒙军。一阵疾射之后，感觉岸上并没有发动攻势，众人紧绷的神经有些放松。正在这时，只听身后锣鼓齐鸣，蒙军的大船追将上来。

原来，叛徒泄密后，蒙军做了精心的准备，他们在岸边堆积大量芦荻，等宋军突出封锁线，点燃芦荻，燃起火光，后面派战船追杀，打得宋军狼狈逃生，死伤严重。

饶是如此，凭借船只灵活便利，包括张贵在内的一部分勇士突出重围，越过了最危险的区域，蒙军战舰依然紧追不舍。

船到勾林滩，天色微明，不远处就是龙尾洲了。借着东方曦光，张贵隐隐约约看到龙尾洲有大型战船一字排开，船上旗帜招展，以为是范文虎的水师，大喜，令军士点起流星火，示意对方前来接应，击退蒙军。

龙尾洲水师看到流星火，果然驱舰靠近。敢死队欢呼雀跃，纷纷放下武器，向大船上攀爬。谁知大船旗帜骤换，船上士兵从甲板上跃起，皆蒙军也。

张贵一下子全明白了，蒙军得到情报，在这里设下埋伏，以逸待劳。而范文虎的郢州水师惧怕蒙军，不敢前来。

敢死队已连续作战整整一夜，身困力疲，大多被俘。张贵作战到最后一刻，身中数十枪，终因体力不支，被蒙军活捉，不屈而死。蒙军派俘虏的其他敢死队民兵抬着张贵的尸体到襄阳城下，向城内喊话，以挫守军锐气。吕文焕派人出城抢下尸体，将张贵埋在张顺墓旁边，立二张庙进行祭祀。

二张和敢死队救援襄阳，只是四十年宋蒙之战中的一朵小浪花，改变不了历史的走向，甚至难以延缓襄阳的沦陷。在那个翻天覆地、沧桑剧变的朝代更替中，历史的镜头大多聚焦皇家宫廷、朝臣武将这些大人物的粉白墨黑，记录他们对历史的操控或者无奈。而小人物的忠义死难，也是一段历史的缩影，即便近乎微不足道，也并非全然没有意义。他像一段谶语，在某种程度上揭示了皇朝末代的政治状态和悲剧命运。

# 第一章　襄阳攻防战

## 聚焦襄阳

1267年，蒙古将领阿术扰掠襄阳，不久即退。作为一名优秀的职业军人，他对地形地势有着特殊的敏感，驻马襄阳西南的虎头山，环视江渚，将马鞭指向襄阳东北风方向的白河口说："如果在这里修筑一座堡垒，可以掐断襄阳的粮道。"

阿术说的没错。白河口是汉水和白河的交汇处，汉水在这里转了个弯，由东西流向变为南北流向。扼守住白河口，无论从上游均州（今湖北丹江口）、房州（今湖北房县）、光化军（今湖北老河口），还是从下游宜城、郢州水路运输的物资，都会受到极大的威胁，很难平安送进襄阳城。不仅如此，襄阳东西高山耸立，南北是一条狭长的通道，白河口恰在这条狭长通道的北大门处。对于水路和陆路，白河口都是襄阳咽喉。

决定战争成败的因素很多，除了兵众、粮草和武器，还取决于将帅的见识。

回到中都，阿术向大蒙古国可汗忽必烈提出了自己的想法，忽必烈眼前一亮，马上认同了阿术的想法。

与南宋的战争已经进行了33年，大蒙古国虽然形成了压倒性优势，却始终未能突破南宋淮河—汉水—东川（四川东部）防线，这让窝阔台、蒙哥、忽必烈三代可汗都头疼不已。忽必烈从阿术的建议中，似乎找到了打开南宋国门的一把钥匙。

大蒙古国崛起于 13 世纪初叶，彪悍勇武，所向无敌，很快统一了漠北高原，进而不断对外扩张，先后灭西辽、亡西夏、征欧亚、降高丽，形成了疆域空前的庞大帝国。但蒙古始终视金国为心腹之患，不断发动战争削弱金国，迫使金国皇帝不断南逃。

1233 年，为了彻底消灭退踞蔡州（今河南汝南）的金国残余势力，窝阔台主动约请南宋联合攻金，并以归还河南为条件。南宋本与金朝有血海深仇，此时贪利而忘危，在蒙军围困蔡州期间，献策、出兵、运粮，1234 年正月，蒙宋联军攻入蔡州，金哀宗自缢而死，金国灭亡。

金国灭亡后，蒙宋疆域相望。开封、洛阳、商丘是北宋的东京、西京、南京，按蒙宋约定，这里属蒙古地盘，但蒙古退兵后，这里形成了暂时的"真空地带"，好大喜功的宋理宗产生了趁机收复"三京"的想法。

1234 年六月，金国灭亡仅仅五个月，宋理宗派赵葵等率六万大军出兵向北，七月初收复开封，下旬进入洛阳，这一年是端平元年，史称这次收复为"端平入洛"。

"端平入洛"将蒙宋关系推至敌对状态，给蒙古攻宋提供了口实。蒙古很快进行反击，宋军补给不力，又困又乏，八月一日在龙门被蒙军击败，三京得而复失。

"端平入洛"是蒙（元）宋战争的起点，此后窝阔台、蒙哥、忽必烈三代可汗不遗余力地要占领江南，灭亡宋朝。

1235 年，蒙古分三路攻宋，一路出攻徐州，一路攻襄阳，一路攻川蜀，此后，蒙宋战争基本在这三个战场展开。

三个战场中，蒙军在西路取得重大进展，一度攻陷成都；在中路亦有突破，占领了襄阳；东路宋军顽强抵抗，蒙军进攻受挫。

　　这是蒙（元）宋战争的第一回合。战后，南宋检讨防线的薄弱环节，任命余玠为四川安抚制置使，加强以重庆为中心的东川防御，构筑了"山城防御体系"，特别是在合州（今重庆合川）钓鱼山上建造坚固的城池，日后在抗蒙战争中发挥了重要作用。

　　收复襄阳后，以孟珙为湖北路安抚制置使，孟珙奏请经营襄阳："襄、樊（今襄阳樊城区，当时与襄阳分属两城）为朝廷根本，今百战而得之，当加经理，如护元气。"孟珙大力扩充兵源，荆襄一带兵力达十三万之多。孟珙经营荆襄近十年，使襄阳成为抗击蒙军的坚固堡垒。

　　蒙（元）宋战争第二回合，是蒙哥南征。

　　蒙哥即汗位后，于1252年派弟弟忽必烈远征大理，目的是绕道南宋后方，对南宋形成包围之势。在灭亡大理、平定云南后，1256年，蒙哥亲征四川，试图突破东川防线，从重庆入江，浮舟东下，直捣江浙。同时，派忽必烈进攻鄂州（今湖北武昌），以牵制宋军。

　　这次南征深刻地影响了大蒙古国征战天下的战局。蒙哥南征三年，止步于合州钓鱼山，蒙军围攻钓鱼城五个多月而不得，士气低落。至1259年七月，东川奇热，军中瘟疫蔓延，而蒙哥竟死于激烈的战斗之中。有说被流矢击中，有说被飞石所伤，有说被砲风所震，有说染病而崩，不一而足。

　　蒙哥死后，蒙军北撤，第二回合以蒙军失利而告终。而空缺出来的汗位，众人觊觎，忽必烈与幼弟阿里不哥展开了长达五年的汗位之争，直到1264年胜出，这才有机会重新部署灭宋战争。

　　蒙哥死于合州，这让忽必烈对四川战场心有余悸。那么，亡宋，要从哪里突破呢？

　　阿术的建议给忽必烈以启发，若能控制白河口，无疑是楔入宋军防御系统的一枚钢刺，会慢慢撕开裂缝。

　　但是，襄阳有重兵把守，城内粮草充足，想要强行在白河口修筑堡垒谈何容易！

怎样才能在干戈未起之时控制住白河口，以占得先机呢？蒙军一时无计可施。这时，宋朝降将刘整献了一策，他说："南人依仗的，只有吕氏一门而已。吕氏家族的掌门人是吕文德，长得像黑炭一样，人送外号'黑灰团'。只要搞定吕文德，事情就好办了。这个人是见利忘义之徒，不妨给他点好处，引诱他上当。"

孟珙死后，荆湖路军事先后由贾似道、李曾伯主持。到1267年，吕文德任京湖制置使，开府鄂州。南宋所谓的京湖，包括京西南路大致为汉水流域；荆湖北路包括现在的荆州、武汉、岳阳和湘西地区；荆湖南路包括现在的湖南大部。

吕文德原是赵葵部下，曾跟随赵葵"端平入洛"，在蒙宋两次大战中立有大功，可谓南宋末年赫赫名将，要勇气有勇气，要智谋有智谋，要见识有见识，怎么能轻易被敌国搞定？

刘整敢于向忽必烈献策，是因为他了解吕文德不为人知的一面。

刘整投降蒙古前为南宋四川泸州守将，他的顶头上司为俞兴，四川制置副使、知嘉定府（今四川乐山），而吕文德以京湖制置使兼管四川。

刘整在抗击蒙古大军时有战功，吕文德很是忌惮，担心刘整将来超过自己，便联合俞兴迫害刘整，对刘整的功劳不上报，好的建议不采纳，并且不断以支援战争名义向泸州勒索钱财。刘整试图向朝廷申诉，但贾似道为相，君臣忙着争权夺利，没人把他当回事。

被逼无奈，刘整投降了蒙古，并且送上一份大礼作为投名状：泸州十五郡三十万户人口。在宋蒙胶着时期，这份礼单无疑非常丰厚。更重要的是，刘整长期在军中任职，掌握着南宋许多军事情报，熟悉南宋军队的运作方式，这在以后给南宋带来了无穷的麻烦。最早提出从襄阳入手，撕开宋军防线的，就是刘整。

刘整深知吕文德是个贪婪的人，做低级军官时就开始克扣军饷。经营京湖地区后，手下只有七万人，却冒领三十万人兵赋，多余的都装进了自己的腰包。

只要有弱点，就能够对症下药。刘整要诱敌入彀。

## 陷 阱

作为京湖制置使，吕文德治所在鄂州，襄阳由其从弟吕文焕负责守卫。蒙古刚好利用吕文德不在一线，不了解襄阳周边情况的短板，给吕文德设计了个陷阱。

1268 年，蒙古派使者前去拜见吕文德，给吕文德带来贵重的见面礼：玉带、珠宝和西域罕见的特产，吕文德喜形于色，但心里又惴惴不安。他知道世上没有免费的午餐，更不会有无缘无故的礼赠，"糖衣炮弹"的道理他懂。当使者提出要求时，吕文德松了一口气。原来，蒙古希望在襄阳城周边建立榷场，同襄阳民众进行贸易往来。

榷场就是官方建立的集贸市场，宋朝贸易发达，全民皆商，边界榷场几乎遍地开花。即使与辽、夏、金世代冤仇，除了战时状态，一般不会停止正常贸易。与蒙古连年战争，也不影响他们之间做生意，从淮南到京西，榷场几乎遍布前线。仅忽必烈即位后，就开设了颍州（今安徽阜阳）、涟水军（今江苏涟水县）、光化军三处榷场。

蒙古这个要求听起来合情合理，让吕文德没有理由拒绝。吕文德还有一些私心，朝廷财赋紧张，前线消耗又大，开办榷场，军队可以从商贸中获得一笔不小的进项。南宋一直允许并鼓励军队经商，作为屯驻大军统帅，吕文德不但要算政治账、军事账，还要算经济账。

吕文德答应了蒙古使者的请求，很快，蒙古人在白河口附近建起一座榷场。

榷场建立后，襄阳驻军从边境贸易中获得实惠，吕文德颇有些扬扬自得。不久蒙古使者又找上门来，愤愤地说："你们南人太不讲信用了，社会治安也不好，盗匪出没，像安丰（今安徽寿县）等处的榷场，发生了多起盗窃抢掠事件。我们需要垒几道土墙存放货物。"吕文德到底是军人，潜意识中感到不妥，因此回绝了。

吕文德身边的人怂恿说："办榷场，我们的利益大于蒙古人，修建土堡只是为了存放货物，理应乐见其成。"——吕文德果然是贪小便宜之人，被身边的人说动，他身边的人或许也得了蒙古的好处，他们连忙派人去追使者，但使者已走远了。

过了几天，蒙古使者又找上门来，再次重复了上次的请求，吕文德这次很痛快地答应了。

蒙古以垒围墙的名义修了几座城堡，第一座城堡建在鹿门山外。鹿门山在襄阳的东南，汉水之畔，因唐朝诗人孟浩然隐居于此而闻名遐迩。这里地势高耸，松林茂密，孟浩然有"鹿门月照开烟树""岩扉松径长寂寥"的诗句，白居易也写道："南望鹿门山，蔼若有余芳。旧隐不知处，云深树苍苍。"以一支军队驻扎于此，有居高临下、扼守关隘的优势。

鹿门山离白河口近百里，榷场在白河口，堡垒既然用来存放贸易中的货物，为什么要修在百里之外？蒙军显然别有用心，堡垒是为了驻军，但吕文德此时昏了头，竟允许他们在这里筑营扎寨。

驻守襄阳的吕文焕亲眼看着蒙古在城下、山头建起堡垒，大为恐慌，给吕文德写信，提醒他防止蒙古有诈。然而吕文德的亲随陈文彬私下接受了蒙古人的贿赂，竟隐匿不报。

接着，蒙古在白鹤城（今襄阳白鹤市场）建了第二座堡垒。之后一气呵成，又建筑了万山堡垒、岘山堡垒。万山是建安七子之一王粲隐居地。岘山曾是西晋大将羊祜喜欢登临的去处，他在这里感叹人生易逝，功业不永。杜预是西晋灭吴主要功臣之一，他接替羊祜为襄阳太守，刻了两块石碑记述自己的功勋，一块沉在万山之下的水中，一块立在岘山之上，说："谁知道此后高山会不会变成深谷，深谷会不会变成高山！"

没有想到，这两座英雄之山，如今竟成了蒙古盘踞跑马之地。

岘山与鹿门山隔江相望，在两座山上修筑堡垒，形成"夹江堡"，刚好辖制住汉水通道，自此襄阳与郢州隔阻，不再畅通。

蒙古人还在虎头山、百丈山修筑了工事，白鹤城在襄阳城东北白河口处，万山在西，虎头山在西南，百丈山在南，刚好对襄阳形成包围之势。据嘉靖《襄阳府志》：蒙古筑城修堡凡十处，即牛首、安阳、古城、红岩、自河、沙河、渔兰、新城、淳河、滚河。襄阳素有"十里青山半入城"之说，这十里青山本是襄阳防守的天然屏障，没想到反为敌人所用，成为围困襄阳的据点。

吕文焕眼看着自己处于敌军包围之中，不断向鄂州申诉，请求趁蒙古立足未稳，主动出击，拔除这些据点。到了这种地步，吕文德终于醒悟，捶胸顿足："误朝廷者，我也。"打算亲自出兵增援襄阳，不料因悲愤交加，背上长了毒疮，卧病在床，无法领兵。

而《续资治通鉴》显示，吕文德一直到最后都不以为然，反而大骂吕文焕一心邀功。吕文德判断蒙人即使修筑堡垒，也是假城，不可能坚固；而襄阳城城池坚深，军队粮草储备可以支撑十年，根本不用担心。吕文德扬言："如果真是刘整在胡作非为，等到春天涨潮，我亲自带兵去讨伐，到时候恐怕他跑得比兔子都快。"吕文德如此轻敌，"识者窃笑之"。

通常史书上的襄阳，其实包括襄阳、樊城两座城池，它们以汉水为界，一南一北，夹水而建，犹如双子星座，又如一对同气连枝的兄弟，一个命运共同体。两城互为掎角，战时相互援助，一荣俱荣，一损俱损。

蒙军部署停当，这年八月，阿术亲自统兵围困樊城，打响了襄樊攻防战的第一枪。

蒙军堡垒像一道绳索捆住了吕文焕的手脚，让他感到行动困难进而胸闷气短，必须挣脱。他尝试以襄阳、樊城兵力自行解围，十一月，率城中精锐向山头上的蒙古堡垒发动突然袭击。但蒙军居高临下，具有天然的地形优势，游牧民族长于野战，城池之外以一当十，吕文焕无法取胜，反而损兵折将，伤亡惨重。《元史》记载：阿术分诸军御之，斩获甚众。立功将士 1304 人，对于首立战功生擒宋军的，赏银五十两，其余赏赉不等。

此后襄阳、樊城守军多次奇袭蒙古堡垒，都没有得手，反而伤亡惨重。如《元史·刘国杰传》载："至元六年，选其兵取襄阳，以益都新军千户从张弘范戍万山堡。宋兵窥伺，众出取薪，大出兵来攻堡，国杰等以数百人败之，斩首四千余级，由是有名。"

蒙军善于骑兵野战，汉军善于守城攻城，阿术和刘整将堡垒修筑到襄阳四周的山上，堡垒用于防守，山坞适合野战，他们将蒙军和汉军的技战术结合起来，无疑是一种创举：围而不打，以守为攻，困疲敌军。

但他们手下大部分是蒙军，修城筑寨水平不高。阿术向忽必烈请求："所领者蒙古军，若遇山水、寨栅，非汉军不可。宜令史枢率汉军协力进征。"史枢即枢密副使史天泽，出生于燕京附近的永清县，虽是汉人，但燕京一直为辽、金统治，从来不是宋朝臣民。

1269 年正月，蒙古派史天泽和另一枢密副使忽剌出率二万人增兵襄阳，至此蒙军围困襄阳兵力总数达十万左右。史天泽带来的大多是中原汉人，擅长修工程、筑堡垒，他们对各个堡垒进行加固，在堡垒周围修上营寨，平日屯驻士卒，操演训练，变成了地道的军营，更加适合军事作战。同时将堡垒群贯通起来，连点成线，步步为营。又在襄阳外围通道扎下数十里连珠寨，实现对襄阳、樊城的无缝包围。

襄阳的形势愈加紧迫，蒙军完成了有效封锁，单凭襄阳的兵力，已难自行解围。

## 救 援

因为史天泽是汉人，吕文焕心存幻想，派人到蒙军军营送去食盐和茶叶，以犒军为名，希望史天泽不要逼迫太紧。即便两军对垒之时，将领也会礼尚往来，保持应有的风度，但往往绵里藏针，笑里藏刀，如果稍有心软或大意，就会被对方钻空子。

但史天泽显然不会对襄阳手下留情，能够拯救襄阳的只有南宋。

1269年三月，春水初涨，宋京湖都统制张世杰率马步舟师援救襄阳。张世杰出生在金国的范阳，出身草莽，先是追随张柔抗击蒙军，后来张柔投降了蒙军，张世杰独身一人南下归宋，在吕文德手下做一名小校，因战功卓著脱颖而出。

张世杰在襄阳城南的赤滩圃与蒙军激战，蒙军具有地形上的优势，又有坚固的堡垒以逸待劳，尽管张世杰作战勇敢，还是没能打开蒙军的包围圈。

张世杰救援失败后，沿江制置副使兼知黄州夏贵采取隐蔽的方式，乘轻舟绕过蒙军封锁线，将粮食、布帛运送到襄阳城下。因担心受到蒙军阻击，夏贵不敢久留，将物资交割完毕，匆匆返航。

夏贵是宋末一个重要人物，《新元史》记载其"生有异秉，暮夜能见射箭落处，人称为夏夜眼"。他是一员勇将，受到吕文德赏识，屡立战功，一路升迁至四川安抚制置使兼知重庆府，刘整叛变时奉命讨伐，取得胜利。四川安定后，京西南路、荆湖北路一带成为宋、蒙争锋的焦点，夏贵虽已六十多岁，仍被调黄州，为襄阳后援。

返杭途中，夏贵想出其不意袭击蒙军堡垒，他认为襄阳东北处在蒙、宋交战区的后方，防备可能薄弱，便选择了鱼梁洲蒙军堡垒作为攻击目标。鱼梁洲离白河口和清泥河不远，是由两条河流汇流冲击出的一块陆地，四面环水，便于水军作战。夏贵纵火焚烧停靠在水面上的蒙军船只，登临洲上。蒙军守将为万户脱因不花和千户何玮，脱因不花胆怯，龟缩在城堡里不敢应战，还呼唤何玮躲避宋军锋芒，何玮吼道："这正是建功立业的好时机，决不退缩！"率领士卒打开寨门冲了出来。蒙军士气高昂，夏贵孤军深入，不敢久战，败退。

何玮跟张世杰一样，也是金国汉人，他的父亲何伯祥在张柔部队从军，后随张柔投降蒙古。万户、千户以及百户都是金、蒙的武将职务，万户掌兵不超过一万人，千户掌兵不超过一千人，百户掌兵不超过一百人。

夏贵成功将援助物资送到襄阳城下，暴露了蒙军封锁线存在着漏洞。如果这样相持下去，襄阳十年难破！必须进一步掐断襄阳城的物资供应！蒙古人开始思考，该怎样弥补漏洞，尽快将襄阳、樊城困死。

由金归蒙的张柔封汝南王，他的第九子张弘范，深受忽必烈器重，是崭露头角的政治军事新星。这一年他三十岁出头，被任命为益都、淄莱等路行军万户，派至襄樊前线。张弘范对史天泽说："我们对襄阳的策略是围而不攻，困死他们。但夏贵趁江汉涨水向城内运送援救物资，我们竟无法拦阻。如果不能掐断救援通道，什么时候才能困死襄阳？"他建议以万山为据点，断绝襄阳西部通道，东边则在灌子滩筑栅栏，阻断船只往来。史天泽听从了张弘范的建议，扩大万山堡垒，防范西边援军。阿术则将张弘范派到鹿门山，专门对付东边的南宋援军。

刘整向阿术建议，在汉水中央修筑实心高台，上面放置强弩巨炮，用竹笼盛着石头垂于高台之下，称"石囷"，用于阻止敌船前进。这一招跟张弘范所言在灌子滩设立栅栏异曲同工，效果更好，阿术便让史天泽抓紧施工。高台建成后，相当于将堡垒修到了汉水中央，彻底阻断了江上交通。

六月，蒙军又收紧包围圈，派一万五千人扼守万山、射垛冈、鬼门关等关口，不让宋人上山砍柴。次年，他们又想了一个更笨却更有效的办法围困襄阳、樊城，那就是在两城之外，再筑一道城墙，称为环城，彻底将两城封死！反正史天泽带来的两万工程兵闲着也是闲着，不妨给他们找些活儿干。

襄阳经过南宋多年经营，城墙坚固，储备充足，但不可能样样俱到。比如城内驻扎军队，烧火做饭、取暖照明，需要的柴火数量惊人。城里储备大多为粮草武器，用柴需要郊外拾，山上砍，如今城里所有的出口都被蒙军封锁，平日里不起眼的柴火现在成了最大的难题之一。

襄阳迫切需要外援纾困解围。

襄阳窘况引起了朝廷的重视，群臣议论纷纷，非有资历，有阅历，有能力的大将不能胜任救援任务。大家将武将数来数去，一个一个过筛子，最后把目光落在了高达身上。

高达曾接替南宋名将孟珙守卫襄阳长达八年。1257年，蒙军统帅塔察儿率军围攻樊城，高达率城中军民顽强抵抗，坚守数月，直到秋季，阴雨绵绵，蒙军不适应潮湿的天气，被迫退兵。高达曾有功于襄樊，对这里的情况熟悉，是救援襄阳的最佳人选。

监察御史李旺官阶虽然不高，但为襄阳前线忧心忡忡。他首先举荐高达，同身边同僚商量，大家一致同意。于是他汇总大家意见，郑重地禀报给朝中当政者贾似道。贾似道沉吟许久，说道："高达确实是良将，但他与吕文焕有隙，吾用高达，如吕氏何？"李旺伤心地说："吕氏安，则赵氏危矣。"他实在想不明白，吕氏重要，还是国家安危重要。

贾似道不愿用高达，因为不光吕文焕，他本人与高达也有很深的矛盾！

高达是武将出身，心直口快，胸无城府，他非常看不起靠恩荫出仕的贾似道。一次战役中，贾似道为高达的上司，高达不服，指着贾似道对身边人说："巍巾者何能为哉！"古代文官帽冠很高，称为巍巾。他每次出战前都要求贾似道先犒赏士兵，否则让士兵到贾似道的门口喧哗闹事。相反，吕文德却很尊重贾似道，经常制止高达，斥责他的士兵。双方矛盾盖缘于此。

吕文焕听闻可能派遣高达的消息，也闷闷不乐。身边人给他出主意说："阻止高达也不难。朝廷因为襄阳危急，所以才起用高达。如果我们打了胜仗，朝廷就没有再派援军的道理了。"吕文焕犹豫了一会儿，说："只好如此。"他命人到城外捉了几个元军的哨探，向朝廷谎称大捷，朝廷果然不再着急议论援救的事了。

所谓的捷报只能欺骗朝廷于一时，襄阳的包围圈终究像孙悟空的紧箍咒一样，越勒越紧，越勒越疼。

七月，荆湖连续多日大雨，冬春窄浅的河道变得浩渺无垠，江水甚至溢出堤坝。对于水军占据优势的南宋来说，是援助襄阳、打掉蒙军堡垒的绝佳时机。夏贵奏请朝廷批准后，再次率兵援助襄阳。他率士卒五万，战船三千，满载粮草盐布，从黄州和武昌出发，浩浩荡荡驰向襄阳。

夏贵使了一个计策，让小股部队出没于汉水东岸林谷间，以迷惑驻守在鹿门山的蒙军，大部队则沿汉水西岸全速前进。不料，阿术识破了夏贵的计谋，告诫部下："这是虚张声势，不要理他，准备在新堡迎战。"蒙古同行汉军都元帅赵璧，亦为鹿门山守卫，他在险要之处设埋伏，单等夏贵入彀。中夜时分，夏贵果然逆流而上，准备袭击蒙军新堡。赵璧从鹿门山堡垒策马而出，行二十里，到埋伏圈，指挥蒙军攻击夏贵。蒙军采取的是水师迎战、高台砲射、两岸夹攻的办法，夏贵不能抵挡，被蒙军夺去五艘战船。赵璧大呼："南船已败，我水军冲啊！"宋军听到呼声，军心大乱，船挨船，船靠船不敢移动，与蒙军相持。

第二天天刚亮，阿术亲自带领骑兵袭击岸上宋军步兵，宋军不敌，溃败，水师跟着败退。赵璧带领蒙水军万户解汝楫追赶，在虎尾洲又展开一场激战，宋军丢盔弃甲，溺死无数。

夏贵出兵前，特意留吕文德的女婿、黄州武定诸军都统制范文虎作为接应。范文虎听闻前方战斗吃紧，率军接应，在灌子滩亦为蒙军所败，范文虎乘轻舟逃遁，捡了一条性命。

## 常败将军

夏贵和范文虎分别在虎尾洲、灌子滩兵败，消息传开，朝野哗然。

许多有见识的朝臣意识到，帝国到了生死存亡之秋，必须发兵全力以赴援救襄樊。

江万里是左丞相，但把持朝政的却是太师、平章军国事贾似道。宋度宗视贾似道为师臣，唯其言是听。江万里忧虑襄樊战事，多次出谋献策，贾似道认为小题大做，当作耳旁风。气愤之下，江万里辞去丞相之位，请求外放，贾似道竟批准他知福州。起居郎、权吏部侍郎王应麟向皇帝进言："国家所屏障的是长江天险，襄、樊是长江的喉舌，救援襄樊刻不容缓。如果按常规办事，拖拉延缓，恐怕将酿成大祸！"贾似道最喜欢在皇帝面前粉饰太平，不愿听危言谠论，更不能接受批评意见和逆耳之言，便也将王应麟外放出去了。

兰溪金履祥，乃一介布衣，位卑不敢忘忧国，进献"围魏救赵""牵制捣虚"之策，建议出动庞大的水师，走海道直趋燕蓟。蒙军水军少，全部押在了襄樊，所以必定回师救援，襄樊之围不解自破。金履祥还绘制了水师北上线路图，包括途经的郡县，以及水域、码头等，还有进攻策略，远近难易，十分详尽。金履祥的奇思妙想，超出了当权者的认知范围，群臣嘲笑他迂腐，根本没有人认真研究他的建议。

正当朝廷议论纷纷、举棋不定的时候，病重卧床的吕文德一命呜呼了。

朝廷要考虑谁来接替吕文德。纵观全国前线将领，资历、威望比肩吕文德的，也只有李庭芝了。

李庭芝，字祥甫，随州人。据说他出生时屋顶长了棵灵芝，因此得名。这个名字还有一层深意。东晋谢安问子侄们："你们为什么要尽心尽力培养子弟成为优秀人才？"他的侄子谢玄回答说："譬如芝兰玉树，欲使生于阶庭耳。"意思是芝兰玉树都想种在自己家里。父母取"李庭芝"这个名字，无疑是寄托理想，希望孩子出类拔萃，光耀门楣。

李庭芝没有辜负父母，小时候就异常聪明，见识超过了许多成年人。18岁那年，他对乡里诸老说：现在的随州太守贪得无厌，不知道体恤下属，将士心生怨愤，恐怕不久将有大乱。他恳请父母族人迁徙他地。迁后十日，果然应验。

李庭芝 23 岁考中进士，在名将孟珙帐下担任幕僚。孟珙很器重他，对旁人说："我认识的人很多，但没有一个比得上李庭芝。他将来名位一定超过我。"孟珙死时，将他推荐给贾似道，李庭芝便在贾似道手下效力，在很多重要战役中立下战功。扬州是长江防线的重要节点，有一次受到侵袭，朝廷在讨论选择扬州守将时，宋理宗脱口而出："没有谁能比得上李庭芝。"李庭芝果然不负圣望，击退敌军。

李庭芝不仅是位良将，还是个好官。由于刚经历战争，扬州一片凋敝。李庭芝免除百姓税赋，借钱让百姓重建家园，迅速安定了扬州秩序，恢复了生活生产。盐场盐税是扬州的主要经济产业，李庭芝把运河开凿到盐场，方便船运，节省人力和物力，因此盐业得以兴盛。

李庭芝还是个重情重义的人。孟珙死时，李庭芝亲自扶送他的棺柩安葬，还辞官为他服丧三年。

这样一位有情有义有能力有口碑的将领，又出自当权宰相贾似道门下，是各方都能接受的人选。1269 年冬，朝廷将李庭芝调离两淮，任命他为京湖安抚制置大使、知江陵，总领援助襄樊事务。同时迫于舆论压力，起用高达为湖北安抚使、知鄂州，孙虎臣起复淮东安抚副使、知淮安州。京湖战事压力正大，但国家有难，焉能退缩？李庭芝接到任命，知难而进，马不停蹄赶赴江陵上任。

夏贵是吕文德的老部下，范文虎是吕文德的女婿，他们与吕文焕以及吕氏家族吕文福、吕师夔、吕师孟等早已结为同党，号称"吕氏集团"。蒙人评价他们说："吕氏，彼国大族，与之抗衡者，必因此有所诛杀。"李庭芝的到来，对他们这个小集团是个威胁。夏贵知趣，离开郢州前线，暂时在黄州赋闲。范文虎心中最为不甘，他给当权者贾似道写信说："给我数万兵力救援襄阳，一战可平，但不要让我听从李庭芝的节制，胜利后功劳都是恩相您的。"贾似道居然相信了范文虎，不但没有追究他在灌子滩兵败的责任，反而提升他为福州观察使，让他暗中制衡李庭芝。

其实，这是贾似道的"权术之道"，让下面相互掣肘，他才能利用两派之间的矛盾，高高在上，操控时局。

范文虎每天与美女姬妾鬼混，在军中走马击毬，荒淫娱乐。李庭芝多次想要起兵，范文虎阻挠说："我上报朝廷了，现在还未见回复。"时间在大臣权争和将帅龃龉中无情地流逝，1270年大半年，南宋军政对襄樊和蒙古没有任何举措和行动，直到十月，皇帝敕令范文虎总统殿前司两淮诸军，往襄樊备御，赐犒师钱一百五十万。范文虎彻底摆脱了李庭芝的领导，成为救援襄樊的实际负责人。

在此之前，史书上找不到"范文虎"这个名字，也就是说，他没有任何值得一书的战斗事迹，单凭吕文德女婿这个身份就爬至高位。这样没有真才实学、没有经过战场锤炼的将领，竟付以重任，将帝国命运系于一身。

范文虎为了摆脱李庭芝的领导，口出狂言，要以数万人一战而解襄樊之围，等真的兵权在握，却惺怯不前，根本不敢与蒙古军队对垒，迟迟不向襄樊发兵，连贾似道都等不及了，派使者催促。1271年四月，范文虎只好装模作样向襄阳进军。船还没有到鹿门山，他越想越怕，竟自己先行逃遁了。大军行进到湍滩，还没到上次的灌子滩，蒙军迎战。这一战毫无悬念，宋军大败，朱胜等百余名将领做了蒙军俘虏。

上天似乎看不下去了，给宋军创造了一次绝好的机会。这一年夏天汉水暴涨，水势更胜往年，非常有利于水师作战。凭借水师优势，南宋或可决一死战，这也是救援襄樊的最后一次机会。两国显然都意识到了这一点，蒙古命各地军队骚扰江淮、四川等地，以牵制南宋军队，使他们不能倾全国之力救援襄樊。蒙军几路齐发，都进展顺利，俘获不少南宋将卒、战舰。

襄樊一线，范文虎准备与襄樊城里应外合，胜负一搏。六月，范文虎倾巢而出，率大将苏刘义、夏松等，以及从两淮支援来的十万大军进击鹿门山，同时吕文焕遣大将来兴国出动襄阳战船百余艘，攻取鹿门山对面的百丈山，对襄阳城南的蒙军形成夹攻之势。

阿术早有防备，对范文虎军还是采用老战术，陆军于汉水东西两岸、中流高台进行夹击，用抛石机向宋军战船发射砲弹，用重弩射击船上的士兵。重弩是一种排发的弓箭，与一般弓箭不同的是，可以同时发射多支箭矢，并且箭弩粗壮、锋利，发射力道猛，射程达一千米以上。宋军船行水路中央，几乎无法还手，被打得狼狈不堪。宋军艰难行进，夜里栖息于会丹滩。而阿术的下一轮攻击又在筹划中，他派将领张禧率轻舟，衔枚（古代行军时口中衔着枚，以防出声。枚，状如筷子）混入宋军之中，插苇以识水之深浅。回来后，阿术又命令张禧率领四翼（军队编制）水军向宋军发起进攻，宋军处于下游，加上一路挨打，船行队伍被冲击得七零八落，战斗力大减，大败而逃。因为水势不明，一些战船驶到水浅处，搁浅在那里无法运动，成了蒙军的俘虏。这一战，蒙军共夺取宋军战舰七十余艘。

逃离的宋朝水师，半路又遭遇蒙古水军万户解汝楫邀击，宋军总管朱日新、郑皋卸甲归降，只有范文虎成为漏网之鱼，狼狈而逃。

至于来兴国，蒙军围困襄樊多日，对襄樊的宋军形成碾压式优势。宋军只要出城作战，断无取胜可能。阿术追击来兴国到湍滩，杀伤两千余人。

会丹滩之战宣告南宋救援襄樊的努力彻底失败，襄阳、樊城陷落只是时间问题。

## 蒙古水军

襄阳、樊城被围之前，蒙宋战争已经持续了三十多年。1234 年，蒙古与南宋联合灭亡了金国，此后就开始了直接对峙。

三十多年里，蒙古铁骑占领了莫斯科、巴格达，侵入波兰、匈牙利，征服了罗姆苏丹国、波西米亚王国、保加尔汗国、库曼汗国、阿兰王国、基辅罗斯、亚美尼亚王国、吐蕃、保加利亚、格鲁吉亚、罗姆苏丹、木剌夷、阿尤布王朝、阿拔斯王朝等数十个国家，但却没能灭亡卧榻之侧的南宋。1258年，蒙古大汗蒙哥还丧命于四川合州钓鱼城下。之后忽必烈继承汗位，试图绕道西南灭亡南宋，为此灭掉了大理国，但依然没有成功。

蒙古迟迟未能征服南宋，在于两国兵力各有所长。蒙军最初几乎完全由轻型的弓骑兵组成，"生长于鞍马间，人自习战"，精于野战和长途跋涉，在草原和平原上无坚不摧，号称世界第一野战军。但是，到了山地，蒙军就有些力不从心了。在水路纵横交错的江淮，骑兵失去了自由驰骋的能力，短板暴露得更充分了。阿术那句"所领者蒙古军，若遇山水、寨栅，非汉军不可"，道出了蒙军的短板。所以蒙古一直试图从四川打开南宋防守的缺口，从来没有寄希望于扬州一带。

骑兵的另一个短板是攻城。广袤的草原上只有移动的帐篷，没有坚固的城池，如果遇到守城不出的敌人，他们便一筹莫展。为了弥补攻城能力的不足，成吉思汗曾下令：凡攻占一地方，对俘虏中的铁匠、木匠、金匠、火匠等都给予特殊的优待，将他们集中起来专门制造兵器和战具，所以他们快速地弥补了短板，还建立了世界上第一支专业砲兵部队。在与金国的作战中，他们掌握了攻城技术，学会了使用抛石机、攻城槌、云梯、弩炮等攻城器械。这些武器和技术，在三次西征中发挥了重要的作用，进攻花剌子模你沙不儿城时，一次就动用了300架抛石机，还有大量的攻城车、攻城槌等，很快就摧毁了对方的防御体系。

不过，南宋的城防仍然让蒙古人头疼，其一，是汉人惯于守城，城墙坚固。其二，南宋拥有的地区，地形复杂，山区、江河叠加，蒙军的优势不容易发挥。比如钓鱼城建在钓鱼山上，位于嘉陵江、渠江、涪江之口，一地扼三江，易守难攻，蒙古军队使用了所有手段，仍难以攻克。

其三，蒙古人不适应南方溽热的气候，一到春夏，士兵多染疾病，战斗力锐减。

由于久攻不下，蒙古上层甚至出现了放弃南宋的想法。

刘整投降蒙古后，说服忽必烈统一天下不能半途而废，并献上两条计策，破解了亡宋难题。

1267年十一月，刘整入朝觐见忽必烈，向忽必烈提出："宋朝主暗臣悖，立国一隅，今日正是统一的良机。臣愿效犬马劳，先攻襄阳，撤其捍蔽。"刘整的意见分为两层，一是坚持统一不动摇，二是把襄阳作为攻宋的突破口。

蒙古上层并不信任这个投降不久的宋将，一致认为他在胡说八道。刘整坚持自己的主张："自古帝王，只有统一了四海，才算正统皇朝。假如天下分为十成，圣朝已经打下了七八成，为何要剩下南方一角，而放弃正统的地位呢？"

正统即承续统一王朝的政权。天下分崩离析时，同时存在多个国家，但只能有一个代表华夏政权，这个政权就是正统。正统政权具有法理上的合法性，其他政权从理论上讲算是割据势力、叛逆势力。中国人正统观念深厚，比如三国魏蜀吴，曹魏因为受了汉朝禅让，宣称自己是正统，蜀汉因为是刘邦后嗣，亦宣称自己是正统。三国存续时争，三国灭亡了继续争，一直争了一千多年，仍然反反复复。南宋初，宋高宗向金国称臣，按理金国应是正统，但南宋是汉族政权，并且承继了北宋，而北宋承继后唐等五代，五代承继了唐朝，因此传统上更愿意把南宋当作正统。

刘整用"正统"观念去说服忽必烈，果然戳中了忽必烈的心窝。忽必烈当即表态："朕意决矣。"坚定了灭宋的决心。

见忽必烈心意已坚，刘整进一步阐述了"先攻襄阳"的方略："攻宋方略，宜先从事襄阳。襄阳吾故物，由弃勿戍，使宋得筑为强籓。若复襄阳，浮汉入江，则宋可平也。"蒙古曾占领襄阳，但又放弃了，才使南宋将其打造成抵御蒙古的桥头堡。刘整认为这是个战略错误，"攻蜀不若攻襄阳，无襄阳则无两淮，无两淮则江南唾手可下也"。从襄阳渡汉水入长江，是平定南宋的最佳方案。

为什么先攻襄阳？

南宋和金国基本以秦岭—淮河为国界线，这是中国地理上南北分界线，也是大多数南北政权的分界线。

蒙古灭亡金国后，大致有三个区域可以发动对南宋的战争：以扬州为中心的江淮地区，以襄阳、鄂州为中心的京湖地区，以合州为中心的四川地区。

江淮方面，蒙古在1236年、1238年两次进攻南宋的真州、庐州，都失败了。

四川方面，蒙古很顺利地攻取了成都平原，南宋在四川只剩下南部和东部山区，扼守着长江、嘉陵江河道，使蒙古无法通过水路顺流而下灭亡南宋政权。蒙古试图夺取川东最重要的据点钓鱼城，但损兵折将，只好退却。

京湖方面，1238年，蒙古曾短暂占领襄阳，但他们把主攻点放在了江淮，次年襄阳即被宋将孟珙收复。此后孟珙以江陵为基地，以襄阳为重镇，大兴屯田，训练军伍，将襄阳打造成"牢不可破"的防御阵地。1258年，蒙古由忽必烈领兵，试图攻克鄂州。激战数月，因蒙哥去世，忽必烈要回蒙古本土争夺汗位，被迫撤兵。

比较三处，江淮因多水而不利于蒙古作战，四川因多山而易守难攻，中路突破最有可能。蒙古过去一直没有意识到这一点，经刘整点化，"蒙古主从之，诏征诸路兵，命阿珠（术）与整经略襄阳"，才有1268年通过修堡垒围困襄阳的军事行动。

刘整提出的第二个计策，是建立蒙古水军。

南宋得以立国一百多年，军事上依仗的就是水军。

金国最盛时，派兀术进攻江南，要活捉宋高宗赵构，将赵氏皇族斩草除根。金军一路进展顺利，很快占领了建康（今江苏南京）、杭州和明州（今浙江宁波），吓得赵构一路逃窜。但到明州之后，金军无法继续追赶了，因为赵构逃到了海上，而金军船小，抗风浪能力差，只能"望洋兴叹"了。

兀术回军的途中，宋将韩世忠率水军在镇江阻拦，击败金军，一直追赶到黄天荡，兀术险些丧命。

金军最大的教训就是，没有一支实力过硬的水军！

南宋非常重视水师建设，其造船水平领先世界。他们能根据不同水情和不同用途造出不同形制的战船，既有高大快速的战舰，又有小巧灵活的轻舟。综合宋人的记载，南宋能够叫上名称的战船就有楼船、海鹘船、海鳅船、刀鱼船、斗舰、走舸、蒙冲（艨艟）、游艇、舴艋、戈船、槽船、黄龙船、黑龙船、双利船、平乘船、得胜船、大飞船、旗捷船、防沙船、平底船、飞虎战舰、铁壁铧嘴船、马船、水哨马船、水飞马船、富阳船、脚船、座船、车头船、飞捷船、桨船、板船、铁头船、罗框船、脚船、铁鹞船、柴舫船、舫（舟达）船、云梯船、狮子船、娄子船、皮船、艓子、浑脱等四十余种。

比如楼船，共三层，长百步，可以在上面跑车奔马，简直就是冷兵器时代的航空母舰。北宋曾公亮曾说：楼船"施之水军，不可以不设，足张形势也"。南宋还专门建有"楼船军"，虽然是水师的番号，但既然叫这个名字，一定配备有相当数量的楼船。

但楼船远不是最大的战船。跟楼船长度接近的是海鹘船，长四丈五，形似海鹘。曾公亮《武经总要》记载："海鹘者，船形头低尾高，前大后小，如鹘之形。船上左右置浮板，形如鹘翼，翅助其船。虽风涛怒涨而无侧倾。覆背左右以生牛皮，为城牙，旗、金、鼓如常法。"陆游在长江上看到这种船只，写诗道："江面水军飞海鹘，帐前羽箭射天狼。"

最大的战船应数马船，一般用来运输马匹，亦可用于战争。最大的马船能容纳七八百人，南宋沿长江上下游都布置有马船。

南宋水师配备比较多的是海鳅船，陈耆卿《嘉定赤城志》：海鳅船"形长十余丈，皮黑如牛，扬鬐鼓鬣，喷水至半空，皆成烟雾，人疑其龙也"。这种船比海鹘船还长，人们又称其为"浑江龙"。南宋诗人王之望曾说："战船殊未如法，楼船绝少，惟海鳅稍多。"1161 年宋金采石水战，宋军"用海鳅船迎击敌舟"，海鳅船发挥了重要作用。

从动力上看，南宋战船有的靠人工摇橹。郭祥正诗："刀鱼颇轻捷，舟子短结束。十夫共一橹，喜噪若趋陆。"刀鱼船轻便快捷，十人摇橹。

还有靠轮叶推动的车船。车船，就是两舷外置轮，每轮贯一轴，谓之一车，以人踏车，以轮激水，驱动船舶。周紫芝诗《艨艟行》："船头击鼓转红旗，船尾踏车人不知。"这种艨艟就是车船。车船可用于大船，也可用于小船，最大的需要三四十车，最小的只有数车。轮叶推动是人工动力和机械动力相结合的产物，所以车船的制造、维护成本远高于一般船只。

南宋战船不仅样式多，而且数量多。建国初，绍兴五年（1135）福建就造海船 700 只，"无事则散之缘江州郡，缓急则聚而用之"。宋军还学会了为战船编队，实行集团作战，创造了多种复杂的水战方式和技术。如张顺和张贵的敢死队之所以能够突破蒙军封锁，一个重要原因是发挥了集团作战的优势，而蒙古军队还不适应这些战术战法。

庞大的船队虽然分布于沿江各线，但主要集结于镇江、建康一带长江江面。这也是蒙古很难从江淮打开局面的原因。

要想灭亡南宋，没有强大的水军是难以想象的。

早在 1237 年，蒙古大汗窝阔台封汉将张荣实"充征行水军千户"，说明水军已经从陆军分离出来，开始成为独立兵种，但并没有水军投入作战的记载。1251 年，忽必烈手下的军队还在用充气后的动物皮和劈柴捆绑成的木筏渡过长江上游的金沙江。

史书明确记载蒙古水军投入战斗，已经是 1259 年了。忽必烈率领蒙古军队在长江北岸的阳逻堡与宋军作战，"宋兵十万、舟二千迎战，横截江水。帝以荣实习于水，命居前列，遂取轻舟，率麾下水校鏖战北岸，获宋大船二十，俘二百，溺死不可胜计，斩宋将吕文信"。因为这次功劳，张荣实升任水军万户。

但蒙古水军存在一个严重的问题，只靠缴获宋朝战船来充实自己，扩展非常缓慢。此后对南宋作战中，一直难以建功立业，无法突破南宋的水师防线。

刘整深感蒙古水军太过弱小，不能适应亡宋战争的需要。1268 年夏，蒙军刚开始围困襄阳，刘整就与阿术商议："我大蒙古精兵突骑所向披靡，无人能挡，只有水战不如宋朝。我们应当针对他们的强项，造战舰，习水军，则大事可成。"阿术飞马报于忽必烈，得到批准。蒙军便在襄阳汉水江面上打造船只，组建水军。造船五十艘（一说五千艘），招募水军七万人。这个决定具有划时代意义：蒙古水军终于自己造船了！

虽然史料没有记载刘整所造船的形制，船体多大，但以五十艘训练水军七万人来看，船体大小应不亚于南宋。

刘整对水军非常用心，指导他们每日操练，下雨天不能上船，就在地面画上船只的形状，当成真船进行练习。

不久，蒙古水军初成，在阻击夏贵、范文虎援救襄樊中发挥了作用，龙尾洲、会丹滩之战，击败夏贵和范文虎的，就是新建的蒙古水军，他们借着汉水防线的优势，加上岸上陆军的配合，打得南宋水师落花流水。

在以后的战斗中，蒙古水军展现出更惊人的能量。

## 攻城的技术

襄阳、樊城夹江而建，樊城在北，襄阳在南，互为掎角。襄阳城始建于汉代，建成之后便是兵家必争之地，三国中很多战役发生在襄阳，以关羽北伐、水淹七军最为著名。宋朝重修襄阳城，城墙为砖石结构，高峻坚固。樊城建于五代后周时期。两城下是湍急的汉水，过城南折，三面环绕襄阳城。襄阳城西、城东皆为高山，南北通畅，是中原到荆湖的必由通道，地理位置十分重要，清人顾祖禹称它为"天下之腰膂"。

为了巩固襄阳、樊城的防御，发挥掎角优势，南宋在两城中间汉水水域栽上粗壮的木桩，用铁索连接两端，建成了一座浮桥，作为两城来往的通道。

既然围困，就要掐断浮桥，让他们两城孤立！元水军总管张禧建议："断锁毁木，樊城必下。"于是阿术令张弘范锯断木桩，砍断绳索，烧掉浮桥，"筑'一字城'逼襄阳"。——这个"一字城"是一道城墙还是其他坚固的阻隔性工事，史书语焉不详，但它的作用很明显，将襄阳、樊城隔断开来，两城守军无法直接联系，更加孤立。

樊城守卫张汉英，写好书信，怎样送出去呢？他先用蜡将书信封严，以免被水浸泡。然后招募善于泅渡之人，把蜡书藏在发髻中。准备停当，在河面上铺上一层杂草，泅者藏在杂草下面，携蜡书于水中出城。然而运气实在是太差了，蒙古兵见这么多杂草，想捞起来当柴烧，泅者就暴露了。蒙古军队通过蜡书得知樊城物资已经非常匮乏。

襄阳城的日子也好不到哪里。史载吕文焕"捍御应酬，备殚心力，粮食虽可支吾，而衣装、薪蒭断绝不至。文焕撤屋为薪，缉麻为衣，每一巡城，南望恸哭"。

1271 年底，襄樊虽然还在困兽犹斗，但坐以待毙的趋势十分明显。忽必烈仿佛看到了天下一统的光明前景，于十一月选择了一个颇有汉民族文化特征的词汇，建国号为"大元"，诏告天下。诏曰："诞膺景命，奄四海以宅尊；必有美名，绍百王而继统。"忽必烈要绍的百王有哪些？诏书举例有唐尧、虞舜、禹汤，以及秦汉、隋唐。诏书还明确指出："可建国号曰大元，盖取《易经》乾元之义。"这份诏书表明，忽必烈认同大蒙古是华夏的一部分，要走汉化的道路，建立绍继秦汉隋唐的汉族政权！

这正是南宋所担心的。蒙古把自己当作华夏的后继者，必然争正统；只要争正统，必然誓死灭亡南宋，想要讨价还价，签约立盟，两国并存就难了！

南宋形势严峻，对襄阳、樊城又一筹莫展，只好重拾"围魏救赵"之策。但他们没有魄力从海路直击燕蓟，便命两淮守军袭击防守比较空虚的山东、河南地区。1271年六月，命镇江转米十万石，在今安徽五河县筑新城，赐名安淮军；遣军袭击河南涡河一带，骚扰一番后退兵；派水师突袭山东胶州，被蒙军击败；遣四川安抚使昝万寿攻打成都，取得进展，毁掉其外城。然而总体来说，宋军这些行动对于解围襄樊，无异于隔靴搔痒，不起实质性作用。

南宋朝廷还想出了一招离间计。有个叫李忠的宋人归附元朝，告发元朝运山侍郎张大悦私通宋朝，忽必烈下令彻查，发现是诬告，斩了李忠，诏谕张大悦："宋人善于用间，朕不轻信，汝毋怀疑惧。"

京湖制置使李庭芝上书请求授予刘整官职，为卢龙军节度使，封燕郡王。这一招有两个用途，能把刘整策反过来固然好，如果不能，希望元廷因此猜忌他，达到离间的目的。朝廷采纳了李庭芝的建议，派永宁寺和尚携带任命刘整的告身、金印、牙符以及李庭芝的书信进入元境，准备到军中秘密授予刘整。永宁僧途中被元军拦截盘问，暴露了身份。刘整正被元廷依仗，此事非同小可，立刻逐级上报，报到了忽必烈处。忽必烈敕平章政事张易、中书左丞姚枢主持调查，把刘整调回审问，刘整辩解说："因为臣在襄阳用兵，让宋人吃了苦头，他们便运营离间计借刀杀人。这件事臣自始至终一概不知。"

张易、姚枢是元廷中最有学问、最睿智的文臣，忽必烈亦一代英主，他们识破了李庭芝的计策，厚赏刘整，让他重新回到襄阳军中。

经历此次风波的刘整，对元廷更加忠贞，困攻襄阳更加卖力。

从1268年八月阿术始攻襄阳算起，至1272年底，围困襄阳已经四年半了，襄阳、樊城犹如荒年里缺衣少食的饿汉，体格还在，内里早已虚弱不堪，只剩下一些挣扎的力气了。相较而言，樊城比襄阳更脆弱一些，1272 年三月，元军还攻破了樊城的外郭，樊城已危若累卵。元朝经过研判，认为已到最后一击的时候了。十一月，参知行省政事阿里海牙进言："襄阳之有樊城，犹齿之有唇也。宜先攻樊城，断其声援。樊城下，则襄阳可不攻而得。"

常人的固有印象中，蒙古起自草原，是野蛮落后的代表；而南宋农商发达，市井繁华，是文明先进的象征。然而蒙古人的学习能力，一点也不比宋人差。自蒙古打通西域后，掳掠了大量东西方匠人，将中原文明与中亚文明融合在一起，科技实力突飞猛进，早已不是只知道在草原上骑马打猎、弯弓射雕的蛮族了。单军事器械一项，就超过了南宋。

蒙古曾三次攻打金国中都燕京。前两次大同小异，蒙军试图搭建一座与城墙齐平的城楼，被金军用大砲抛出巨石粉碎。他们又尝试堆积木料攀登而上，金军从城头扔下火炬，木料尽燃，士兵被烧死的不计其数，"臭不可闻"。蒙古士兵还将一尺多宽的大铁铲钉入城墙，他们像蚂蚁一样密密麻麻攀爬而上，这就是古书上常说的"蚁附"，守军"大刀斧斫碎，飞尸以下"。蒙军死伤惨重，终未能破城。

第三次攻打中都，成吉思汗汲取前两次的教训，只围不打，同时派出大军扫荡周边地区，作"困京师之渐"。围困半年，仍没有破城的把握，而天气渐热，不利于长年生活在塞外的游牧民族，便逼迫金国皇帝求和，体面地撤退了。

金国虽然暂时保住了中都，但已不敢与蒙古正面交锋。在位的金宣宗作出了一个违背祖宗意愿的决定：迁都南都汴梁，主动放弃了中都。

十八年后，蒙军围攻南都，气象已大为不同。蒙古在南都外筑城墙，挖壕沟，构筑了一道攻城防线。这次蒙军已经不用蚁附攻城这种伤亡巨大的笨办法了，他们在城外支起了远程大砲——抛石机，大大小小的石弹由抛石机发射出去，砲如雨飞，在空中划过一条抛物线，落在城墙上或者城中。这些石块不但能顷刻间将人砸成肉酱，还能摧毁城墙上的附属建筑如角楼等，城墙若是年久失修，将城墙砸出个豁口也极常见。

相对于火炮，抛石机可以称作"石砲"。它利用杠杆原理将石弹抛掷出去，射重大，射程远。唐朝时抛石机已被广泛应用，到了宋代成为攻守城池的主要武器。抛石机有三种，一种叫人力抛石机，类似简单的杠杆，一根横木（砲梢）拴在机械架上，一端挂上石弹，由人力通过绳索拉起另一端，将石弹发射出去。为了增加发射重量，砲梢可以将多根椽木捆绑在一起，如三梢、五梢、七梢。砲梢越多，威力越大。

这种抛石机出现很早，但发射距离有限。

第二种叫弹力抛石机，又叫床弩、弩炮、射箭机，原理同射箭基本相同，只是不用人力拉弓，而是把弓通过绳索拴在机械下方的辘轳上，通过转动辘轳拉动弓弦，这样开弓力度大，弓弦承载重，射程远。弹力抛石机可以射箭矢，也可以射出石弹。

第三种叫作扭力抛石机。这种抛石机只能发射石头，不能发射箭矢，所以又叫石弩。扭力抛石机的砲梢一端悬挂石弹，另一端插在扭得很紧的绳索里，发射时，利用绳索解扭的动能带动砲梢，将石弹发射出去。扭力抛石机最初出现在欧洲，古希腊、古罗马时代都在使用。

攻打金南都时，蒙古人已能非常娴熟地使用各类抛石机了。蒙古人的砲弹像山崩一样从城墙外滚落下来，城墙上的金国士兵藏身垛墙后，根本不敢露头。南都的城墙用虎牢关近旁的土夯筑而成，异常坚固，受砲所击，只是凹下去个小坑而已，但城头的战棚、谯楼都遭了殃，这些木制的工事根本无法承受密集砲弹的攻击，大多塌碎。更让金兵懊恼的是，蒙古人竟通过抛石机发射火弹，将楼橹燃烧殆尽。

在狂轰滥炸之后，蒙古人还得用最笨的方法——蚁附攻城。不过他们不再将铁铲插入城墙，而是向城墙射出重弩。重弩不仅可以用来杀敌，在攻城中还有一项特殊的用途，那就是将箭矢射入城墙，攻城士兵把它当作梯子，借此攀缘而上。

尽管蒙古攻打金国南京的结果出人意料——因为一场瘟疫，迫使这场攻城中断，但蒙古军事科技的进步却无须质疑。

阿里海牙献策先攻樊城，截止城破前，蒙军围攻襄樊的方法与汴京如出一辙：先筑防御城墙，防止城内反扑和城外支援，然后围困，最后攻城。只是围困襄阳的时间更长，51个月。

## 献 城

1272年十一月，元军准备砲轰樊城，正如当年攻打金国南京一样。但樊城的情况与金国南京又有不同，元军虽然砍断了襄阳和樊城之间的吊桥，掐断了两城间的联系，但两城的水军还在。襄、樊两城也有大量强弩、抛石机，战斗力依然强大。

抛石机在使用时，并不像现代火炮那样移动方便，需要把它固定起来。为了防止敌方摧毁抛石机，需要在抛石机前面修建栅栏，作为砲帘。元军负责修筑砲帘的是千户隋世昌。

樊城守将张汉英发现元军异动，打算反击。

入夜，樊城一声炮响，打开城门，一队骑兵迅疾驰出，身后城门轰然关闭。骑兵以最快速度冲向架设抛石机的小山头鹿头山。然而隋世昌没有给宋军机会，一边抵御一边修筑，宋军竟不能突破！半夜时分，一阵北风劲吹，天上竟然飘起了纷纷扬扬的雪花。宋军收兵回城，改用劲弩远射。箭矢向雪花一样射向元军工程兵，"军校多死伤"，但元军士气高昂，冒矢施工，终于在天明前修筑了完整的砲帘。

要砲轰樊城，最好先解决掉城下的水师，免得水师干扰进攻。刘整把这一任务还是交给了隋世昌。

隋世昌是山东汉人，父隋宝始归蒙古。史书载他"涉猎书史，善骑射，身长八尺，锻浑铁为枪，重四十余斤，能左右击刺"，是个能文能武的大将。隋世昌没有硬攻樊城下的战船，而是采取了火攻。冬季风大天燥，正是用火的好季节。隋世昌令军士在上风口架设火炮，向宋船发射，宋船顷刻燃烧，熊熊大火燃烧了半个天际。

火炮在当时属于先进的热兵器，所以称"炮"而不是"砲"。火炮源于南宋发明的火枪，是火枪的加强版，它通过点燃火药形成动力，在竹筒内填装火药、铁、石、铅，一经点燃，推动铁铅石发射出去，威力凶猛，杀伤力巨大。蒙古西征时就开始使用火炮，是对付东亚、欧洲骑兵的利器，帮助蒙古军队所向披靡，现在用来对付南宋，对于专利在手的南宋真是莫大的讽刺。

樊城出兵阻止元军火炮，与隋世昌激战于拦马桥下，隋世昌手下只有二百勇士，他身先士卒，冲锋陷阵，杀得盔甲上溅满了鲜血，仍愈战愈勇。宋军哪见过这样的斗士？气势上输了一半，败退回城。

1273年正月，元军对樊城发起总攻，担任主攻的是万户张弘范，在一阵狂轰滥炸之后，他亲临城下指挥士兵往城墙上攀爬，城上则还以马蜂起飞般的箭矢，元军士兵几次强攻，都像秋风中的黄叶，飘落而下，尸首铺满城下。

激战中，张弘范肘部也为流矢所伤。

汉水之南，襄阳城出动水师救援，更让元军腹背受敌。张弘范简单将肘部伤处包扎一下，去见阿术，说："我陆地围攻樊城，则襄阳出舟师来救，这边的仗怎么打？大帅必须掐断水道，阻止襄阳救兵。"于是阿术另派刘国杰部对付襄阳救兵，张弘范专心破城。

正在这时，忽必烈给阿术送来了件大礼："回回砲"。

"回回砲"是抛石机的改进版，集合了人力抛石机、扭力抛石机的优点，并且用重物辅助用力，可以称为"配重式抛石机"。它在砲梢的一端悬挂重物，另一端配装石弹。发射前先将放置石弹的一端用绞盘、滑轮拉下，而附有重物的一端上升到空中。发射时，砍断绳索，让重物的一端落下，石弹也顺势抛出。

"回回砲"是蒙古军事科研的成果，为襄阳城量身定做。襄阳城久攻不下，忽必烈向同属蒙古的伊尔汗国求助，国王阿八哈推荐了两名能工巧匠，年长的叫阿老瓦丁，年轻的叫亦思马因。他们不远万里从现在的伊拉克来到元大都，就是要为忽必烈制造惊世骇俗的重型武器。忽必烈对二人格外器重，专门给他们建造官舍，派重兵守护，不准外界干扰，只让他们一心一意研究新砲。1273年初，二人不负圣望，新式武器问世，因二人都是回族人，因此被命名为"回回砲"。为了检验效果，忽必烈下令先行试射，果然威力巨大，发射出砲弹声震天地，所击之处无不摧陷，弹落之处入地达七尺之深。忽必烈大喜，当即令亦思马因携带"回回砲"投入襄樊战场，协助攻城。

科技是第一生产力，也是第一战斗力。有了先进武器助威，对襄樊的总攻即将打响，前线的元军将领摩拳擦掌，推演着各种攻城方案。

亦思马因仔细观察了樊城地形后，将砲置于樊城东南角。

这一天，"回回砲"首发，一砲下去，一颗一百五十斤重的巨石从天而降，落在樊城西南角的城墙上，城墙顷刻间被砸开一个豁口。宋军从来没有见过这样强大的武器，一时惊慌失措。元军副帅阿里海牙指挥陆军趁机在东北方向展开进攻，刘整则指挥水军在西南方向展开进攻。

城墙在巨型大砲持续轰炸下残缺不全，守军只好以肉身为墙，竭尽全力把元军拒之城外。战斗异常激烈，被围困了四年多的樊城军民不屈不挠，鏖战十四个昼夜，终于无法抵挡强大的元军，西南、东北几乎同时被攻破。守城将领牛富率领五百勇士继续巷战，直杀到饮血水止渴，食生肉充饥，但终因寡不敌众，身负重伤，投身火海，以身殉国。副将王福高声叹道："将军死国事，吾岂宜独生。"亦投火自焚。

1973年正月十一日，樊城沦陷。蒙古人按照他们的一贯作风，对顽强抵抗的城市实行屠城。樊城军民血染汉水，堆尸如山。

樊城传过来的爆炸声、厮杀声、哀嚎声不绝于耳，元军战船密布汉水之上，密切监视着襄阳的一举一动。吕文焕像手脚被缚的囚徒，眼睁睁地看着兄弟姊妹惨遭凌辱、受酷刑而无可奈何。一阵刺骨的寒风吹来，风中夹杂着浓烈的血腥。吕文焕悲不自胜，像板上的羔羊，静静地等待着屠刀挥砍过来……

二月，元军稍做休整，开始围攻襄阳。

按惯例，刘整先礼后兵，跃马于城下，向吕文焕劝降。吕文焕更不答话，拾箭便射，幸亏刘整铠甲护身，才没有受伤。不过这一箭，二人结下仇恨，刘整发誓杀其人，碎其城，被阿里海牙劝止。

其实元军从来就没有停止过对吕文焕的策反。忽必烈亲自下诏，让元翰林修撰宋衜代元朝廷给吕文焕写劝降书：

今白河、鹿门，桀楪相望，安阳、光化，舟舰交通，东遏馈运之师，西绝樵苏之路，生擒大将，兵民震惊。足下内忧家事之多艰，外睹孤城之日蹙，诚危急之秋也。兹者炎火收威，商金变津，风折胶而弓劲，草垂实而马肥。行当整齐士卒，淬砺戈矛，断凤林之关，决檀溪之水，称万山之道，堑白铜之堤，前茅饮马于江陵，后劲摧锋于樊邑。用天下堂堂之众，击汉阴蕞尔之城，似不难矣！

幕府恭承帝命，征讨招怀，拒逆者诛，迎降者赏。若能翻然改图，军门送款，飞闻天阙，必有殊恩，岂止转祸为福，实千载一时之机会也。汉上土疆，君当常保，他人孰能有？如暗于谋虑，迷而不复，事机一去，虽悔奚追？国家大信，明若江水，进退裁决，惟足下留意焉。

不愧为翰林修撰所写，这封信很有水平。前一部分分析了吕文焕和襄樊的处境：元军对东西两路进行了全面封锁，襄阳、樊城变成孤城。反观元军，马肥弓劲，披荆斩棘，拿下襄樊这样的蕞尔小城，如秋风摧枯叶。后一部分劝吕文焕认清形势，抓住元廷招降这千载难逢的机会，翻然改图，弃暗投明。并且承诺，投降以后，还可以继续做汉水上游的守将；如果执迷不悟，将追悔莫及。

吕文焕对南宋朝廷还抱有一线希望，果断拒绝了这一促降通牒。

招降不成，是因为还不够绝望。阿术和阿里海牙决定继续向吕文焕施压，让他对守卫襄阳彻底失去信心。

元军祭出大杀器——"回回砲"，一发砲弹击中襄阳城的角楼，声响震天，角楼立马坍塌，被震成碎片，木屑飞溅。宋军大惧，一些将领迫不及待想要投降，田世英、曹彪二人竟绑了上司武荣偷偷出城进了元营。

见火候已到，阿里海牙拍马来到襄阳南门，向吕文焕喊话："君以孤军城守者数年，今飞鸟路绝，主上深嘉汝忠。若降，则尊官厚禄可必得，决不杀汝也。" 元襄阳行省郎中张庭珍也向吕文焕喊话："你死守孤城，只为了一个忠君的空名，但满城的老百姓你想过吗？！"

《元史》载：文焕狐疑未决，（阿里海牙）又折矢与之誓，如是者数四，文焕感而出降。上述记载非常简略，实际过程可能要复杂得多，其中还有小周折。

吕文焕虽有动摇，但毕竟举家皆为宋臣，仍犹豫未决。元将大达立信心十足地主动请缨，带着翻译进入襄阳城劝降。吕文焕设宴招待了他们，大达立分析利害之后，对吕文焕说："你死守城池已经六个年头，对宋朝算是仁至义尽了，但对老百姓有什么好处呢？圣朝上应天时，下徇地利，中察时变，一定会灭掉宋朝，请认真想想吧！"

此外，元将张宏也做了大量招降工作。

轮番的劝说效果明显。吕文焕派心腹到元营商议具体投降事宜，张庭珍向阿里海牙建议道：吕文焕未必真心，这个人或许是前来试探虚实的，不如把他扣留下来，打破吕文焕的计划。晚上，吕文焕不见心腹身影，果然乱了方寸。第二天，1273年农历二月二十四日，吕文焕与儿子打开襄阳城门，着素衣立道旁迎接元军，并恭恭敬敬将城门钥匙献给了阿里海牙。

京湖统制范天顺是范文虎的侄子，一心忠义报国，不愿投降。他仰天长叹："生为宋臣，死为宋鬼。"自缢而死。

从 1268 年十一月至 1273 年二月，襄阳攻守战进行了四年又四个月，涉六个年头，最终以宋军失守而告终。究其失败原因，三点非常突出：

一是元军攻城战术日臻成熟。蒙古（元）军队在东征西讨中，形成了一套独特的、有效的、低消耗的攻城战术，主要特点是长期围困，断绝援助，疲敌之师。从第三次攻打金中都开始使用这套战术，到襄阳发展到了极致。这种战术的好处是，变进攻为防守，极大地减少了强攻可能带来的巨大伤亡。襄阳攻防战中，元军把守万山、鹿门山、砚山等几个堡垒，具有地形优势，易守难攻。再加上在河道中设置木桩、铁索等措施，控制汉水襄阳段河道，就对襄阳、樊城形成致命围困。这套战术，在世界攻城史上可谓经典。

二是元军建立了强大的水师。后人多诟病宋廷不能及时援助襄阳，但从实际情况看，宋廷还是尽力了。从夏贵、范文虎的正规军到张顺、张贵的民兵，从正面救援到侧面释压，能用的办法几乎都用到了，只是几乎都失败了。开始时，吕文德对元军围困襄阳不太在意，就是依仗南宋水师有压倒性优势。不过，元朝的水军一直在发展，在壮大，围困襄阳之前，已经有了一定规模的水军。在刘整的建议下，开始自己造船，水军有了自主扩展的能力。南宋水军在汉水之上无法建功，除了襄阳周边地形复杂，山势绵延，便于控制河道之外，元军水军的进步发挥了至关重要的作用。比如张贵与范文虎相约于龙尾洲，正是元朝水军驱逐了范文虎水师，在龙尾洲以逸待劳，造成张贵罹难和全军覆没。

三是科技的进步起到了一锤定音的作用。吕文德、吕文焕乃至整个宋廷都认为，襄阳城高墙坚，储备丰富，坚守十年没有问题，但一架"回回砲"就轰开了襄阳城门。宋人用固定的、静止的眼光去看待敌人，造成了误判。蒙古人善于借鉴学习，注重研发新武器，不断改进军事策略，超出了宋人的预料，让宋人眼睁睁看着襄阳失守而无能为力。反观南宋，在元军围困襄阳的四年多里故步自封，无论技术上还是战术上，没有丝毫进步和改善，失败就在所难免了。

## 角色转换

文天祥被俘后，当面痛骂吕文焕："国家不幸至今日，汝为罪魁，汝非乱贼而谁？"文天祥代表了一种观点，南宋人普遍把吕文焕看作亡国的罪魁祸首。

然而，吕文焕不投降，襄阳就不沦陷了？显然不是。

假定吕文焕战斗到底，最后的命运一定像樊城一样，守将死于国，百姓遭受屠戮。襄阳是南宋的门户，南宋依然如大厦轰然倾塌。

但是，人总爱找替罪羊，为亡国背锅，为皇朝的命运背锅，为百姓的苦难背锅。这时候，往往放大了个人的作用，好像一个人真的可以背负起整个国家的安危。

何况，对于儒学来说，投降就是贰臣，是绝对不被允许的。一边是千万百姓，一边是忠义气节，只能二选一，选择哪个？儒家说，必须忠义气节！为了忠义气节，个人的生命渺小得不值一提，满城百姓甚至整个国家的百姓也轻如鸿毛！北宋道学家程颐不是说过"饿死事小，失节事大"吗？在他们眼里，民众只是社稷的殉葬品，而不是社稷的主人。"宁为玉碎，不为瓦全"，吕文焕和襄阳百姓唯一的选项就是战斗至最后一个人，流尽最后一滴血！

时人写长诗讽刺吕文焕："圣王锡深恩，高爵还故里。一饭尚有报，尽忠从此始。余谓我国家，万方同一轨。得之与不得，东南一隅耳。向使君不来，宋历能有几？人生苟富贵，直笔一张纸。见说李陵生，不若张巡死！"李陵是西汉人，率军出征匈奴时兵败而降；张巡是唐朝人，安史之乱中死守睢阳，最终因粮草耗尽城破而死。其实诗中以张巡之死去对比和要求李陵、吕文焕并不妥帖，安史之乱中，唐朝气数未尽，仍然是人心所向，所以张巡以死遏制叛军进攻的步伐，保护唐朝东南的安全，是有价值的。而李陵无论投降还是战死对汉匈不会产生任何影响。

抛开腐儒观念，以现代眼光看，保全人民才是守将最大的职责。从这一点来说，吕文焕在明知抵抗无效的情况下，选择投降无可厚非，至少避免了元军屠城。况且，吕文焕坚守襄阳52个月，坚守到内无可用之物资，外无可达之援军，已经尽了自己最大的努力，继续坚守实际上已经毫无意义。

宋末爱国诗人、爱国将领谢枋得亦有公论："文焕守襄六年，古无有也，势穷援绝，遂失臣节。议者遽加以叛逆之名，今沿江诸郡有能守六日者乎？"虽然他认为吕文焕投降属于失节，但也承认，能做到坚守六年，自古罕见，比同时代的臣僚强太多了。

历史没有理由过于苛责一个尽心竭力的将领。

无论吕文焕降与不降，襄阳城已是元人囊中之物，但除了襄阳城，吕文焕还具有不可替代的个人价值，降与不降却又大为不同。

吕文德死后，吕文焕成了吕氏集团的核心成员，而吕氏集团掌握着南宋军事的半壁江山。吕氏集团乃至宋朝将领，就像一排多米诺骨牌，吕文焕是最前面的那一张。如果这一张用好了，后面将产生连锁反应，应声而倒。这才是吕文焕最大的作用和价值。元廷对此有着清醒的认识，胡祗遹在《寄张平章书》中写道：

> 吕生世握兵柄，兄弟子侄布满台阁，宋君臣之孰贤孰愚，宋河山城郭之何瑕何坚，宋兵民之多寡虚实，宋兵刑政之得失巧拙，不为不知。不以降夷相待，细为之一问，不唯有以得取宋之方，见此人之浅深，以备主上之顾问。

元廷得一刘整，攻防形势大变，而刘整在宋朝只是一个被边缘化的将领。吕文焕的分量要比刘整大得多，得吕文焕，宋朝的政治、军事、地理、防御、民心，尽在掌握之中了。

鉴于吕文焕对元宋形势的重要性，忽必烈令阿里海牙、张弘范带吕文焕入朝。胡祗遹的《寄张平章书》就写于此时，张平章指张弘范。

投降后的吕文焕也立马换了一张面孔，与往日判若两人，先是向元军"陈攻郢之策，请己为先锋"。入朝觐见更要好好表现一番，主动向忽必烈献策攻打南宋重镇鄂州，甘为急先锋。忽必烈大喜，封吕文焕为昭勇大将军、侍卫亲军都指挥使、襄汉大都督。这个职务，相当于三衙统帅，比他在北宋时知襄阳的职务要高许多。吕文焕由是更为感恩，为蒙元更加竭力效忠。

"固知死也何补于生，安有食焉不任其事？"既然死无补于事，总要做点事情，现在食元之禄，怎能不忠元之事？

似乎一夜之间，吕文焕完成了角色转换，由苦守襄阳六年的南宋忠臣，变成了攻城略地的反宋急先锋。

如何利用吕文焕的价值，开展下一步军事行动，是忽必烈着重考虑的课题。

# 第二章　师相贾似道

## 军事策略

攻克襄阳后，忽必烈向大臣咨询下一步军事行动方案，包括姚枢、许衡在内的大多数人主张乘胜追击，一举灭亡南宋："乘破竹之势，席卷三吴，此其时也。"参与襄阳攻防战的阿里海牙和阿术也赞同立即起兵："臣久在行间，备见宋兵弱于往昔，失今不取，时不再来。"忽必烈认为有理，下诏撤销河南等路行中书省，以平章军国重事史天泽、平章政事阿术、参知政事阿里海牙等行荆湖路枢密院事，镇守襄阳。以左丞相合丹，参知行中书省事刘整，山东都元帅塔出、董文炳等行淮西路枢密院事，镇守正阳（今安徽省寿县西南）。撤除四川行省，分为西川、东川两个军事区，以汪良臣行西川枢密院，合剌行东川枢密院事。

中书省本是中央政府机构，军事机构叫枢密院。元朝在占领区域进行临时统治，设立"行中书省"，相当于中书省的派出机构，简称"行省"，这就是现今"省"级行政区名称的来源。忽必烈撤销河南等地行政机构，增设荆湖等"行院"，军事进攻南宋的意图很明显。

但是，想要短期内踏平南宋也属不易，忽必烈有难言之隐。宋元两国都把国运赌在了襄阳上，宋朝空国来援，元朝也竭尽了国力。胡祗遹在《寄张平章书》中说：

我军围襄樊六年，于兹戈甲器刃所费若干，粮斛俸禄所费若干，士卒沦亡若干，行赍居送人牛车具飞挽损折若干，以国家每岁经费计之，襄樊殆居其半。

仅围困襄阳，每年消耗全国一半经费。据《元史·世祖纪》，围困襄阳期间，元朝征兵、征粮几乎从未停止。1268 年十一月，签发河南、山东边城诸色户充军；1269 年二月，签发民兵二万赴襄阳；三月，诏益州签军万人；1270 年七月签发诸道"回回军"；1271 年二月以沙洲、瓜洲鹰坊三百人充军；四月签发壮丁备宋；七月签女真部水达达军；九月签西夏"回回军"。

同一时期，元朝占领土地上灾害频发。河北、山东、河南先后水灾、旱灾、蝗灾，连年不断。每有灾情，要么减税，要么赈灾，国库都会受到影响。加上民心未附，盗贼出没，经济形势非常糟糕，迫切需要休养生息。所以胡祗遹说：

然图大功者，不惜小费，窃虑狃于得而忘其失，又遵前辙府库民力恐不得。任兵以气为主，再鼓则衰，三鼓则竭。以人心为本，久劳不息则愈。兵贵必胜，不贵妄动。

宁可不动，不能妄动，一动不能彻底击垮南宋，那么再而衰，三而竭，以后很难再图大业了。鉴于此，胡祗遹提供了灭宋的上、中、下三策：

上策，改名襄樊，为折冲来威，大都督府以朝廷贵臣知兵者为长，吕生为次，分北军一二万为城守，所得南军散列屯田。北军之什伍，南省不宜遽罢，以镇抚之。减削冗员及诸军之俸，余军止于襄樊屯田积粮，休息一岁或二岁，三时务农一时讲武，俟兵力少苏，仓廪丰积，不劳远输而能供给，则议大举渡江。举则如迅雷飘风，数道并进，使彼不及预备，不及救援，以宋人边兵观之，坐视襄樊之困而不能救，其怯懦可知矣。而况江南三百余年不识兵革，朝廷边陲不闻名相名将，止一贾似道而已。郭郭关市四境相接，村落香火相望，鸡犬相闻，人民满野，懦弱恐怯，不足以为我敌。藉兵于寇，因粮于敌，声东击西，舍坚攻瑕，直捣杭州。分猛将辩士招怀未下诸城，戒士卒毋掳掠。宋之君臣，缓则挐舟窜海，急则肉袒牵羊，虏在吾目中矣。

上策就是进行一两年休整，等仓廪丰积，数路并进，一鼓作气，直捣杭州。

中策，诸军半屯田半出征，每岁或春或秋，除镇守襄樊可留兵力外，达汉诸军，轻骑分道抄掠汉上诸城，使不得耕耨。俘掳大获而还。

中策是半屯田半出征，每年春秋两季到南宋境内扰掠。

下策，前军既还，后军复入，如是，一二岁汉上诸城，虽不攻围，坐致困敝，宋失淮汉，长江半为我有。驻兵于江，不困于跋涉，乘衅而动，则江南日可图矣。一遵前辙，调度飞挽，东取汉上诸城，五年得一城，守一城三；数岁得一邑，守一邑。磨以岁月，用力多而收功寡，比至汉上诸城皆下，则我已困矣。孙子曰：上兵伐谋，攻城为下。用兵之势，既不能乘上策而求中策，犹庶几焉。

下策是持续不断扰掠、攻打宋军，但不孤注一掷，不断削弱南宋，使之逐渐困敝，慢慢地占领全境。之所以将其归入下策，因为在疲敌的同时，自己也消耗巨大，用力多收效小。

胡祗遹虽然也有官职，但以文名，是元初的文学家，能有这样深远的见识，可见元朝人才济济，早已超过了只知贪图富贵、热衷权争官斗的南宋君臣。

综合政治、经济、军事等多方面考量，忽必烈打消了乘胜而下的计划，决定进行短暂的休养生息。

吕文焕在襄阳"为虏诱胁，竟以城降"的消息，一个月后，即1273年三月二十五日才奏知宋度宗，一时朝野震恐。

按常理，战事失利，应首先追究有关将领责任。给事中陈宜中请求处罚援襄不力的最大责任人范文虎，但当权者贾似道庇护他，只将他降了一级官，依旧知安庆府。

夏贵主动请辞检校少保一职，朝廷没有批准，反而让他兼侍卫马军都指挥使，不久迁淮西安抚制置使兼知庐州。吕文焕的从弟吕文福、侄子吕师夔上书自劾，言吕文焕降元，让同宗蒙羞，无地自处，请求辞职，诏不许。

与此同时，南宋针对襄阳失守的被动局面，重新调整、部署防守力量。这些部署包括：

荆湖方面，以朱禩孙为京湖、四川宣抚使兼知江陵府，拨付两百万钱供开阃犒师。以高达为宁江军节度使、湖北安抚使、知峡州。命陈奕为沿江制置使兼知黄州，以留梦炎知潭州兼湖南安抚使，吕文福知沅州兼常德等五郡镇抚使，高世杰知岳州兼湖北安抚副使。

朱禩孙，四川人。蒙古攻打成都时屠城，朱禩孙从死人堆里爬了出来，从军，大多数时间在四川任职。或许参加过惨烈的抗蒙战役，但史书并没有明确的战斗及战功记载。

江淮方面，重新把李庭芝调到江淮，赐钱两百万开阃犒师；以赵溍为淮西总领兼沿江制置、建康留守，给钱六十万加强江防；命夏贵任淮西安抚制置使兼知庐州，赐钱百万。

除了人员调配，南宋还加强了几座城市的防御，挑选内军器库之犀利器械，拨付给京湖地区。1274 年初修筑两座城堡巩固鄂州防御；五月在四川合州修筑马鬃山和虎头山两座城池。

但是，这些措施对于抵抗蒙古虎狼之师，显然仅是杯水车薪。南宋需要做的，是建造下一个能够阻挡元军的城池，就像襄阳城一样。襄阳以下，沿汉水重要城池有郢州、复州、江陵、鄂州，其中鄂州是汉水、长江交汇处，最为关键。南宋经营鄂州也有基础，李心传《建炎以来系年要录》云："诸将既罢兵，乃置三总领……鄂州、荆南、江州诸军钱粮，隶湖广总领，治鄂州。"可知南宋建国，鄂州就是一个重要的地理节点，威名赫赫的岳飞屯军地就是鄂州。如果鄂州能像襄阳一样城高墙坚，防御得当，或许可以延缓南宋覆灭的速度。

前四川宣抚使参议官张梦发，上书提出三项对策，就包括加强重点区域防御，构造新的防御体系，他把汉口、玉泉山（今湖北当阳市西三十里）、峡州（今湖北宜昌）作为重点防御区域，但被贾似道搁置不理。

南宋的另一项举措，便是建机速房。

南宋政务在中书省，军事在枢密院，合称"二府"。宋高宗时，为了协调二府，建机速房以处理紧急军务，可以先斩后奏。局势稳定后，撤销了这一机构。宋宁宗时，韩侂胄擅权，为了推动北伐，恢复了机速房，但随着北伐战败，韩侂胄被杀，机速房自然消亡。现在战事吃紧，宋度宗又想起了机速房这一建制，这次重建机速房，却是为太师、平章军国重事贾似道量身定做。

宋度宗群臣们相信，只有贾似道能够拯救大宋，他就是人们心中的定海神针！

如果说一个团队需要一个灵魂，贾似道就是南宋彼时的灵魂。

## "王室有同于再造"

贾似道，字师宪，号秋壑，台州人。他的父亲贾涉官至淮东制置使，在处理边防、流民及涉外事务方面表现卓越。贾似道的姐姐是宋理宗的贵妃，专宠一时。有这两层关系，贾似道在 22 岁就荫补为籍田令。

宋朝荫补范围很广，但升迁慢。要想有个好前程，考取进士才是正途。贾似道有自己的抱负，没有躺在父亲的功劳簿上混日子，而是励志苦读，于 1238 年，26 岁时进士及第，正式走上仕途。

由于姐姐的关系，贾似道起点比一般人高得多，皇帝爱屋及乌，对他格外垂青。在入仕的第一年，即出知澧州，升为一方要员。到 1250 年，贾似道已经是两淮制置大使了。

要说贾似道"封神"，还是 1259 年的鄂州之战。

这一年，蒙古倾国而出，发誓一举灭亡南宋。当时的大汗蒙哥亲自率军征伐巴蜀，兀良合从大理进击湖南，同时令忽必烈领兵进攻鄂州。由于忽必烈晚行一步，九月初才到达鄂州城下，正在这时，传来蒙哥在钓鱼城下折戟沉沙、意外身亡的消息，蒙古西路大军已经撤退出四川。蒙哥身故，接下来必然有汗位之争，蒙哥的儿子们没有战功，无法继位，汗位将在三个胞弟即旭烈兀、忽必烈、阿里不哥之间产生。按常理，忽必烈应立即撤兵回蒙古争夺汗位，但他空手而还，恐被人轻视，于是不退反进，加快了攻打鄂州的步伐。

南宋把主要兵力用于应援四川，鄂州守卫不足，防御空虚，危在旦夕。宋理宗便将军事尽付于贾似道，诏命他以枢密使任京西、荆湖南北、四川宣抚大使，都大提举两淮兵甲，湖广总领，知江陵府。基地在江陵府，但军事应援范围包括四川、湖南、湖北等主要战场。

贾似道率十万禁军从江陵紧急驰援鄂州，同时令在四川作战的吕文德、向士璧，襄阳高达等向鄂州集中。一时鄂州内外两国名将会聚，使鄂州之战成为南宋末年最著名、最激烈的战役之一。

宋朝文官武将相互轻视，武将大多骄横，不容易节制。像高达、向士璧这些久经沙场的骁将，对贾似道这个文人统帅颇为轻慢。向士璧一向自作主张，大小军务不肯向贾似道汇报。高达则经常戏耍贾似道。贾似道巡视城防，高达指着贾似道对身边人说："巍巾者何能为哉！"还经常指使士兵到贾似道的门口喧哗。只有吕文德尊重、维护贾似道，斥责高达的士兵道："宣抚大人在此，你们怎敢放肆！"

因为《宋史》将贾似道列入《奸臣传》，它在记录这个情节时，旨在说明贾似道不学无术，嫉贤妒能，难以服众，但客观而言，南宋武将骄横恣意、不受节制的状况暴露无遗。

手下尽是骄兵悍将，贾似道指挥鄂州之战可谓艰辛。他思虑缜密，与忽必烈斗智斗勇。有一次，蒙军从城外挖地道进城，好在宋军增援及时，才没有让蒙军攻打进来。贾似道急令在城墙内围建造一圈木栅栏，一夜之间环城全部建好。第二天蒙军如法炮制，再次掘洞而入，但栅栏与城墙形成夹层，阻挡住蒙军，蒙军在夹层中甚至不能腾挪转身，只有被动挨打的份儿。忽必烈感慨万端，向扈从诸臣说："吾安得如似道者用之！"

"在难以用事的情况下，贾似道仍能调动兵马，斡旋于诸将，迅速高效地行事，其才能确有值得称许之处。"（张春晓《贾似道及其文学交流研究》）应该说，如果不是贾似道，鄂州守将一盘散沙，必起内讧，更罔言获胜。

蒙军强攻，由张禧、张弘纲父子率领敢死队登城，一度攻破东南角，与宋军短兵相接。高达一面指挥士兵力战，一边组织修筑城墙，最终阻挡住了蒙军。

蒙军围鄂州三个多月不能攻下，士兵筋疲力尽。这时阿里不哥意图自立，发兵威胁忽必烈的驻地开平城。忽必烈妻子急忙通知忽必烈"速归"。忽必烈召集幕僚商议，郝经指出，大举兴兵灭宋是失策，分析蒙、宋双方形势："举天下兵力，不能取一城，则我竭彼盈。""况彼（南宋）渡江立国，百有余年，纪纲修明，风俗完厚，君臣辑睦，内无祸衅，东西南北，轮广万里，亦未可小。自败盟以来，无日不讨军实而申警之，彷徨百折，当我强对，未尝大败，不可谓弱。"郝经又从军事上进行了具体的分析，得出结论，南宋不可急攻，无法急图。

郝经的意见终于促使忽必烈下定决心，班师北归，于1259年十二月初撤走鄂州之围。为了防止宋军追击，忽必烈留下霸突鲁、张柔等不少兵力断后，继续骚扰湖北、江西一带，兵锋所向，"举国莫抗"。

江西形势紧张，宋理宗令贾似道到江州稳定局面，但贾似道认为江西不足虑，黄州更接近蒙军主力，于是移防黄州。贾似道只带着部将孙虎臣和七百士卒向黄州进发，路上遭遇蒙古散兵，宋军兵少，贾似道叹息道："这一次大概要死了，可惜不能死得光明俊伟。"不过双方都不知虚实，蒙军为抢掠而来，也无心恋战，贾似道因此逃过一劫。

贾似道到黄州后，与蒙军战于白鹿叽，"大破其（蒙古）垒，歼之无一得还"，标志着鄂州之战最后结束。

据《宋史》《元史》和其他一些资料记载，贾似道曾派人秘密与蒙军议和，和议内容为：宋向蒙古称臣，两国以长江为界，岁奉银、绢各二十万。忽必烈一开始没有答应，后来急于撤军所以口头上有了城下之约，只不过没有形成文本。贾似道回朝后，一味渲染功绩，树立威望，只字不提和议事件。

是否存在"鄂州和议"，从一开始就争议不断。"鄂州大捷"时，朝廷不知，军队不知，社会上也不知有和议一说，后来元军以南宋不遵守和议为由重启干戈，和议事件才走上前台。贾似道势败后，隐瞒鄂州和议成为他的一条罪状。有人据此认为和议一说子虚乌有，是忽必烈为自己无功而返找一个体面的台阶，也是忽必烈发动灭宋战争凭空捏造的借口。

不过，《元史》《宋史》都提到鄂州和议，并且指名道姓，贾似道遣宋京议和。《赵璧神道碑》记述更为详细：

> 方渡大江，围武昌，武昌守将传贾似道语，请一近侍相见，公慷慨请行。上谕曰："汝登城，坐立必向我。视彼月城筑否。望我旗动，当还。"三千卒送至城，公奋身直上。太尉宋京坐军中，白刃环列，揖公曰："北朝不进，我朝岁贡银绢二十万两匹，割江为界，俾南北生灵息肩，何如？"公曰："上驻濮州未拜旗时，汝国遣行人来议尚可。今已渡江，江南之地悉为我有，何为出此言？贾安在？将与面语。"京遣疾足，未报。久之，旗动，约再议而回。上甚嘉赏其胆略有如此者。

南宋方面出面的是宋京，蒙古方面出面的是赵璧，宋京约岁币银绢二十万两匹，割江为界，但赵璧回以"大军已经过江，江南将为蒙军所得"，拒绝了宋京。双方没有谈拢。

《赵璧神道碑》为元翰林侍讲学士张之翰所撰。如果说和议是忽必烈为伐宋杜撰的借口，《元史》《宋史》延续了忽必烈敕令的说法，那么《赵璧神道碑》为私人生平，没有必要为国家背书。况且，议和双方有名有姓有情节，造伪的可能性不大。

综合各种史料，议和应有其事，但没有凭据。两国交往，没有文本，难以为证。再者，要达成"称臣、划界、纳贡"这样事关举国体制的大事，岂能由前线将帅和谈而成？如果真有这样的口头协议，忽必烈轻信并非主政的贾似道，岂不是傻子？

无论怎么说，蒙、宋在鄂州之战中算是打了个平手，其中贾似道表现最为突出，连忽必烈都为之赞叹。而郝经更是说："曰彼守城者只一士人贾制置，汝十万众不能胜，杀人数月不能拔，汝辈之罪也，岂士人之罪乎！"将南宋守城之功归结于贾似道一人。宋理宗在次年御笔写道："贾似道为吾股肱之臣，任此旬宣之寄，殷然疹患，奋不顾身，戎乘一临，士气百倍，吾民赖之而更生，王室有同于再造。予嘉伟绩，宜示褒纶。"这个评价非常高，历史上被誉"王室再造"的是郭子仪，挽救大唐于安史之乱倾危时。

贾似道威望如此之高，让宋人相信，他足以匹敌忽必烈。

十年之后的襄阳之战，两国的幕后操手依然是忽必烈和贾似道，南宋却丢了襄阳。何以如此？

## 不成功的军费审计

鄂州之战后的十年间，南宋发生了太多的事情，军事膨胀与辖制是国力衰退的重要原因。

历史上许多朝代亡于战争，不是被敌人灭亡，而是被内部势力挖空。由于战争，武将地位陡然提高，骄横恣意，不受约束，形成割据，导致国家四分五裂，最终灭亡。汉、魏、晋、隋、唐皆如此。汉、隋在镇压农民起义中地方势力坐大，魏在对外战争中成就了权臣，晋因大封同宗导致内乱，唐先因边将擅权而衰退，后因镇压农民起义崩裂。可以说，武将是亡国的操盘手。

宋朝自立国始，对武将严加防范。但宋蒙战争，至鄂州之战结束，已经持续了 25 年，武将功劳甚大，便蠢蠢欲动，成为帝国的离心力量。为了有利于作战，将领可以在驻防地征兵、调兵、用兵，已经近似于私人武装，所以才有鄂州之战中高达、向士璧等轻慢贾似道、不服管理的情况出现。

军队控制在地方军阀手中，粮饷却由中央供应，将领们为了自身的利益，都会虚报人头以争取中央调拨更多的粮饷。比如在征兵时，征到一千新兵却谎报两千。中央政府心知肚明，所以在拨付粮饷的时候也会打折扣，该拨一万钱只付给五千钱。被打折扣的部队下次变本加厉，将一千新兵报成两千五、三千，如此恶性循环，军队财务成了一本糊涂账。李曾伯 1252 年上札子说："自开禧、嘉定以来，军政日坏，各路有制阃，各州有节制，往往侵夺诸戎司权柄，创招军分"，即是军队乱象中的一例。

除此之外，军队内腐败问题日甚一日。将军们热衷于搞关系，拉山头，结派系，心思根本没有用到提高队伍素质上。那些作战勇敢的有功者得不到奖赏，贪生怕死、临阵弃逃者稍加疏通即能免责；军官不体恤士兵，下级不服从上级；军队钱粮不够，骚扰老百姓屡见不鲜。国家正规军跟山头草寇别无二致。以这样的军队迎战蒙古新锐之师，焉有不败之理？

鄂州之战后忽必烈忙着争夺汗位，无暇南顾，趁此偃兵息甲之机，宋理宗任命贾似道为太傅、右丞相，要加强对地方军队的控制，节省财政开支，规范军队管理，遏制军队腐败。

公元1260年四月，贾似道开始在军队中实行"打算法"。打算即计算、核算，打算法类似于对军队账目进行审核。

贾似道采取的具体措施是推磨式审查。如向士璧驻守潭州，贾似道安排浙西帅臣对他进行打算；赵葵守洪州，委派建康帅臣马光祖对他进行打算。打算的结果，《宋季三朝政要》记载："江阃史岩之、淮阃杜庶、广西帅皆受监钱之苦，累及妻子。徐、李、杜逮系狱，杜死后追钱犹未已也。"发现的问题相当严重，涉及钱财数额巨大，涉事官员死了还没有还清贪污的钱财。

向士璧在鄂州与贾似道不对付，贾似道也审查出了他在潭州钱粮账目有出入，先是免官罢职，发放漳州居住，后拘捕到刑部审问。他的幕僚方元善背主求荣，揭发了他更多问题，向士璧获罪而死，又拘捕他妻子儿女索要欠款。

当然，宋末军政人事倾轧，臣僚之间相互栽赃陷害屡见不鲜，打算法在某种程度上成为打击政敌的武器，有人就将向士璧之死归因为贾似道报复。另外，打算法也有扩大化倾向。

赵葵是理宗朝老将，在宋蒙联合灭金时是宋军统帅，因军功被授予光禄大夫、右丞相兼枢密使。马光祖在打算赵葵时，因与赵葵不和，鸡蛋里挑骨头，找不到别的瑕疵，便以赵葵曾在元宵节张灯宴时用官府钱三万缗，定其"放散官物"的罪状上报朝廷。张灯宴钱不是打算法要清算的项目，朝廷当时没有追究赵葵，但不久将其闲置。

鄂州之战期间，谢枋得受命在民间招募义军守卫信州、饶州、抚州，得二千义军。这些义军要吃要喝要开销，赵葵向国家申请"招军钱"拨付给谢枋得。贾似道打算招军钱，认为不合规矩，谢枋得很讲义气，说："这事不能连累赵宣抚。"自掏腰包，变卖家产予以偿还，仍然不够，只好上书贾似道，讲商鞅取信于民的故事：商鞅实施变法，法令已经完备，担心百姓不信任，不认真对待，于是在都城南门立下一根三丈长的木杆，招募百姓有能够搬到北门的赏给十镒黄金。老百姓感到不可思议，不相信，没人搬。商鞅又把赏金涨到五十，终于有人经不住诱惑，把木杆搬到了北门，商鞅兑现了诺言，以此表明法令不是儿戏，说到做到。又举"二卵弃干城"的典故：战国时期，子思向卫君举荐苟变为将。卫君也晓得苟变是个将才，但因为他在一次征赋时曾经吃过百姓的两个鸡蛋，所以没有任用他。子思进谏说用人应该"用其所长，弃其所短"，不能因为吃过别人的两个鸡蛋而放弃大将之才。

谢枋得讲这两个故事，意在向贾似道表明，招军钱是小事，不可因小失大，既然把钱粮发放给义军了，就要信守承诺，不要让义军伤心。贾似道幡然醒悟，没再追究。

赵葵"招军钱"违规在何处，史料没有明说，但无非是开支超标或挪作他用。蒙宋开战以来，各地都需要不断补充兵源，招兵买马成为常态。招募多少新军，各地阃府说了算，财务却要中央政府买单。于此可见一例。

打算法的初衷是好的，是为了辖制武将，节省开支，控制军队规模。但副作用明显，一是一些能征善战的猛将受到处理或被闲置，如向士璧获罪而死，同样获罪致死的还有杜庶，被放逐、降职的有徐敏子、史岩之、李曾伯等，他们都是威重一时的军中翘楚。二是加剧了军政矛盾和内部倾轧，如马光祖构陷赵葵，是矛盾的产物和倾轧的结果。吕文德在打算法中不但没有受到影响，反而进一步巩固了自己的权力，导致军事领域吕氏一枝独大。吕氏广植党羽，把控军权，在吕文焕投降之后，对南宋政局冲击极大。

有人认为吕氏坐大是贾似道借打算法清除异己的结果，但鄂州之战中对贾似道大不敬的高达并没有受到报复，似乎找不到更多材料去证实打算法出于贾似道的私心。

打算法最直接、最明显的后果，是逼反了刘整。

刘整仕宋时，主要在四川开展对蒙军事斗争，先后参加过箭滩渡之战、云顶山之战、断桥之役和泸州大捷，立有战功。

1258 年，吕文德为京湖安抚制置兼四川宣抚使，俞兴为四川制置副使、知嘉定府，与刘整有隙。蒙哥征蜀，嘉定受敌，刘整亲自率兵增援。击退敌军后，俞兴既不宴请犒劳，也不出面欢送，只是派几名小吏象征性地馈赠一些酒肉。刘整好没面子，拿小吏出气，杖打一顿愤怒离去。俞兴恼恨刘整，遣军吏到泸州打算前线军粮。刘整害怕了，派人向俞兴进献一只精美的金瓶，又特意跑到金陵，哀求俞兴的母亲为说客，都被俞兴不留情面地拒绝了。

摆在刘整面前的只有一条路了，那就是同俞兴彻底翻脸，向更高的官员申诉！刘整写了一封详细的情况说明报告给朝廷，但朝廷君臣忙着争权夺利，没有人把一个小小的刘整当回事。

走投无路的刘整开始了自己的冒险人生。他把泸州的官吏召集起来，明言要背弃宋朝，投降蒙军，让大家选边站队：愿意继续效忠宋朝的站在东边的台阶上，愿意投降蒙古的站在西边的台阶上。结果绝大多数官吏选择了西边台阶，只有户曹一人站上了东边的台阶。刘整于是杀掉户曹，投降了蒙古。

这一年是公元 1261 年。

六月，驻守四川的蒙古成都军刘黑马派儿子刘元振到泸州城中受降，刘整迎接刘元振进城，泸州正式易帜。

俞兴在泸州城也有探马，所以在第一时间得到消息，立即率大队人马包围泸州，将刘整和刘元振困在城中。刘整死守泸州数十天，成都的蒙古兵赶来救援，内外夹攻，反而把俞兴打败。

泸州位于四川南部，看似偏僻，但在长江通道上，可以从水路直达重庆，是重庆上游最重要的城市。如果泸州失守，不但川南尽失，而且重庆防务将受到重大考验。南宋朝廷势必趁刘整新叛，内部不稳，不遗余力夺回泸州。十月，吕文德帮助俞兴再攻泸州，凭借军力上的优势，步步为营，层层推进，用了三个月时间，终于收复泸州，改名江安军，以图吉利。尽管如此，泸州周边还是有一些地区沦入蒙古之手。

刘整叛变及其巨大的负面影响，说明贾似道的打算法很不成功，过大于功。在宋蒙战争远未结束的情况下开展反腐清理运动，确实不合时宜，操作手法也值得商榷。

那么有没有更好的办法？没有。要么亡于外族，要么亡于军阀，前朝后代都为此作出了生动的注脚，事实就是这样残酷。

宁亡于外族，毋亡于军阀，自宋太祖、宋太宗以来已经形成共识，是两宋皇族一以贯之的选择，也怪不得贾似道。


## "犹把山川寸寸量"


贾似道冒险在军队推行打算法，确有不得不为之的苦衷。二十多年的战争，让南宋财政捉襟见肘，经济几近崩溃。

宋朝商业发达，是当时世界上最富裕的国家，也是中国古代社会经济发展高峰。据记载，1021年，即宋真宗末年，北宋国家总收入达一亿五千万贯，每贯为一千文铜币，折合黄金一千五百万两，按现在的黄金计价，折合美元三百亿元。这样的数字不仅远大于汉唐盛世，而且比后来的明清也高出许多倍。两宋向金国输送岁币，经常被批评加重了财政负担，其实岁币只占财政收入很小一部分，宋朝君臣都认为不值一提，由此也可反证两宋之富。但南宋一直兵祸不断，尤其是宋蒙战争之后，兵不卸甲，船不收帆，战火几乎没有熄灭过。战争打的是人，更是钱！

由于偏安的原因，南宋一直保持着大量的军队。据宋理宗朝宰相范锺奏称，淳祐年间（1241—1252）全国有正规军七十二万，此外还有大量民兵、乡兵，总量不下百万。军人数量多，消耗钱财多，宋宁宗时期，大臣真德秀算出军费所占财政开支的比重达到惊人的十分之八。宋蒙战争之后，这个比例应该更高。军队消耗最突出的是军粮，南宋国土面积本来就小，蒙古又不断骚扰、侵占，国土沦陷，边地荒芜，粮食产出减少，加剧了粮食供给上的矛盾。

南宋有一定的"国有土地"，包括营田、屯田、圩田、草荡、荒田、官庄、籍没土地等，出租这些土地获得收入可以充交国库。但是，当时官田每年收到的租米不过百万石，根本满足不了军饷所需，更不用说还有大量的官员需要发放禄米。缺口部分只能依靠购买、摊派。

南宋农业赋税一般有夏税和秋税，合称二税，后来又增加经制钱、总制钱、月桩钱、田契钱、折估钱、纳醋钱、卖纸钱、面引钱等等，名目繁多，不一而足，可谓一举一动都要被征税。尽管如此，仍然入不敷出，只好寅吃卯粮，向老百姓预借赋税，一直预借到六七年后。说是预借，其实是强迫缴纳，榨取百姓血汗。

在实行打算法之前，朝廷为财政问题焦头烂额。大臣高斯得在奏章中说："国家版图日蹙，财力日耗，……闻主计之臣，岁入之数不过一万二千余万，而其所出，乃至二万五千余万。……国家用度日以不给，盖有如贾谊所谓'大命将倾，莫之拯救'者。……财用空竭犹之气血凋耗，亦足以毙人之国。" 徐鹿卿也说："臣闻国之财用，犹人之有气血，气血耗竭，何以保身？财用空匮，何以立国？"

财政收入与支出之间的差额越来越大，不能不使宋廷凛凛然如履薄冰，进而讲求理财的良方，采取措施来挽救财政危机和政治危机。打算法只是其中一种。

除了财政税收，此时的金融更是一塌糊涂。

北宋仁宗年间已经出现了历史上最早的纸币，叫"交子"。南宋的纸币叫"会子"。纸币最初是一种凭证，因为银币、铜币沉重，携带不方便，便发行纸币，与铜币等价，凭纸币可以兑换铜币。后来纸币逐渐脱离铜币而独立存在，是银币、铜币的补充。由于政府和官宦巨贾对银、铜进行垄断，纸币成为民间主要货币。

纸币的印制权在政府，这样就带来一个问题，每当政府财政拮据时，便无法约束自己，通过过量印制货币让自己变得"有钱"。市场上纸币增加了，但是实物消耗却在减少，结果便是纸币购买力下降，假使过去五百文会子购买一斗小麦，而现在则需要付出两千文，这就是通货膨胀。

为了适应战争需要，为前线将士筹集粮饷，政府需要大量收购粮食。政府没钱，于是以低价向农民摊派买粮，称为"和籴"。即使低价收购，也只能支付纸币，纸币又不断贬值，农民辛辛苦苦一季收入几乎等同于白送给政府，苦不堪言。

物价飞涨，通货膨胀，金融体系面临崩溃，是政府必须解决的经济问题。

那么，除了战争消耗，南宋发达的商品经济创造的价值究竟哪里去了？换句话说，土地上没少产出，那么产出的商品到哪里去了？答案是越来越集中于少数大地主、大商贾、豪强贵族手中。

由于附着在土地上的赋税、杂役太多，有百亩土地的小户人家负担不起，不得已将土地卖给大户，而大户人家总有各种办法规避赋税杂役，这样就造成宋朝末年土地兼并严重，贫富差距加大。如此恶性循环，小户越来越穷，而国家财政也日益窘迫。

要改善财政状况，只有向大户要钱。

1262 年，贾似道开始实施土地改革，开展土地国有化运动，称为"买公田"。公田即归属于国家的田地。所谓"买公田"，就是按官阶品级规定最高田地限额，超出部分国家按三分之一数额进行购买，充当公田，然后租给农民，以增加财政收入。

对于买公田的好处，侍御史陈尧道、右正官曹孝庆等联名上疏中算得很明白："回买官田，可得一千万亩，则每岁六七百万之入，其于军饷沛然有余，可免和籴，可以饷军，可以住造楮币，可平物价，可安富室，一事行而五利兴，实为无穷之利。"楮币即纸币。由这篇疏文可知买公田的本心就是解决战争带来的严重经济问题。

按照贾似道和陈尧道、曹孝庆的最初设想，先在两浙东、两浙西、江东、江西四路实行公田法，但这个设想一透露出来，立即遭到激烈反对。宋理宗犹豫不决，在贾似道力争下，先在浙西六郡进行试点。

为了顺利推进"买公田"，贾似道自做表率，捐献出自己在两浙西路的一万亩田地。接着拿朝廷中最有权势的人物开刀。所谓最有权势者，莫过于皇亲国戚，贾似道盯上了理宗的亲弟弟、荣王赵与芮，他软硬兼施，终于让荣王就范，愿意出卖公田。皇室远支赵孟奎算有觉悟，主动申请出售自家田地。有他们带头，买公田一下子打开了局面，仅浙西六郡就收买公田三百五十万亩；镇江丹徒、丹阳、金坛三个县买公田近十七万亩，每年出租得米十三万多石。

最初，私田限额为"一品五十顷，二品四十五顷，……九品五顷"，超过部分才购买，购买价格也比较公平，按田地品质，一亩地租金达到一石的购买价格为二百贯，租金为九斗的一百八十贯，……租金为六斗的一百二十贯。不过国家拿不出那么多银子，大部分用官告，一部分用度牒、会子冲抵。官告即官员的委任状，一份空头支票形同卖官，比如官告登仕郎的抵三千贯，官告承信郎的抵一万五千贯；凭度牒可以免除赋税、免除劳役（度牒即僧人的身份证）。银子、官告、度牒、会子，其中银子是硬通货，不会贬值，会子最容易贬值。所以朝廷又规定，买田在千亩以下，不给银子，只给度牒和会子，五百亩以下全用会子支付。

推行过程中的阻力是不可避免的，这就造成"买公田"政策发生了"变异"，超过二百亩都要按比例征买，并且将指标摊派到各路、各郡，必须限期完成任务。所以所谓买卖，绝不是愿打愿挨，而是强制征购。这样就带来了比较恶劣的后果：地方官员为了完成任务，擅自扩大购买范围，甚至对于只有一百亩田地的小户人家也强制购买，许多农民因此破产。还有些官员为了立功，为了自己的前途，不惜肉刑逼人投卖公田，甚至逼死人命，全国上下怨声载道。正如秘书郎文及翁所言："公田法之行，本意是足军储，免和籴，但现在奉行太过，限田之名一变而为并户，再变而为换田，耕夫失业而流离，田主无辜而遭拘系。"

除此之外，地方官员为了扩大政绩，对于田地品质不认真把关，大都按最高标准回买，比如租金六七斗的，也按一石田地回买，加重了国库负担，让本来就困难重重的中央财政更加拮据。

更为严重的是，买卖公田使用大量纸币，又导致新一轮更加剧烈的通货膨胀，有人形容当时"使到十八九，纸钱飞上天"。会子三年发行一次，谓之一界，到十八界时，会子已经实在使用不下去了，贾似道便改十九界"会子"为"关子"，三贯会子兑换一贯关子，尽管如此，也没有能遏制住纸币贬值的趋势。

纸币贬值的背后是物价飞涨。1267年底，临安府米价每斗两贯六百文，是北宋末汴京沦陷时的两倍。

当然，公田法于国库收入还是有一定成效的。浙西六郡回买公田三百五十余万亩，每年收上来的粮食可以保证军粮供给了，这在无形之中也减轻了其他地区的负担。加上打算法，朝廷得到一定实惠，改善了日益窘迫的财政，历史学家黄仁宇认为"而这田土收入使南宋朝廷又撑持了约十二年"。

但国有化改制无异于竭泽而渔，失去土地的农民生计更加艰辛，有诗说出当时的情形："自从田归官，百姓糟糠难，况复连年苦饥馑，草根木实为珍餐。嵯峨殍骨横千里，待得今年能者几？只道伸眉得一笑，酒肉淋漓浑舍喜。谁知一粒不入肠，总是公家主家米。……自从买公田，丰年亦凶年。此何人哉，悠悠苍天。"买公田时需丈量土地，时人又讥讽道"三分天下二分亡，犹把山川寸寸量"。

每个朝代灭亡时，或多或少都存在财政问题，换言之，没钱打仗了！宋朝灭亡也是如此。虽然公田法在一定程度上聚拢了钱财，解决了军费问题，但长期的亏空已经让国力疲弱，加上公田法明显的副作用，南宋已无可救药，灭亡只是时间早晚而已。

贾似道因打算法得罪了不少军人，因买公田得罪了官僚地主，在实际操作中又波及小农户、小业主，所以成为众矢之的。他在位时有皇帝庇护，尚无人敢公开诘责。势败之后，遂群起而攻之，被加以奸臣之名，就是因为在改革中触碰了太多人的既得利益。

考量古代历次改革，很少能达到预期效果，并且大多造成朋党对立，政治分裂，社会矛盾激化。北宋王安石改革如此，南宋贾似道改革亦如是。

这大概是改革的宿命。

按中国人的思维惯性和历史认知，朝代灭亡总要找一个替罪羊，北宋他们找了王安石，南宋找了贾似道，而这两人，都是改革者。

## 皇帝的智商

贾似道被讥为"权相""奸相"，号称一手遮天，得益于宋理宗、宋度宗两代皇帝的信任。

推行买公田时，朝中一直存在反对声音，理宗一度犹豫，打算暂缓实行。贾似道知道如果失去皇帝的支持，改革定然半途而废，于是奏请归田。宰辅施政遇到阻力而请辞，在宋朝属于常态，当年范仲淹推行

"庆历新政"，王安石推行"熙宁变法"，都有过请辞的经历。理宗没有批准贾似道的辞呈，而是下诏慰勉，以示信任。

理宗去世前三个月，发生了一件大事，不是人事，是天事。1264年七月初二，彗星来临。大凡遇到怪异的天象或自然灾害如彗星、日食、地震、洪水等，皇帝都要检讨自己的过失，下诏鼓励朝臣提出谏议。皇帝为上天之子，畏天命，朝臣抓住这种心理，把平日不敢说的话说出来，对不敢抨击的权臣进行弹劾。

大臣高斯得作《彗星应诏封事》，曰："彼悍然不顾也，白夺民田，流毒数郡。告牒弃物，不售一钱，遂使大家破碎，小家无依，米价大翔，饥死相望。""又出虎狼之吏，使之磨牙张吻，啖咋良民。"他先揭示公田法的两大危害，一是几乎毫无报酬地夺取民田，致使民众家庭破碎，饥寒交迫。二是官吏借机敛财，荼毒百姓。接着，高斯得将矛头直指贾似道，曰："本朝惟知有权门而不知有君父，或称其再造王室，或称其元勋不世，或直以为功不在禹、周公下，虚美溢誉，日至上前，荧惑圣明，掩蔽罪恶，遂使陛下深居九重，专倚一相，高枕而卧，谓如泰山四维之真可倚，不知其下失人心，上招天谴，乃至于此。"指出贾似道已经下失人心，上招天谴。

除了高斯得，台谏、士人纷纷上书言事，对贾似道群起而攻之。

宋理宗身处高位，是各种矛盾的汇集处，对贾似道的处境感同身受。他批复曰："言事易，任事难，自古然也。"站着说话不腰疼，说风凉话的哪里知道做事人的苦。于是对各种诘难置之不理，对贾似道信任有加。

等宋度宗即位，对贾似道不仅信任，可以说完全依仗，视之若父。

宋度宗不是宋理宗的亲儿子，而是亲侄子，智力发育多多少少有些问题。

宋朝皇帝大多生育不蕃，成活率也相当低。北宋仁宗、哲宗，南宋高宗都无子或者有子早夭。宋宁宗有九个儿子，一个也没有成活，只好在宗室之间选择继承人。他在远房宗室中物色了两个皇子候选人，一个叫赵与莒，一个叫赵与芮，是一对亲兄弟。宋宁宗驾崩，立赵与莒为帝，改名赵昀，就是宋理宗。宋理宗的弟弟赵与芮被封为荣王。

不幸的是，当了四十年皇帝的宋理宗依然无子，只有继续过继。赵与芮是亲兄弟，他的儿子当然是首选。奈何赵与芮膝下也只有一子，还是个弱智儿。原来赵与芮正室是一位妒妇，自己生不出儿子，又怕其他女人受宠危及自己的地位，千方百计阻止丈夫亲近女色。赵与芮一名小妾怀孕，王妃派人逼她服用打胎药，想要把肚里的孩子消灭在"萌芽状态"。然而冥冥之中或有天意，南宋该有弱主当政，婴儿居然没死，平安生了下来，就是落下了严重的后遗症，身体和智力两亏。这个孩子就是宋度宗赵禥。

宋理宗将赵禥封为忠王，选为接班人，当时的左丞相吴潜反对立赵禥。而贾似道趁机进谗言，把吴潜贬谪循州。从此再无人敢于诽议立储之事。

宋理宗立赵禥，主要是只有这一个侄儿，肥水不流外人田，不愿轻易将皇位传于旁支。另外他相信"勤能补拙"，通过学习可以变得聪明。他对这个养子教育极其严格，专门为其建造"资善堂"作为学习场所，聘请全国一流的大儒作为教师。宋理宗亲自过问他的学习，并为其制定严格的日程安排：每日鸡叫第一遍入宫向理宗问安，鸡叫第二遍回宫，鸡叫第三遍就要到办公地点参与处理政事，接下来的时间就是学习读书。晚上寝前还要问安，这时理宗会问一些问题，检查当天的学习情况。碰到学习不过关，提问回答不上来，理宗会亲自耐心辅导、解答。

1260 年六月初六，赵禥被立为皇太子。彼时贾似道开始在军队中实施打算法。

1264 年十月二十六日，宋理宗驾崩，赵禥即皇帝位，尊理宗皇后谢道清为太后，改年号为咸淳。这一年，贾似道改革正酤，九月，朝廷开始逐户核对田亩税役，称"经界推排法"。这一年，距襄阳之战仅有三年。

尽管资质差，政治上难以担当大任，但宋度宗奢靡腐化却不甘人后，在宋朝首屈一指。明代程敏政《新安文献志》："惟荒乐之从，未尝及外庭事，大小之政，贾似道实专之。" 元代吴莱《渊颖集》："当宋季年，元兵压境，两宫且以琴酒自娱，……度宗在宫中，尝以壶酒自随，尽日不醉。"

宫中旧例，皇帝临幸妃子，妃子应于次日清晨到阁门谢恩，并在太监处进行登记，记录在案。一天太监登记的人数竟有三十之多。按常理，即便体格健壮、精力旺盛的男子一晚也难以行房事三十次，只能由此推断，要么度宗有群欢的嗜好，要么妃子们欺他神志不清，谎报妄报。

唐高宗身体孱弱，奏章请武媚娘代阅，宋真宗身体不豫，朝政由皇后刘娥定夺。宋度宗不愿把自己陷在烦琐的公务中，但他是泛爱主义者，决不会把宠爱和雨露播洒在一两位妃子身上，因此请几个妃嫔轮流批答公文，并以时节称呼她们，曰春夏秋冬。

当然，春夏秋冬只是象征性地代劳，宫中女流之辈能够治国理政的毕竟凤毛麟角，国家大事只能另托他人。此时贾似道圣眷正隆，又是扶持度宗上位之人，度宗便拜贾似道为太师，执之以师礼，称呼其为"师相"，朝政悉数委托于他，无论大事小事，几乎取决于一人。

不过时局动荡，朝政日衰，贾似道深感人心冷暖，政事艰难，想要撂挑子不干。度宗即位不到半年，贾似道就递上了辞职书。度宗当然不准，而且对贾似道的依赖程度与日俱增，他在位十年，竟须臾也离不开贾似道。

安葬宋理宗时，贾似道为山陵使，负责办理丧事。南宋的皇陵在绍兴，绍兴亦有贾似道私第，贾似道护送梓宫渡江前去，趁机再次请辞。度宗派使者携带圣旨前往，督促贾似道赶紧回来。圣谕说："予夜不安枕，未明求衣，专俟师相归，处分万几之事。今兹三日矣。"三日不见，晚上睡不着觉，天不明就披衣起床。但贾似道办完丧事在绍兴的私第优哉游哉，不愿回京。过了几日，度宗又忍不住派人继续催促，说："今师相舍机政而归锦里，谁与予膺镇安抚绥之任？此岂泛泛悠悠？" 如是再三。

贾似道这一次似乎铁了心归隐，固辞不就，还把丞相大印让使者带回。度宗无奈，只好同意其辞去相位，改封镇东军节度使、魏国公、醴泉观使兼侍读，这些都是虚职，不过后面又加一句"仍奉朝请"，就是还要上朝，不算退休。

这一轮请辞、请朝，最后贾似道职务虽变，但皇帝的信任和权势一点没变，反而恩宠愈甚。度宗专门安慰贾似道说："予惟成王初政，方有赖于经邦；周公为师，曾何嫌于作辅。"把自己比作周成王，把贾似道比作辅佐周成王的周公。周公是儒家最为推崇的辅臣，后世臣子比作周公是最高褒奖。

贾似道终于又回到朝廷，度宗激动之余，令百官到城外列队迎接。等到了朝堂，又将贾似道加右丞相、平章军国重事。平章军国重事始于北宋哲宗，用于安排德高望重、功勋卓著的老臣，职务在宰相之上。

度宗在位十年，贾似道时不时来一次请辞，度宗照例不准，有时候情急之下，竟哭着请求贾似道留下。

一次，朝廷举行祭祀大礼，贾似道为大礼使，宋度宗宠妃胡贵嫔的父亲胡显祖为御前带刀护卫。这天早上度宗本打算前往太庙，谁知忽然下起了大雨，胡显祖建议改乘轿子前往。度宗本人毫无主意，这点小事竟然让征求贾似道意见。贾似道的意见是等雨停了再去。但胡显祖欺骗度宗说："贾平章同意了。"于是度宗冒雨乘轿，而其他人莫衷一是，不知道该听大礼使的，还是该跟随皇帝。事后，贾似道以此为由再次请辞，说："我是大礼使，陛下的行动举止我竟然不知道，还是罢免了我吧。"度宗恐惧，下诏将胡显祖免职，责令胡贵嫔出家为尼，这才把事情摆平。

还有一次，在朝堂之上，贾似道又提辞职的事，度宗一紧张，竟从龙椅上跳将起来，向前迈了两步，脚下一软，两腿"扑通"朝着贾似道跪了下去……

君非君，臣非臣，若是在太平岁月，将就着也就过了。当下宋蒙战端又起，这样的领导集体，怎么可能激发将士的战斗力？

## "福华"时代

贾似道掌控了朝廷实际权力，幻想着开创一个福泽天下、繁荣昌盛的"福华"时代。他指使门下客廖莹中编写一本书，取名《福华编》，称颂鄂州之功，构想一个美好的大宋复兴梦。然而随着买公田等各项改革的失败，现实中的"福华"时代，变成了君臣朝野醉死梦生的太虚梦境。"酿成亡国恨，一部《福华编》"，是宋末元初董师谦的亡国之叹。

打算法逼反了刘整，给朝廷带来极大的隐患；公田法阻力重重，只在江浙少数地区得以推行，还有经界推排等改革措施，成为文人诗词揶揄讥讽的题材。所有这些都让贾似道心灰意冷，陷入绝望，政治上再无进取之意。度宗在位十年，贾似道除了累辞，朝政上选择不作为，生活上则寄情山水，骄逸奢靡。

贾似道年轻时就好山水，好奢侈。贾妃尚在时，一天夜里，宋理宗登高远眺，看见西湖上灯火通明，有游船载笙歌缓行，理宗对身边人说："此必贾似道。"次日一问，果然如此。理宗派京尹史岩之对贾似道进行教育，史岩之回来向理宗报告说："似道虽有少年气习，然其材可大用也。"

西湖北岸有一座小丘，树木葱郁，泉水清澈，蜿蜒数里，风光怡人，晋朝道学家葛洪曾隐居于此，得名葛岭。度宗将葛岭赐予贾似道，贾似道素喜西湖，对这一块毗邻西湖、住过"仙翁"的风水宝地十分满意，在此大兴土木，建造集芳园，其中楼台屋宇、花林池桥，富丽堂皇，华邃精妙。诗人胡仲弓有诗赞集芳园之景："园丁严锁钥，不许俗人看。

梅落黄金弹，荷开碧玉盘。小舟维柳外，青磬出林端。猿鹤不相识，行吟独倚栏。"

刘一清《钱塘遗事》记载：

咸淳丁卯，贾似道平章军国重事，魏国公叶梦鼎为右丞相。时贾似道专政，梦鼎充位而已。似道一月三赴经筵，三日一朝，赴中书查治事。上初立，朝政一委大臣，似道益自专，上称之曰"师臣"，通国称之曰"师相"，曰"元老"。居西湖葛岭，赐第。五日一乘车船入朝，不赴都堂治事，吏抱文书就第呈署，宰执书纸尾而已。朝夕议则馆客廖莹中，外则堂吏翁应龙。凡台谏弹劾，诸司荐辟举削，及京户畿漕，处断公事，非关白不敢自专。在朝之士忤意者，辄斥去。后叶梦鼎、江万里皆归田，军国重事，似道于湖上闲居遥制，时人语曰："朝中无宰相，湖上有平章。"

贾似道之所以屡屡请辞，就是对国事已经彻底绝望，再也没有热情积极进取、大刀阔斧进行改革了。宋度宗为他加平章军国重事后，特许一月两经筵，十日一入朝，表面上退居了二线，实际仍大权在握，宰执充位，"台谏一听命于似道"。不过他不用为朝政付出更多精力，有大量的时间和金钱，他逃避世事，沉溺于虚无散淡、淫靡奢侈、醉死梦生的"福华"生活，自号云水道人。

他在葛岭别墅中建了一座亭子，取名"半闲亭"。又把一座厅堂命名为"悦生堂"，取悦生恶死之意；把一处花园取名"养乐园"，取乐享天年之意。

八月八日是他的生辰，"四方善颂者以数千计。悉俾翘馆誊考，以第甲乙，一时传颂，为之纸贵，然皆调词呓语也"。生日变成了诗词大赛，变成了歌功颂德的大联欢。

如陆景思一首《甘州》，吹捧贾似道"丰功伟绩"："满清平世界，庆秋成，看看斗米三钱。论从来活国，论功第一，无过丰年。办得间民一饱，余事笑谈间。若问平戎策，微妙难传。玉帝要留公住，把西湖一曲，分入林园。有茶炉丹灶，更有钓鱼船。觉秋风、未曾吹着，但砌兰、长倚北堂萱。千千岁，上天将相，平地神仙。"

又有人献上一阕《唐多令》，单赞"半闲亭"曰："天上谪星班。青牛初度关。幻出蓬莱新院宇，花外竹，竹边山。轩冕傥来闲。人生闲最难。算真闲、不到人间。一半神仙先占取，留一半、与公闲。"

从"一时传颂，为之纸贵"可以看出时人对贾似道的推崇，也可以看出当时阿谀之风盛行。"人主好谀，宰相导谀，士大夫习谀，内外遂以成风。"这种风气下，君臣乐而忘危，对亡国的潜在风险视而不见。正如大臣黄震所说："居则惟见湖山歌舞之已久，宫居服食之便安，而凡京、襄、淮、蜀之荒残，中原、河北之狐兔，未必关于念虑也；出则惟见仪卫法物之塞途，帘帏粉饰之夹道，而凡驱逐出巷之啼号，穷僻在野之愁叹，皆不接于见闻也。""民日以穷、兵日以弱、财日以匮、士大夫日以无耻。"

贾似道喜爱西湖美景，经常携美姬歌伎，泛舟湖上，笙歌酒乐，艳舞淫戏，欣赏湖光山色，享受闲暇升平，忘记朝政烦恼，过着自在恣肆的生活。某日，贾似道和众姬妾倚楼望湖，看见两位长相俊朗的青年男子乘坐小船由湖登岸，其鲜衣羽扇，丰致翩翩。一位美姬禁不住赞叹一声："美哉，二少年！"贾似道淡月清风地问一句："你若愿意跟他，我让他下聘礼娶你。"美姬害羞地低下了头，不敢再有言语。过了一段时间，贾似道把众姬妾召集起来，拿出一个锦盒说是少年的聘礼。众姬妾打开锦盒，顿时魂飞天外，花容失色。原来，盒中装的是美姬的人头。爱美之心，人皆有之，何况美姬赞叹的只是陌生人。贾似道可谓拿美人当玩物，视生命如草芥。这个故事的真实程度已不可考，但至少从侧面验证贾似道沉溺湖上游乐的史实。

贾似道以文人建功，是诗词里手，吟诗作赋、玩弄风雅是他的另一爱好。当时许多文人谒于门下，客流如织。一次贾似道在湖边山丘游赏，一位僧人在其周边徘徊，不敢近前，也不愿离去。贾似道见状，主动问他："你是什么样的和尚？"僧人答道："我是诗僧。"贾似道说："既是诗僧，我考你一题。"见湖中有渔翁，令僧人以此为题作诗一首。僧人请韵，贾似道以天字为韵。僧人应口对曰："蓝里无鱼欠酒钱，酒家门外系渔船。几回欲脱蓑衣当，又恐明朝是雨天。"含蓄地道出了自己贫困的窘境，毫不掩饰自己奔钱财而来。贾似道欣喜于诗僧的直率和才情，给予他很多赏赐。

贾似道善待谒客，出手格外大方。一次送别谒客翁孟寅，为他置酒饯行，翁孟寅赋词一曲表示感谢，贾似道大喜，把席间价值数十万的珍贵酒器悉数相赠。一位叫刘荆山的谒客由于婚姻债务问题生活拮据，他冒雪来拜访贾似道，本不抱太大期望，不料贾似道出手大方，所得财帛足够晚年生活。真是"造物与君强健在，归囊知有暮年欢"。还有一位谒客宋自逊，一次从贾似道处得到二十万缗用于盖房子，这个数量相当于北宋当年每年给辽国的岁币。

贾似道与著名词人吴文英、刘克庄均有不错的交情，有频繁的诗词唱和。吴文英回忆他和贾似道优游西湖的情形："朝回胜赏，墨池香润，吟船系雨。"又记述他们把酒论诗："临酒论深意""秋水生时，赋情还在""醉兴渺，银河赋就"。刘克庄则多次把贾似道比作诸葛亮、谢安，赞颂其鄂州之功。贾似道入相后，更多有祝贺阿谀之辞。贾似道也非常器重刘克庄，荐举他为侍读、龙图阁学士。二人都爱鉴赏字画古玩，各有一份摹写的兰亭褉帖，贾似道反复叮嘱，要好好珍藏，不要让宝物遗失。

贾似道最喜欢的游戏是斗蟋蟀。蟋蟀又名促织，俗称蛐蛐、秋虫，因其善于跳跃、鸣叫，强于咬斗，虽是微物，却有善解人意的灵性，因此受到古代士大夫和市井百姓的宠爱。南宋杭州城养斗蟋蟀盛行，有专门的蟋蟀市场，每天大早蟋蟀市场即已开张，买卖蟋蟀、斗玩蟋蟀、借此赌博的人络绎不绝，所谓"促织盛出，都民好养"。一到秋天，温馨富丽的临安城各个角落都能听到蟋蟀唧唧复唧唧的脆鸣声，俨然形成独具一格的蟋蟀文化。而贾似道则是蟋蟀文化的集大成者。他经常与姬妾一起趴在地上观察、逗玩蟋蟀，有时甚至一玩就是一整天，废寝忘食，乐此不疲，有客人戏谑地问："这也是军国大事吗？"贾似道毫无愧色，反而与客大谈斗蟋蟀的学问。后来，贾似道干脆写了一部《促织经》，这是世界上第一部研究蟋蟀的专著，对蟋蟀的各个方面都有详尽的论述，如蟋蟀的形体、颜色、品种、饲养、疾病以及斗玩等，后世所有蟋蟀著作，无不以贾似道《促织经》为蓝本，鲜有出其右者。

贾似道对蟋蟀如此痴迷，荒废朝政，以至于时人称之为"蟋蟀宰相"。

## 息兵蓄锐

贾似道荒政，还有条"罪证"：就在襄阳被困、南宋军队束手无策之时，贾似道纵情声色，粉饰太平，有意向度宗隐匿军情不报，致使救援延误。据记载，有一次，度宗从宫女口中得知襄阳被围，向贾似道求证，贾似道支吾糊弄过去了。不久，这名宫女即被杀害。

这条史料旨在说明，贾似道将皇帝操弄于股掌之中，襄阳之战长达五年，宋度宗居然毫不知情。不过另有资料显示，襄阳之战期间，贾似道请求到京湖地区巡边，即亲赴前线指挥作战，宋度宗生怕身边没有一个拿主意的人，死活不同意，贾似道数度请求，宋度宗数度驳回，朝政和军情就这样在你推我让中蹉跎下去。

两则史料相龃龉，前一则应是为尊者讳，把皇帝撇干净，让贾似道背锅。仔细分析一下，战争期间数度换将，特别是1270年李庭芝由两淮制置使调任京湖制置大使，这样的朝廷要员调动，皇帝焉能不知？另外，朝臣经常讨论襄樊局势，监察御史李旺奏请任用高达救援襄阳，著名学者金履祥进献围魏救赵之计，建议水师由海道直趋幽燕，左丞相江万里、起居郎兼权吏部侍郎王应麟多次请求救援襄樊，朝野闹出这样大的动静，宋度宗即便是白痴也不可能完全不知情。更具说服力的一个史实是，为了协调京湖、两淮地区兵力调度，朝廷设置机速房，由贾似道掌管，具有急切边事，先行后奏的权力。这个重要的战时机构，必定得到了皇帝授权。

无论度宗是否知情，基本上不会对政局、战局产生影响，因为度宗本就是摆设，贾似道才是朝政的决策者。襄阳之战两国都倾尽了全力，战争的结果反映了两国的国力和政治生态，无论贾似道还是宋度宗，都没有扭转乾坤的能力。

就在南宋君臣废政、文恬武嬉的时候，元军一刻也没有闲着，他们在积极为下一轮攻势做准备，重点是加强水军。1273年三月，刘整请求扩建水军，忽必烈诏许再训练六万人。同时，在兴元府、金州、洋州和汴梁等处造船两千艘；六月，在襄阳造船千艘；闰六月，造甲一万，弓五千给淮西军；九月，运米三十万石给淮西军；次年又签兵十万，造船八百。

1273年秋，中原粮食获得丰收。次年，兵精粮足的元朝准备南征！

1274年正月，阿里海牙、阿术上奏，请求对南宋用兵："今日不取，时不能再。"忽必烈召见史天泽共同商议此事，有意让史天泽挂帅南征。史天泽推辞说："此国大事，可命重臣一人如安童、伯颜，都督诸军，则四海混同，可计日而待矣。臣老矣，如副将者，犹足为之。"史天泽并非有意谦让，是年他七十三岁，确实已垂垂暮年。大臣姚枢也推荐安童、伯颜，说："如求大将，非右丞相安童、行枢密院事伯颜不可。"

最终，忽必烈选择了伯颜。

伯颜是蒙古人，父亲随旭烈兀西征，中途生下伯颜。长大后，旭烈兀派他出使汗庭，受到忽必烈赏识，就把他留了下来。至元二年拜中书左丞相，后历任中书右丞、知枢密院事。

元朝官制，最高为中书令，一般空缺或者由太子担任，其次为中书右丞相、左丞相，再次为平章军国，又次为中书右丞、中书左丞，最低的宰执岗位为参知政事。中书右丞、左丞相当于副相。蒙古人尚右，左右分列时右大于左。伯颜到元廷不久就升任宰相，足见忽必烈对他的器重。

三月，忽必烈建荆湖、淮西两行省，以伯颜、史天泽并列为荆湖行省左丞相，阿术为平章政事，阿里海牙为右丞，吕文焕为参知政事；以合答为淮西行省的左丞相，刘整为左丞，塔出、董文炳为参知政事。

之所以把刘整分在淮西，是因为刘整与阿里海牙、吕文焕都有矛盾。攻打襄阳时，刘整与阿里海牙争功，忽必烈被迫将军队一分为二，令他们互不隶属。占领襄阳后，荆湖行省无疑是灭宋之战的主力，伯颜又是总统帅，将刘整调整出荆湖，显示忽必烈更重视吕文焕，从而轻慢了刘整。刘整立功心切，一心想要在灭宋战争中争夺首功，可惜被安排在了偏师，他认为自己是"耻首谋而功不逮"，进攻南宋的谋划是他提出来的，但在实际执行中却又没有自己的功劳，残酷的现实终于击垮了他最后的信心，不久愤愧而卒。

1274年六月，忽必烈下发敕文，布告将士，问罪于宋。文曰：

爰自太祖皇帝以来，与宋使介交通。宪宗之世，朕以藩职奉命南伐，彼贾似道复遣宋京诣我，请罢兵息民。朕即位之后，追忆是言，命郝经等奉书往聘，盖为生灵计也。而乃执之，以致师出连年，死伤相藉，系累相属，皆彼宋自祸其民也。襄阳既降之后，冀宋悔祸，或起令图，而乃执迷，固有悛心，所以问罪之师，有不能已者。

今遣汝等，水陆并进，布告遐迩，使咸知之。无辜之民，初无预焉，将士毋得妄加杀掠。有去逆效顺，别立奇功者，验等第迁赏。其或固拒不从及逆敌者，俘戮何疑。

大意是，鄂州之战中，贾似道遣宋京乞和，请求罢兵。朕即位之后，派郝经去兑现口头和议，但被贾似道扣留，所以引发了此后的连年战争，造成无辜百姓死伤相藉，责任全在宋朝。襄阳城投降后，本希望宋朝能幡然悔悟，改变与我大元朝对抗的国策，谁知道其执迷不悟，不知悔改，所以不得已起兵问罪。

蒙古发迹前期，成吉思汗时代，残暴肆虐，杀戮无数。成吉思汗曾得意地说，男子汉最大的乐趣，莫过于战胜敌人，夺取他们所拥有的一切，使他们的妇女嚎啕、流泪。骑着他们高大平滑的骏马，把他们美貌的后妃当作睡衣和垫子，亲吻她们玫瑰色的面颊，吮吸她们乳头色的甜蜜嘴唇。法国人卢布鲁克在游记中则写道：“当他们要猎取时，就在野兽出没的地方聚集大批人，并逐渐缩小包围圈，像一张网似的围住它们，最后用箭把它们射死。”这是围猎，也同样应用于战争。

元宪宗蒙哥即位后，忽必烈受命总领漠南汉事，深受汉文化影响，幕府多蓄儒士。“好访问前代帝王事迹，闻唐文皇为秦王时，广延四方文学之士，讲论治道，终致太平，喜而慕焉。”唐文皇即唐太宗，受唐太宗启发，忽必烈延揽中原饱学之士，儒家观念逐渐替代了蒙古原始的杀伐掳掠思维，成为元朝的指导思想。

儒家如何对待战争？孟子曰：“诛其君，吊其民，如时雨降，民大悦。”战争讨伐的是有罪的统治者，解救苦难中的人民，让人民得到实惠，心悦诚服。

宋太祖是又一个令忽必烈仰慕的帝王。他曾问赵孟頫：“卿是太祖的后代，还是太宗的后代？”赵孟頫禀告说是太祖的后代，忽必烈高兴地说：“太祖行事，多可取者，朕皆知之。暇日，当以语卿。”

宋太祖时，令曹彬征讨南唐，临行前晓谕说：“城陷之时，慎勿杀戮；设若困斗，则李煜一门，不可加害。”第二年曹彬围困金陵，城将破时，曹彬忽然称病不视事。诸将都来问候病情，曹彬说：“我的病任何药物都无法治愈，只需要大家诚心发誓，以克城之日，不妄杀一人，病自然就好了。"于是诸将焚香为誓。曹彬征江南不妄加杀戮，成为中国征伐史上的经典战例。

1252年忽必烈受命征大理，姚枢从行。夜宴的时候，姚枢为忽必烈讲述曹彬南征不杀一人、市不易肆的故事。第二天，忽必烈启程行军，在马上高声对姚枢说："你昨天晚上说曹彬不杀一人，我也能做到，我也能做到！"第二年，蒙军到达大理城下，忽必烈下令制作许多旗帜，上书"止杀令"，遍插街头路旁，民众因此得以保全。

征宋前，伯颜向忽必烈辞行，忽必烈晓谕说："古之善取江南者，唯曹彬一人。汝能不杀，是吾曹彬也。"——不杀一人，是忽必烈对灭宋战争的最高指示。

就在元朝秣马厉兵，准备挥师之时，南方传来消息，宋度宗于七月初九驾崩于福宁殿，年三十五岁。宋度宗即位刚好十年，在南宋灭亡前夕去世，也算太平天子，运气极好。正如《宋史》所言，"亡国不于其身，幸矣"。

宋度宗生有七个儿子，存活三人，为杨淑妃所生的赵昰，时年七岁；全皇后所生赵㬎，时年四岁；俞修容所生赵昺，时年三岁。按礼制，当立嫡，于是赵㬎即皇帝位，为宋恭帝。赵昰封吉王，赵昺封信王。由于皇帝年幼，由理宗皇后谢道清临朝称诏。

中国虽然有"礼不伐丧"一说，但战争本不需要温情脉脉的面纱，不需要矫饰虚伪，要的是猛骑悍将、坚船利炮。九月，元朝大军发于襄阳，开始了灭宋之战。

## 势如破竹

忽必烈本打算从荆湖、淮西两路进军，一举攻下南宋长江防线，所以设置了两个行省。但两个行省级别一样高，留下了号令不能统一的隐患。史天泽建议统一指挥，忽必烈于是将淮西行中书省降为行枢密院，为偏师，作用是牵制南宋江淮大军，以策应荆湖战局。同时蜀地元军也向宋军展开进攻，以防止川蜀宋军救援荆湖。

1274 年九月初一，元朝二十万大军聚集于襄阳，号称百万，兵分三路，主力部队由伯颜亲自率领，从襄阳出发，沿汉水而下，为中路；东路由唆都率领，战于江淮；西路由翟招讨率领，战于荆南。

十三日，伯颜与史天泽、阿术等循汉江趋郢州，万户武秀为前锋，"前后延袤，旌旗数百里，水陆并进。"大军未至郢州，史天泽染病，只好回到后方，不久逝于真定。

前锋武秀率领的是陆军，行至溧水，下起了大雨，河水大涨，没有舟楫，无法渡江，只好就地扎营，等待主帅。伯颜大军继至，问明情况，怒责道："这么点小水都不敢渡，还敢渡大江吗？"于是令一名身体强壮的士兵，背负甲仗，骑马在前面探水，大军从后面跟着长驱而渡，没有一人被水冲走。

严明的纪律是胜利的保证。伯颜严令："有敢杀马者，以罪罪之。"结果还是有个士兵违抗命令，杀了一匹不听话的战马，伯颜当即将这名军士枭首示众。

通过这两件事，伯颜在军中树立了威信，诸将皆服，军令如山，做到了令行禁止。

郢州是襄阳之下第一座重镇，能不能顺利突破郢州，关乎整个灭宋之战的成败。二十日，元军到达盐山，距离郢州只有二十里。

郢州守卫者是张世杰。郢州原在汉水东岸，襄阳陷落后，张世杰预料到元军必取郢州，所以借鉴襄阳、樊城经验，在汉水西侧又筑一新城，与郢州形成掎角之势。郢州背靠大山，城墙全部由石头垒成，易守难攻。汉水河道上又夯满木桩，锁上铁链，防止战船强行通过。江面上则有数千艘战船，时刻准备殊死一战。

张世杰立志把郢州打造成另一个襄阳，确保南宋门户不失。

元军监战谒只里，率数骑前往郢州城下侦探军情，正好遭遇宋兵，一场激战，部卒不敌，多人坠马。谒只里单骑横戈，直入宋军，救出了坠马部卒，还杀死宋军四人。

这一场小规模战斗，元军虽然损失不大，但足以看出张世杰部下作战勇猛，加上地形之利，元军想要轻易拿下郢州，实属妄想。伯颜派万户阿剌罕率军攻城，虽然夺取了南门堡，但最终还是无功而返。

伯颜一时无计可施。张弘范与张世杰是同宗兄弟，试着招降张世杰，被拒。如果就此相持下去，也许像襄阳那样，攻守五六年也未可知。

郢州同襄阳的地理位置确有相似之处，两山相夹，中间汉水冲击流过，下游至鄂州汇入长江。只不过襄阳位于大山北端入口处，郢州位于大山南端出口处。然而这细微差异，又使两地有云泥之别。元军无法绕过襄阳，却能绕过郢州直捣鄂州。

郢州之西，有黄家湾，沟壑纵横，深阔数丈，直通郢州南面的藤湖。张世杰在黄家湾修有堡垒，但守军不多。伯颜派大军一面佯攻郢州，一面派李庭、刘国杰攻打黄家湾，得手。然后在山中砍伐粗壮的竹子，铺垫在船只下面，起到轮子的作用，将船从陆地上拖入黄家湾水道，辗转进入藤湖、汉水，这样就绕过了郢州。郢州空有坚城，却无法阻挡元军。

元军舍郢州而去，有些将领不放心，对伯颜说："郢州地处咽喉，如果绕行而过，宋军在这里掐断我们归路，将来必为后患。"伯颜不以为然，说："用兵缓急，我自知之。攻城，下策也，大军之出，岂为此一城哉！"大军遂继续向前，伯颜、阿术亲自殿后，防止郢州从后面偷袭。

张世杰憋足了劲要与伯颜决一死战，誓把元军阻挡在汉水中游。不料伯颜避而不战，绕道而去，等张世杰侦察到元军动向，即派大将赵文义、范兴率两千骑追击，十月十六日，追赶上元朝断后军队。伯颜、阿术只有几百骑，但蒙古骑兵势不可当，元军以一当十，伯颜手刃赵文义，擒杀范兴，宋军损失五百余人，其余皆溃散。此后张世杰只好固守郢州，不敢再袭击元军。

郢州之后是沙洋小县，宋京湖宣抚司派总管王虎臣增援。十月二十三日，伯颜派使者到城下招降，王虎臣不予理睬。又派一俘虏拿着黄榜、檄文和赵文义的人头入城去见王虎臣，黄榜是元帝忽必烈招降的通告，檄文是战争威胁的宣言，一软一硬，对王虎臣威逼利诱。王虎臣斩了俘虏，烧了黄榜和檄文，坚壁不出。

但宋将中贪生怕死的人不少，裨将傅益率水军十七人乘船投降了元军，随后又有战船七艘降元。王虎臣发现后，将有投降苗头的将领全部处死，誓与城池共存亡。

伯颜仍不死心，打算发挥吕文焕的作用，次日，遣他前去招降，城中一点也不给面子，乱箭将吕文焕射回。

看来只有硬攻这一条路了。黄昏时分，"时军中有相士李国用者，祭风，风遂大起，以助兵攻"。当然，李国用不可能有呼风唤雨之能，只是晚上刚好刮起了大风，元军借着风势，用金汁砲助攻。金汁砲其实也属抛石机中的一种，不过弹药是高温熔化的液态金属。金汁发射出去，凡抛洒到的地方，可焚毁庐舍，烧坏战具，杀死敌人，威力巨大。南宋初期的洪迈在《容斋随笔》中记载："（李彦）仙随机拒敌，又为金汁砲、火药所及糜烂无遗。"

在金汁砲狂轰滥炸之后，元将百家奴架云梯从东南角登上城楼，夺宋军战旗、弓矢、衣甲。元将巩信则率五十名勇士纵火烧寨，宋军大乱，沙洋城破，王虎臣等被俘，不肯投降的守城将领全部惨遭杀害。

十月二十四日，元军到达沙洋以南五里的新城。新城的守将是李庭芝一手培养的边居谊，身居京湖制置都统。伯颜先将王虎臣缚押城下，向守将喊话："赶快投降，否则像沙洋城一样大祸将至。"然后派人将黄榜和檄文射入城中。

边居谊看过黄榜和檄文，登上城头，向元军说："我要与吕参政说话。"吕文焕以为边居谊要投降，禁不住将要立功的喜悦，打马来到城下。谁知马还没有勒稳，城上箭如雨下。吕文焕猝不及防，右肩中箭，战马被射死。身后的元军拼死将他救了回来，所幸没有伤及性命。

十月二十六日，伯颜下令攻城，吓坏了城中懦弱之士，宋统制黄顺开东门出城投降，次日受命到城下招降其部曲。边居谊紧急制止投降之风蔓延，凡欲降者格杀勿论。不过，宋军统副任宁还是趁边居谊不备，开门向元军阵营奔去。元军趁机掩杀过来，占据了一些寨堡。

元军水陆并进，边居谊将自家财物散发给下属，激励将士冲锋陷阵，调动火炮、石砲、弓弩等各种手段御敌。但最终寡不敌众，城被攻破，边居谊拔剑自刎，不死，遂跳入火中自焚，城中三千守卒全部战死。

为了鼓励宋军将领投降，伯颜奏请朝廷，授予黄顺湖北道宣慰使。

十一月，元军进逼复州，复州副将翟国荣出城迎敌，在烂泥湖这个地方与元军作战，不敌，死之。伯颜遣人招降复州道："汝曹若知机而降，有官者仍居其官，吏民安诸如故，衣冠仍旧，市肆不易，秋毫无犯，关命铜钱，依例通用。"无论是人、官、钱、市，一概不变。守将翟贵权衡利弊，出降。按惯例，投降者应向受降者递交降表，并奉献上所辖居民人口、土地钱粮等基本情况，移交军队武装。伯颜一概省略，让翟贵依旧守复州，复州兵卒仍是原班人马，不调换、裁撤一人，也未受降表，未进行人口、钱粮交接，一切如故。而且伯颜严令元军不得入城："勿令一军入城，违者斩之。"

翟贵为自己的投降行为辩解说："贵今守复州，如是不降，一郡生灵，必遭殄灭。"

确实，在降与不降之间，每个城的守将都面临着艰难的选择。清醒的人都看得出，南宋大势已去，不降乃螳臂当车，小城尤其如此。除了忠义之名，想不到其他实际意义。对于投降，又要一分为二，有些人确实属贪生怕死，如沙洋黄顺，仅为了保全自己性命而已。也有一些人为满城生灵考虑，如果抗争到底，侵略者得城之后，往往以屠城报复。百姓何辜？为何要为旧政权殉葬？如果以公正的视角，将元、宋看作中国境内两个对等的政权，就不会简单以降与不降对守城将领进行道德评判。

元军将领担心翟贵复叛，伯颜说："我们的目标是攻取鄂州，复州只不过路过而已，只要能够通行就达到目的了。"伯颜的战略目标明确而坚定，绕过郢州、安抚复州都是机动而便宜的举措，为早日到达鄂州争取了时间，也节省了大量的精力、物力、兵力。仅就这两件事便可断定，伯颜的用兵智慧不输于历史上任何一位军事将领。

碰到伯颜这样的军事奇才，确是南宋之大不幸，其气数将尽，人事、天意皆不眷顾。

## 血战阳逻堡

复州是汉水最后一道关卡，过了复州就来到汉水入江口——鄂州。

就在伯颜盘桓安抚复州的时候，阿术率元军先锋已经到达汉水入江口西北的蔡店，隔江相望，就是鄂州城了。阿术两次派阿里海牙到复州向伯颜请示何日渡江，伯颜均不置可否。阿术不知葫芦里卖的什么药，只好亲自去见伯颜。伯颜告诉他："此大事也。主上以付吾二人，可使余人知吾实乎？"其谨慎若此。

十一月二十三日，伯颜率元军主力至蔡店。第二天派总管刘深、千户马福探明沙湖水情，自己亲往汉口观察形势。而后召集诸将共议渡江之策。

宋廷得知元军绕过郢州，顺江而下，急调淮西安抚制置使夏贵、京湖宣抚使朱禩孙增援鄂州，沿江制置使赵潜策应。夏贵遣战舰万艘分据要害，巡游于江面。

汉水入江口是元水军入江的必由之地，令王仪守之。鄂州东北有阳逻堡，从这里可以绕开鄂州，顺流而下，直抵江南。夏贵吸取郢州教训，令都统王达守卫阳逻堡，截断东去道路。

长江水面宽阔，水流湍急，宋军守备严密，元军从柳子、鲁洑、新滩、沌口等地试探性渡江，都被击退。

正当伯颜大伤脑筋的时候，万户马福提出建议：由沙武口入江。

沙武口又叫沙芜口，在阳逻堡西北十里，上连武湖，下通长江。武湖在滠水入江通道上，水雾蒸腾，烟波浩渺，是聚兵练武的理想场所。汉末黄祖以及此后的文聘、孙权、孙壹、朱伺、梁武帝等都曾在此训练水军。当年忽必烈登临沙武口，俯瞰长江、武湖，毅然决定由此渡江，一举夺得阳逻堡，揭开了鄂州之战的序幕。

鉴于沙武口的重要性，宋军不可不防，夏贵早已派重兵把守。对于元军来说，硬攻会付出非常大的代价。伯颜决定采取"声东击西""调虎离山"之计，先派军队围攻鄂州对面的汉阳军，扬言将由汉阳渡江。夏贵果然上当，移兵增援汉阳，沙武口防御一下子薄弱了。

十二月四日，伯颜调阿剌罕率领蒙古骑兵倍道兼行，出其不意地击破沙武口。这样，鄂州失去一个重要屏障，门户大开。

元军像在郢州一样，再次使用陆上行舟的老办法，将船从汉水拖到沦河，再行驶到沙武口，完成了"乾坤大挪移"。十日，战舰万艘聚集于武湖至沙武口一带。

伯颜先令千艘大船泊于长江北岸，轻舟护卫于后，会于沦河湾。元军有蒙古、汉人数十万众，旌旗招展，声势浩大，"宋人观之，骇然堕气"，气势上先输了七分。

元军布置停当，夏贵才发现上当，回师打算重新夺取沙武口。夏贵儿子夏松为前锋，首先与元军接战，但元军阵势已成，反而以逸待劳，万户李恒接战夏松，败之，夏松也丢了性命。随后监军谒只里率水军冲击宋军，得宋战船百余艘。

入夜，夏贵偷袭元军战船，又被击败。

至此，元军控制着长江北岸，宋军控制着长江南岸，两军在同一水域，南北对峙。有元军将领建议乘着新胜，一举击破南岸宋军，吕文焕也支持这项建议："彼船攻之必获。"但伯颜考虑得更深更远："吾亦知其必获。吾之所虑，诸将获小功，骄惰其志，有失大事。吾自料之，可一鼓而渡江，获其全功，无贪小利。"伯颜的意图是，要么不打，要打就将宋军打烂，一举渡江。安抚了诸将，伯颜令各部进一步检查维护武器，做好进攻阳逻堡的准备。

其实，伯颜心中还有个小九九，那就是尽量招降夏贵。不过，这个计划不便向诸将透露，免得丧失了军中锐气。

十二月十一日清晨，伯颜遣人到阳逻堡，向宋军将士宣传元朝政策，鼓动他们投降，宋军不予理睬。夏贵以数千艘战舰列于阳逻堡江面上，阻断江面，气势堂堂，若凛然不可侵犯。伯颜继续采取攻心策略，派人向宋军将领敷陈祸福。宋将答道："我辈累受大宋重恩，正当勠力死战以图报效，此其时也，安有叛逆归降之理？"并主动向元军下战书，"让我们今日决一死战，输赢在此一掷耳。"

伯颜碰了一鼻子灰，于是指挥诸将进攻阳逻堡，激战数日无法攻克。这时，军中相士李国用"夜观天象"，禀告伯颜说："等到金星和木星相交时，就可以攻克阳逻堡，成功渡江了。"伯颜笑着回答说："征伐大事，战胜攻取，在于将领的筹划。天道幽远，哪有个准信？"于是召阿术商议，决定再来一次"声东击西"。伯颜说："今宋将之心，谓我必拔此阳逻堡，可以渡江。况此堡坚，攻之徒劳。若今夜令汝铁骑三千，泛舟溯流而上，趋视其阵，料彼上流虽有备而不坚，当为捣虚之计。以来日诘旦，且渡袭江南岸，速遣人报我。"阿术赞同伯颜的意见："攻城是下策，不如将战船分成两部分，一半沿江西上，停泊在青山矶对岸，等对方空虚时伺机进攻，可以成功。"

十三日夜里，天气阴沉，月暗云低，伯颜遣阿里海牙、张弘范等猛攻阳逻堡，给宋军造成孤注一掷的假象，吸引夏贵大部队集中守卫阳逻堡。而阿术则悄悄率军上溯二十余里，泊于青山矶。夜半时分，下起了大雪，天地白茫茫一片，唯有对岸沙洲在雪白之中反而更加醒目。阿术登舟横戈，遥指对岸沙洲，发令道："军船在前，载马后随，在前方的沙洲上集合！"一声令下，百舸争发，万户史格一军当先，争渡在前，宋军都统程鹏飞仓皇迎战。但史格进军太快，后面的元军没有及时跟上，史格身中三枪而退，元军丧师三百。眼看元军将败，阿术大喝一声，横身荡决，身先士卒冲了上来，与宋军血战于长江中流。主帅如此，元军士气大振，宋将高邦显心生畏惧，转身便逃，宋军顿时阵势混乱起来，不久即败，死伤无数。结果程鹏飞连中七枪，不得已退却鄂州，而高邦显成了元军俘虏。元军顺利占领南岸，还缴获船只千余艘。

第二天一早，阿术派翻译马文志向伯颜报告喜讯，伯颜大喜，遣部将继续猛烈攻打阳逻堡，亲自到军中慰问伤员，为伤员上药疗伤。士兵感动，斗志愈坚，临阵无不用命，以一当百。

到了中午时分，伯颜亲自上阵，披坚执锐，冒着石弹箭矢现场指挥，督师数万冲向宋军战船。元军兵锋所向，锐不可当，宋军在气势上输了一截，人心溃散，意志瓦解，数十万不敌元军几万人，几乎全部丧命于江水之中。一时间，江水变成了血水，江面上尽是浮尸。庞大的宋师水军，只有少数将领得以逃脱。夏贵弃舟骑马向白虎山逃去，一口气跑到傍晚才敢停下来歇息，次日又逃往庐州。而朱禩孙则连夜取道岳州而奔江陵了。

水军覆灭，鄂州已是砧上鱼肉。有人主张先取蕲州、黄州，直下江南。阿术反对说："若赴下流，退无所据。先取鄂汉，虽迟旬日，师有所依，可以万全。"伯颜采纳了阿术的意见。

元军先是绕过郢州直下，诸将反对，伯颜说不要考虑一城一地的得失；现在诸将主张绕过鄂州，伯颜却又支持阿术的"万全"之策，何也？原因是郢州与鄂州的战略地位大不相同。从南宋的地理形要、军事布局来看，襄阳、鄂州，川蜀的合州，江淮的扬州、建康属于一级重镇，而郢州只是汉水上一个节点，与襄、鄂不可同日而语。用兵之道，在于灵活权变，不能死板教条。

十七日，伯颜攻鄂州，阿术攻汉阳。二城所依仗的，是夏贵、朱禩孙之援，二人都逃了，二城自然支撑不住。阿术在汉阳焚烧宋军蒙冲小船三千艘，烟火熏天，二城恐惧，汉阳守将王仪出降，鄂州失去屏障，势单力孤。

次日，伯颜派吕文焕抵鄂州城下招降，说："汝之宋国所恃者，江淮而已。今我大兵飞渡长江，如蹈平地，汝辈不降何待？若尔坚拒，大兵一举，枕尸流血，在于目前，生灵何辜。"——两军交战，各为其主，对于吕文焕来说，宋朝变成了"汝之宋国"。当晚，鄂州守门将崔立开门出降。伯颜并没有立即进入城中，而是遣崔立入城继续招降守臣张晏然。张晏然见大势已去，十八日以鄂州降，而曾与元军血战的宋都统程鹏飞也只好率部众来归。整个鄂州城，只有幕僚张山翁不愿投降，元将想要杀掉他，伯颜说："这是义士。"把他释放了。

元军不战而得鄂州，伯颜大喜，宴请诸将进行庆祝。此时，他仿佛看到了骑马下江南、大军入临安的场景，心中充满建功立业的憧憬，挥笔写道：

剑指青山山欲裂，马饮长江江欲竭。

精兵百万下江南，干戈不染生灵血。

鄂州地理位置非常重要，必须巩固对鄂州的占领。

对作战有功的元军将领升加官职，号令诸将部下军士不得侵暴百姓，违者追究其长官责任。过去逃亡的鄂州百姓，愿归故里的提供便利，去除苛政。这些措施令民众悦服，鄂州的政治、经济保持了稳定。为了不增加鄂州百姓负担，令万户阿剌罕提精兵数万，到寿昌抢粮，得四十万斛以充军饷。

合理处置投降的南宋将士，将他们分散编入元军，随军作战。以程鹏飞为荆湖宣抚使，以宋鄂州民兵总制王该知鄂州事。阿里海牙则代表蒙古人镇守鄂州，行中书省事。

元军九月发兵，至此百日左右，占据鄂州。鄂州之失，是继襄阳之后，宋军遭受的又一次重创。至此，南宋失去了所有的天然屏障，都城临安已经暴露于元军的剑锋之下。

## 惨败丁家洲

鄂州失陷的消息传到临安，朝野震恐。太学生们议论纷纷，认为非贾似道亲征不可以挽回败局。贾似道不得已，于十二月二十一日接受都督诸路军马之职，在临安开都督府，指挥抵御作战。但《宋史》说："然惮刘整，不行。"因为忌惮刘整，不敢上前线。这恐怕属于臆断，刘整曾是贾似道部下，现在被调整到淮西行省，属偏师，贾似道不可能畏惧刘整甚于元军。

刘整因为得不到元朝重用，心中郁闷。吕文焕说降鄂州时，刘整正在攻打宋无为军，久攻不克，大为沮丧，痛呼："元帅止我，顾使我成功后于人。善作者不必善成，果然！"伐宋的方略出于他的谋划，功劳却被别人抢先，他感到深深的委屈，竟激愤而死。

史载："整死，贾似道欣然曰：'吾得天助也。'"正月十五日，乃仿效诸葛亮上《出师表》，抽调诸路精兵迎战元军。其《出师表》曰：

臣以老病之身，遭时多艰，岂复能以驱驰自勉云云。每念身虽危，可以奋励振；事虽急，可以激烈图云云。逆整世受国恩，一旦反噬而仇视我，役役贪生畏死，视便则趋，夫亦何有于彼哉！自襄有患，五六年间，行边之请，不知几疏，先帝一不之许。襄陷郢单，臣忧心孔疚。请行又不知其几疏，先帝复不之许。项雁孔棘，诏既夺情，臣辞亦不知几，迨不获命。窃自附于金革，无避之义。陛下践祚以来，边剧日骇，臣请悉力政，以江流数千里、江面数十屯，而脉络不贯。非臣督视，随机上下，是必有不能过其渡江者。今不幸臣言中矣。向使先帝以及两宫，下至公卿大夫士，早以臣言为信，听臣之出，当不使如此。往者不可谏及，今汲汲图之恨其晚，尚可强臣之留耶！臣留，不过使都民苟安旦暮，而非所以为宗社大计也。陛下惟命臣以王导故事，都督中外诸军。然兵入吾境，亦既兼旬，臣苦心处置，忘寝废食，未能少强人意。诚以注的之矢难留，在目之机易见。与其坐待其来，于事无补，孰若使臣决于一行，以求必胜事理，较著有不难知者。恭惟祖宗三百余年德泽其来，未艾两宫仁慈孝爱，动无缺失，臣恃此咸发信顺之心，断可凭藉以办此事。臣羸弱之躯，非不知自爱云云，孤忠自誓，终始以之。臣有三子三孙，留之京师，日依帝所，以示臣无复以家为意，否则苟免而已。宁不愧死于斯言哉！深切迫急，拜表即行。

大意是：臣年老多病，遭逢时势危难，不知还能不能为国家效劳。经常勉励自己，虽然身体不好，依然可以振作；事情虽然紧急，不妨奋力以赴。逆贼刘整世受国恩，一旦背叛便视国家为仇敌，此贪生怕死、见利忘义之辈，不值一提！自从襄阳有难，五六年间，臣数次上疏请求巡边，奈何先帝不许。等到襄阳沦陷，鄂州被困，臣忧心痛苦，又上几道奏疏，先帝还是没有答应。边事紧急，臣行边的愿望始终未能实现。这不是臣的初衷，臣自投身军旅，从未想过逃避。陛下登基以来，边疆一天比一天危急，应当全力抵御。数千里长江防线、沿线数十城堡，但缺乏统一指挥。如果臣不亲临督察，临机应变，协调诸军，必然不能遏制元军渡江。现在不幸被臣言中。假如先帝以及太后陛下、公卿大夫早日采纳臣的建议，听从臣的计策，应当不至于到这种地步。过去的事情无法挽回，现在着急遗憾也无济于事，就不要把臣留在朝中了！臣留在朝廷，不过能够让都城的百姓苟且偷安，但不是保全国家社稷的策略。陛下只有命令臣仿照王导故事，都督中外军队。然而元军入侵国境，已经二十多天，臣苦心应对，废寝忘食，仍不能达到满意的效果。瞄准目标的箭难以停下，看在眼里的机会容易把握。与其在这里坐以待毙，不如让臣去捕捉胜机，结果也未可知。祈求祖宗三百年德泽保佑太后、皇帝做出正确抉择，臣凭借忠贞顺达之心，一定能够办好此事。臣老弱之躯，不是不知爱惜，但定当忠贞自持，始终如一。臣有三个儿子、三个孙子，把他们留在京师，依偎在皇帝身边，以彰示臣不再把家庭放在心上，否则只是苟且偷生而已。宁愿为此而死！切实急迫，上完这道奏章就出发。

贾似道先是撇清责任：如果当初先帝允许他行边督军，断不至于边剧日骇，发展到这种程度。然后分析形势，与其坐待其来，不如决于一行，或许还有胜机。最后表示忠心和决心，孤忠自誓，终始以之，无复以家为意，不愧死于斯。如果忽略掉作者被世人诟病的身份，单就这章表来讲，读之泪目。

第二天，贾似道出师。除了兵马，贾似道还集中全国财力以犒军。财政没钱，谢太后从皇宫的府库中拨给金十万两、银五十万两、关子一千万贯充都督公用，随军辎重、金帛装满大大小小的船只，绵延百余里。

兵马过建康，江中遇到前湖南帅臣汪立信。襄阳受围时，汪立信从湖南上书贾似道，建言三策：

其一，从内地抽调五六十万军队，屯兵长江北岸，一百里或二百里驻一军营，着一都统率领，沿江七千里连成一线，诸屯相望，连绵不断，设一两名将军协调督战。若元军来攻，上下流能够互相声援接应。若各屯磨合得好，则进退两宜。

其二，当时元朝派郝经出使南宋，有人说来议和，有人说来侦探，有人说来索要贾似道在鄂州之战时承诺的土地岁币。郝经未到临安，贾似道即指示扬州将其扣留。汪立信认为扣留郝经没有任何好处，不如送之北归，许诺元朝丰厚的条件，以争取时间，延缓元军进攻的步伐。宋军加紧备战，实施第一条策略，局势可以得到缓解。

其三，如果不愿意施行前两策，不如投降吧。

汪立信的第三策，明显是激将法，为了让贾似道实施前两策。贾似道看了之后，大怒，骂道："瞎子也敢胡言乱语！"汪立信眼睛有点毛病，所以贾似道骂他瞎子。

二人在江上相遇，贾似道想起汪立信的建言和当前的局势，不禁流下了眼泪。他手搭着汪立信肩膀说："端明端明，不用公言以至于此。"端明殿学士是汪立信的贴职。而汪立信则望天长叹："平章平章，瞎贼今日已无话可说了。"

贾似道问汪立信去哪里。原来，汪立信见局势已无可挽回，便过江去扬州，他认为扬州或许会是南宋最晚沦陷的地方。"今江南无一寸干洁地，欲去寻一片赵家地，士死要死得分明尔。"

据说，后来伯颜在建康汪立信家看到他进献的三策，惊叹道："江南有人，若用其言，吾安得至此？"便遣使到扬州高邮（今属江苏），想要让汪立信为元朝效力。汪立信拊掌笑曰："吾犹幸得在赵家地上死也。"置办一桌酒席，召集宾客幕僚作为诀别，嘱咐了家事。夜晚，起身来到院子里，慷慨悲歌，失声痛哭，连续三天三夜，悲恸而死。

贾似道行到安吉，乘坐的船竟然搁浅了，千余名士兵跳入水中，拉纤移船，仍然拽不动，只好换乘别船。真不祥之兆也。

就在贾似道集全国兵马、物资赶赴前线时，前线的形势对于南宋来说，可谓一泻千里。

鄂州、汉阳守军投降，造成了多米诺效应。一来大势已明，南宋各城守将毫无斗志，二来吕氏在军中根基深厚，吕文焕的影响力不可小觑。

鄂州归降的当天，知德安府来兴国主动献城。而后阿术率水军一万余人，占据黄州江口。伯颜至寿昌，遣荆湖宣抚程鹏飞前去说降黄州守将、沿江制置副使陈奕，陈奕关心的是到新朝还有没有官职，伯颜回道："你既然率众投降了，还担心名爵吗？"许他为沿江大都督。陈奕大喜，将伯颜迎入黄州。陈奕的儿子陈岩为涟水县令，他写信给儿子，陈岩偷偷跑了出来，投奔元朝。

接着，吕文焕、陈奕四处招降。蕲州离黄州最近，吕文德、陈奕一边写信拉拢知州管景模，一边率师兵临城下，软硬兼施，双管齐下，迫使管景模率众投降，被授予两淮宣抚使。

江州位于长江转角处，是鄂州以下又一重要城堡，守将为吕文德之子吕师夔，知州为钱真孙。元军尚在两百多里外的蕲州，吕师夔、钱真孙即忙不迭地派人送来降表。正月十四日，伯颜进入江州，吕师夔、钱真孙率"城中士庶拜迎马首"。第二天是元宵节，宋朝风俗，元宵节要欢庆三天。十六日，吕师夔在城中的庾公楼宴请伯颜等元军将领。为了讨好伯颜，他特意安排两名漂亮的宋廷宗室女子陪酒，打扮得花枝招展，打算献给伯颜。伯颜大怒，道："我奉圣天子命，兴仁义之师取江南，除残去虐，岂以女色移我之志乎？"斥责两名女子是糖衣炮弹，下令将她们遣送回家。

当日，伯颜又接到喜讯，知安庆范文虎遣人送来美酒鲜果，犒劳元军，并请伯颜速来，他们已经作好了欢迎的准备。紧邻江州的南康军也于这天请降。池州远在五百里外，都统张林瞒着知州偷偷送来书信，表示归降之意。

南宋守臣像比赛一样，争先恐后请求献城投降，生怕来晚一步，在新朝得不到高官厚禄。

元军在江州休整了几天，范文虎等不及了，差人催促说，淮西的元军临城招降，但我们不理他们，我们认定了丞相（指伯颜），一定要将城池献给丞相。

南康、安庆、池州都在沿江一线，他们投降，表明建康上流，元军已经得之过半。

当然也有例外。二十六日，伯颜令阿术率军先发，刚出江州，在彭泽县遭遇宋民兵袭击，不过民兵只有八百人，虽然给元军造成一定损失，但并不能阻止他们前进的步伐。

二月初五，元军到安庆，初九到池州。池州知州原为王起宗，畏敌，但又不愿投降，便离职逃走了。通判赵卯发代理州事，缮壁聚粮，准备抵抗。但是都统张林已经暗中勾结元军，屡屡劝赵卯发投降，赵卯发忿气填膺，对张林怒目而视，张林不敢再劝，却带着守军消极抵抗。赵卯发知道无法抵御元军，摆了桌酒席，与亲友诀别，对妻子雍氏说："城将破，吾守臣，不当去，汝先出走。"雍氏回答说："君为忠臣，我独不能为忠臣妇乎？"赵卯发苦笑着说："这不是女子的事情。"雍氏坚定地说："吾请先君死。"第二天，赵卯发在案几上写下十六个字："国不可背，城不可降。夫妇同死，节义成双。"遂与雍氏一起自缢而死。

恰好这一天，贾似道行军至芜湖，有精兵十三万，屯驻芜湖的鲁港。遣部署、宁武军节度使孙虎臣率七万人为先锋，屯兵芜湖与池州之间的丁家洲，与元军仅有一百多里。同时，令夏贵从庐州带兵前来会和，以战舰两千五百艘横亘江中。

据《宋史》《新元史》等史书记载，夏贵一见贾似道，就神秘兮兮地掏出一本书，上面写有"宋历止三百三十年"的字样。宋太祖赵匡胤于公元960年建国，至宋恭宗德祐元年即1275年，已三百一十五年。夏贵的意思是宋朝气数已尽，贾似道意会，"俯首而已"，低着头不说话，表示认同这种说法。

古代经常有"谶言"一说，用神秘的词语预言历史的走向，王朝的兴亡，代表所谓的"天意"。谶言或为后人附会，或为当事人伪造，借以鼓动人心，达到某种无法直言的目的。夏贵出示的"宋历止三百三十年"，从事后看，与实际不符，相差达十多年，应不是后人杜撰，而是当时民间对宋朝"命数"的预测。

明知不可为而为之，是一种无奈，是一种悲壮，更是一种痛苦。贾似道手握权力十五年，肩负责任，勉强上阵，当然谈不上悲壮，但有些许悲怆。他和参战将领都很清楚，丁家洲一战将是宋、元最后一战，也可以称为南宋的垂死之战，关乎南宋的生死存亡。按照宋朝的一贯秉性，能够议和的决不战斗。贾似道先遣人到元营议和，议和使还是鄂州时的宋京。

宋京到元营，提出的和议条件无非是称臣、进贡岁币。但忽必烈志在一统，要当中华帝国的正朔，怎么可能再容忍江南还有一个汉人小朝廷？赵匡胤当年曾向后唐君主李煜说："卧榻之侧，岂容他人鼾睡？"忽必烈亦如是。况且，元军摧枯拉朽，势如破竹，临安近在眼前，怎么可能接受和议？伯颜派人随宋京"回访"，带给贾似道一封书信，明确拒绝说："我奉旨举兵渡江，就是因为你失信的缘故，怎么能退兵？如果你们君臣献上土地，归附我朝，我倒可以奏明朝廷。如果不从，请准备好你们的坚甲利兵，让我们一决胜负吧！"

从当时的兵力对比来看，元军二十万兵分三路，沿途虽然纳降了不少城堡，但补充兵力并不多，因此元军在数量上反不如宋军。伯颜来到丁家洲附近，见宋军浩浩荡荡，像聚集天边之云，认为敌众我寡，不可硬拼，当用智取。

伯颜的"智取"，主要是发挥骑兵和武器优势，弥补水军的不足。他先让军中做数十个巨大的竹筏，在竹筏上面堆积薪柴，扬言要火攻宋军战船。宋军为了提防元军偷袭放火，日夜警惕，不得休息。人长时间绷紧神经，到了关键时刻反而容易懈怠，元军正是运用这种"疲军之术"瓦解宋军斗志。

十八日，元军发动进攻，令骑兵于两岸用石砲、劲弩攻击宋船。元军今非昔比，他们拥有世界上最威猛的超级武器——"回回砲"，"回回砲"一声巨响，声震百里，江面上的南宋战船如遇惊涛骇浪，颠簸摇晃着几乎沉没。宋军哪里见过这样的神器？个个魂飞魄散。宋军先锋孙虎臣行军作战，尚且不忘带着歌姬美妾，惊恐之中尚且不忘美妾的安危，连忙跳上她乘坐的小船。周围士兵已经阵脚大乱，主将一动，更是无心应战，纷纷溃散。

伯颜和阿术亲自乘船指挥，元水军抓住时机掩杀过来。夏贵的水师毫无斗志，还未接战就有人喊道："岸上的步兵跑了。"于是纷纷调转船头而逃，宋军大溃。元军追杀几十里，宋军有的被杀死，有的落水而死，浮尸塞流，惨不忍睹。

夏贵见势不妙，先于士兵而逃，逃到鲁港也不敢停止，船从贾似道船旁掠过，仓促招呼贾似道说："彼众我寡，势不可支。"贾似道一看这阵势也没了主意，赶忙令鸣金收兵。这时，孙虎臣也逃了回来，捶胸顿足道："吾兵无一人用命也。"——手下人没有一个愿意战斗。

让南宋君臣抱以莫大期望的丁家洲之战，就这样戏剧性地狼狈谢幕，连象征性的抵抗都没有。这种状况，当然说明南宋人心已失，士气已尽，不可挽救。然而单从军事上说，贾似道也需要检讨御敌之策。无论沙武口之战，还是鄂州渡江，以及这次丁家洲之战，宋军都处于被动应付的处境，被元军调动得团团转。战争，需要抓先机，需要找敌人的漏洞，需要扬长避短，宋军缺乏主动出击的勇气，疲于应付，战略战术上都失去了回旋余地，只要有些许不足，就会被敌人致命一击。比如沙武口之战，元军打到哪里，宋军救援哪里，始终跟在元军屁股后面跑，又赶不上元军的速度，本来防守坚固的沙武口，硬生生变成了薄弱环节，被撕开了口子。再如丁家洲之战，元军以己之长（陆军），占据了战略主动，控制了战局，得以轻松获胜。如果宋将能认真研究一下元军的短板在哪里，进行一场不对称战斗，也许还有胜机。

是夜，孙虎臣、夏贵惊魂未定，与贾似道会合一处。夏贵说："我军已经闻风丧胆，这仗肯定没办法打了。师相您还是到扬州躲一躲吧，我先回我的庐州了。"夏贵在回庐州的路上再次遭遇元军，又被痛打。贾似道和孙虎臣顾不上其他将士，单舟逃向扬州。天亮时看见仍在溃逃的宋军士兵，想要重新组织起来，并以钱帛军饷相承诺，士兵们说："说什么军饷，过去拖欠的军饷在哪里呢？"十三万大军被俘的被俘，逃亡的逃亡，南宋有生力量消失殆尽。

丁家洲之战，南宋已是强弩之末，太平州（今安徽当涂）、建康、宁国（今属安徽）、平江（今江苏苏州）、常州等迎风而降。贾似道没有扭转乾坤、回天再造之力，然而当时朝野对贾似道期望甚高，这一场如同儿戏的败局，撕破了民众心目中贾似道能征善战的"皇帝新衣"，不但成为南宋的亡国之战，也成为贾似道本人命运的转折点。

# 第三章　第三种力量

## 公论代言人

皇权社会中，如果不考虑战争这种非常态因素，影响政局的无非皇权、臣权、民权。三权之中，民众庞杂分散，不团结，意见不统一，话语通道不畅，民权的力量其实微乎其微。不过，民权往往会以一种伪饰的形式出现，那就是舆论。之所以说"伪饰"，是因为舆论打着民意的旗号，实则未必，很容易被别有用心的人操控。

舆论需要代言人，在宋朝，舆论的代言人是"四学"的学生。四学，指太学、武学、宗学、京学。

太学是古代国立最高学府，始于汉武帝。宋代最高学府原为国子监，宋仁宗庆历年间仿前朝建太学，聘请负有盛名的学者胡瑗、石介、孙复等任教，太学开始兴盛，成为中央官学发展的主体，而国子监逐渐湮没。后来太学规模进一步扩大，至北宋末学生人数达三千八百人，规模空前。即便南宋偏安一隅，太学萎缩，也在一千人以上。

武学是专门教授行军打仗的军事学校，是宋代的独创。宋仁宗庆历三年，为了完善武官选拔制度，朝廷建立了武学。然而重文轻武的观念已经深刻地影响了官宦和民众，因此武学虽设，却招收不到学员，只存在了九十余日，就被迫关闭。宋神宗年间，朝廷有意富国强兵，收复失地，重新设置武学，武学得以走上正轨。

宗学是专门为赵氏皇室宗亲开设的学校，只要与皇室有血缘关系，无论支属远近，均可入学，主要学习四书五经和皇家祖训等。南宋宗学建于高宗绍兴年间，规模在百余人左右。

京学指杭州地方政府开设的学校，因地点在南宋都城临安，因此与其他"三学"并论，统称"四学"。

学生们青春鼎盛，荷尔蒙在体内澎湃生长，正是精力充沛、争强好胜的年龄。他们关心国家大事，有了自己的是非判断，但又容易冲动，因此常常与政治纠缠不清，通过上书、集会等方式表达政治观点，成为一支独特的政治力量。他们成为公论的代言人，代表朝野第三种力量——民权。

周密《癸辛杂识》记述学生运动对政治的影响：

三学之横，盛于景定、淳祐之际。凡其所欲出者，虽宰相台谏，亦直攻之，使必去权，乃与人主抗衡。或少见施行，则必借秦为喻，动以坑儒恶声加之。时君时相略不敢过而问焉。其所以招权受赂，豪夺庇奸，动摇国法，作为无名之谤，扣阍上书，经台投卷，人畏之如狼虎。若市井商贾，无不被害，而无所赴诉。非京尹不敢过问，虽一时权相如史嵩之、丁大全，不行之，亦未如之何也。

"三学"在这里特指太学，因分为上舍、内舍、外舍故称。宋理宗淳祐、景定年间，太学生连宰相、台谏都敢攻击，能够与人主抗衡，君相对他们也无可奈何。

中国的学生运动可以追溯到西汉。汉哀帝年间，丞相孔光巡察皇家陵园，其属官在只有皇帝才能通行的中央御道上驱马奔驰，司隶鲍宣认为违制，逮捕了属官，没收了车马。孔光反诬鲍宣失礼，轻慢丞相，奏请汉哀帝追究责任。有司查案拘捕相关人员时，鲍宣关闭司隶官署拒绝配合。这下惹了大麻烦，触犯了拒闭使者罪，变成了对皇上的大不敬，被打入大牢，论罪当诛。消息传出，太学生认为鲍宣秉性耿直，是位好官，于是展开营救行动。一位叫王咸的太学生做了一面旗帜，招揽同学说："想要救鲍司隶的聚集到这面旗帜下。"结果一千多名太学生踊跃响应。他们先是在上朝的地方拦截住丞相孔光，与孔光说理，然后到皇宫上书，要求释放鲍宣。学生的抗议活动起到了一定效果，汉哀帝免除鲍宣死罪，只是将他流放到外地。

东汉桓帝、灵帝之际，朝臣、士人与宦官屡次发生激烈冲突，史称党锢之祸，其间太学生始终站在士人一边。名士范滂有清廉的名节，太学生三万余人都是他的追随者，他们与大臣李膺、陈蕃、王畅等彼此推重，引导了天下舆论。陈蕃与大将军窦武谋诛宦官，事泄，宦官先下手为强，发动政变，陈蕃率八十多名太学生冲进皇宫，准备与宦官进行武力博斗。由此可见太学生参与政治之深，已经超越了游行、示威、上书、制造舆论等和平手段。

学生运动往往与国运息息相关，太平盛世，学生们亦如芸芸众生，考虑的大多是个人前途、柴米油盐。国家危难，学生们以运动的方式拍案而起，试图影响政治走向。宋代国力屡弱，学生们"恨铁不成钢"，学生运动此起彼伏，进入一个高潮期。黄现璠《宋代太学生救国运动》指出："我国大学生之救国运动，始于汉，盛于宋，……"而宋朝学生事件，有明确记载的最早发生在宋哲宗朝。郑穆是新儒学代表人物之一，任国子监祭酒，在学生中有较大影响。元祐六年（1091），郑穆七十多岁，要致仕了，数千名太学生向宰相上书挽留郑穆。他离开京师时，"三学之士皆为诗"。

学生挽留郑穆，有一定政治性，但还称不上学生运动。北宋徽宗年间，蔡京、童贯、何执中等奸佞把持朝政，荒废国事，太学生李彪蒿目时艰，欲上书弹劾，被蔡京察之，将之下狱。太学生陈朝老上书谏用何执中为相，却没了下文。这两起事件虽不显著，却是宋代太学生参与政事的开端。

北宋末年更为著名的太学生政治活动是陈东上书事件。宋徽宗宣和七年，太学生陈东上书请诛蔡京、童贯、王黼、梁师成、朱勔、李邦彦等"六贼"，这六人正炙手可热，陈东无异于太岁头上动土，吓得周围人都不敢跟他接触，生怕受到连累。大家甚至不敢跟他一张桌子吃饭，酒宴上他坐哪个桌子，同桌的人就纷纷起座离席。陈东不以为意，在家焚香祷告："如果上书受到重视，朝廷对我加官晋爵，我坚决不会接受；如果因为上书遭受祸端，即使赴死也无怨无悔。"他的忠诚和无私感染了一部分太学生，愿意跟从他以扩大影响。

靖康元年（1126），金兵逼近汴京，尚书右丞兼四壁守御使李纲主战，与前来勤王的种师道率兵同金军作战，然而战斗失利，于是李纲、种师道遭到宋钦宗罢免。太学生大都主战，因此以陈东为首，掀起了一场声势浩大的学生运动。二月初五，陈东、张炳、雷观等几百名太学生到宣德门伏阙上书，乞留李纲、种师道。汴京民众听到消息后陆续聚集声援学生，宣德门下聚集人数达数万。这时，恰好百官退朝，学生和民众拦截住主和的宰相李邦彦，进行谩骂、殴打，还好李邦彦跑得快，才得以解脱。皇帝见示威活动声势浩大，连忙派宦官前来宣旨，承诺会认真考虑学生的意见，希望学生们散去。学生和民众不相信，非要亲眼见到李纲、种师道复职的圣旨。天色将晚，开封尹王时雍试图劝退学生，说："你们这是要胁迫圣上吗？"学生回答说："以忠义胁迫圣上，难道还不如以奸佞胁迫吗？"后来局面更加失控，前来宣谕的数十名宦官竟被活活打死。学生们还不解恨，将宦官解尸碎骨，掏出心肝内脏举在木杆上，鼓号民众说："这些都是逆贼！"宋钦宗无奈，只得颁诏复用李纲、种师道，民众这才散去。

民众散后，仍然有一些学生情绪失控，闯到宦官家里闹事，又有十余名宦官家被毁，人被杀。后朝廷追责，学生复以逃跑、罢课进行对抗。

如果说游行示威尚属爱国行为，打砸抢、杀人取心则惨无人道。学生运动自身不易把控住航向，往往有过激反应，由和平诉求发展成无政府主义的犯罪行为。不过总的来看，北宋将亡，君臣士子皆如秋天之草木，萎靡没有生气，而学生运动是一道亮光，虽然未能挽救国运，但从垂暮之天际划过，带给国人一线希望。

如果连学生都不能奋起，国家恐怕真的奄忽了。

## 堕落与蜕变

国家将亡，学生有一些过激行为在所难免，毕竟大多数学生的初衷是好的。不过，世事复杂，即使学生也不是铁板一块，也不是璞玉纯钢，其中鱼龙混杂，宵小之人藏掖其中，龌龊肮脏之事也时有发生。到了南宋，蜕变之迹尤其明显。

北宋的宿儒如范仲淹、欧阳修等，年轻时在学校学习，清贫自守，历尽艰辛。范仲淹自带米粮，自己做饭，每天吃的米都有定量，晚上熬一锅粥放在那里，第二天粥凉后坨成一块，他拿出小刀，在粥块上划个十字，将粥一分为四，早晨两块，晚上两块。佐餐的菜肴就是山上的野韭菜、野芹菜、野葱、野蒜等，自己去山上采来，用臼捣碎，拌上粗盐，就着粥块就是每日食谱。范仲淹这种清贫生活叫作"划粥断齑"，既节俭又清淡，省钱、省力、省时。太学一直流传着一句话："有发头陀寺，无官御史台。"前句言其清苦，后句言其鲠亮。

南宋前期，四学学风尚可，他们"饮器止陶瓦，栋宇无设饰"，不仅勤俭苦读，而且关心时政，代表正义。如宋高宗绍兴七年（1137），淮西两名军将叛变投敌，都督张浚引咎辞职，太学生上书为张浚辩白，并支持岳飞、韩世忠北伐恢复中原。绍兴末，宋高宗命汤思退进兵，汤思退却急于与金朝修好，自坏边防，太学张观等七十余人联名上书，请斩汤氏，以谢天下。

宋光宗是南宋最荒唐的皇帝之一，嬉游废政，还不孝顺太上皇宋孝宗，台谏两省无人敢言，只有太学生余古上书极谏，称皇帝"宴游无度，声乐无绝，昼夜不足，继之以夜。宫女进献不时，伶人出入无节，宦官侵夺权政"，历数宋光宗荒淫无道的各种行为，希望他"以汉文帝为法，唐庄宗为戒"。

宋孝宗快去世时，想见宋光宗一面，竟屡召不至。朝臣沈有闻等奏请光宗到孝宗处请安，光宗不听，太学生汪安仁召集二百多名学生，龚日章召集一百多名学生上书声援沈有闻。

不过，学校亦非象牙塔，社会风气会直接间接影响到校园。越往后，学风日趋奢靡颓废。罗大经《鹤林玉露·无官御史》记述自己在太学的所见所闻：

太学——古语云：有发头陀寺，无官御史台。言其清苦而鲠亮也。嘉定间，余在太学，闻长上同舍言："乾、淳间，斋舍质素，饮器止陶瓦，栋宇无设饰。近时诸斋，亭榭帘幕，竞为靡丽，每一会饮，黄白错落，非头陀寺比矣。国有大事，鲠论间发，言侍从之所不敢言，攻台谏之所不敢攻。由昔迄今，伟节相望。近世以来，非无直言，或阳为矫激，或阴有附丽，然亦未能纯然如古之真御史矣。"余谓必甘清苦如老头陀，乃能摅鲠亮如真御史。

罗大经从生活和政治两方面拿"近时"与过去相对比。近时即宋宁宗嘉定年间，过去指宋孝宗乾道、淳熙年间。生活上，过去质素，近时靡丽；政治上，过去"鲠论间发"，近时"阳为矫激，阴有附丽"。

南宋中后期，每逢节庆，学生间互赠礼物，百千之钱还只是拿不出手的小意思。学生们经常聚集宴请，不仅珍馐美馔，还需有妓女陪酒助兴。有一位叫卜庆的小混混从中嗅出商机，专门替学生送帖召妓。譬如太学生张三请客，但自恃身份，不愿亲自前往妓院招呼妓女，便修好一份帖子，写上某日某时到某处赴宴，剩下的事情即由卜庆打理。学生流连花街柳巷蔚然成风，并且不以为耻，反以为风雅。太学生许左之酒醉后召妓，不巧这名妓女已有相好在等着，许左之也不强求，作词自嘲道："谁知花有主，误入花深处。放直下，酒杯干，便归去。"许左之虽然好风月，但还顾忌着学生的形象，有些学生碰到这种情况就争风吃醋，以致拳脚相加。一次，宗学时芹斋与太学褆身斋为争夺妓女魏华大打出手，府学生林乔率领仆从参与其中，一时间闹得沸沸扬扬。一名叫刘机的太学生则到酒肆闹事，殴打妓女，造成极坏的影响。

与浮靡之风相伴的是空虚无聊，同学之间以戏谑为乐，恶作剧盛行。宋度宗咸淳年间，临安有一位和尚善于治病，各种疑难杂症药到病除，一时间其诊所门庭若市，来看病的百姓络绎不绝。太学生们仗着有一些学识，对这位和尚不服气，想出一个恶作剧让和尚难堪。他们挑选一位体格最为健壮、平日绝少害病的王同学诈称有病，把和尚请到学校治病，看和尚如何丢人现眼。和尚到校时，王同学刚刚饱餐一顿，仓促间赶紧跑到床上装病，由于心虚，不小心摔了一跤，当时也无大碍。和尚为王同学诊过脉，说："过不了片刻就要死了，已经无可救药。"围观的同学一阵哄笑，纷纷指责和尚是庸医，招摇江湖，骗人钱财。和尚百口难辩，落荒而逃。过了半日，王同学真的一命呜呼。原来，王同学体胖，加上吃得太饱，摔断了肠子，不救而亡。

南宋虽是偏安之国，临安却是旖旎之都，这里市列珠玑，户盈罗绮，到处华屋美宅，楼船箫鼓，珍宝奇玩。学生们以读书为名，对京城的花花世界流连忘返，经常数载不归，置家中父母娇妻于不顾。太学服膺斋的郑文是秀州人，离家不足二百里，却累年不回。他的妻子是才女，写了一首《忆秦娥》托人给他，词曰："花深深，一钩罗袜行花阴。行花阴，闲将柳带，细结同心。日边消息空沉沉，画眉楼上愁登临。愁登临，海棠开后，望到如今。"上阕表现对丈夫真挚的感情，下阕表现盼归的相思哀愁。这首词写出了太学生的"后顾之忧"，一经问世，便在太学生中传播，后来流传到酒楼妓馆，被误认为是欧阳修作品，传唱一时。孝宗淳熙十二年（1185）状元易祓也曾在太学读书，他的妻子肖氏作词《一剪梅》指责他久游不回："染泪修书寄彦章，贪做前廊，忘却回廊。功名成遂不还乡，石做心肠，铁做心肠。红日三竿懒画妆，虚度韶光，瘦损容光。不知何日得成双，羞对鸳鸯，懒对鸳鸯。"

南宋太学生都是从各府学中选拔，科举也由各州府乡试后才有资格进入朝廷组织的省试，然而当时考试移民现象严重，学生大多愿意通过杭州府报名考试，不愿回乡。加上四学人数众多，学生来自全国各地，行为又不知检点，久而久之酿成社会问题，朝廷深以为虑。1251年，丞相郑清之试图解决这个问题，责令学生回各州府考试，然后根据成绩由各州府保送入太学。教官林经德负责做学生疏散工作，学生却不买账，起哄谩骂。无奈，只好由杭州府最高行政长官京尹出面调停，京尹为了息事宁人，私自允诺前三百名一半录取杭州本地学生，一半录取外地游学之生，学生闹事才得到缓解。不过事情并没有结束，京尹的允诺并未得到朝廷批准，过了几天，理宗过问此事，京尹不敢担责，又推翻前日的允诺，下令游学学生限期离京。学生离京前，作檄文声讨这项政策，其中有句子曰："苟为温饱，可胜周粟之羞；相与提携，莫蹈秦坑之祸。"把驱逐游士比作秦始皇的"焚书坑儒"，表示只要能填饱肚子，誓不进朝廷为官。后来大臣们为学生讲情，而理宗皇帝因为这一句话始终不肯原谅学生。

旖旎繁华让人爱不忍释，名利权势更让人趋之若鹜。四学的堕落和蜕变更表现在对权贵的诩谀和苟且。陈自强本出身贫寒，年轻时在太学服膺斋学习，同时接受聘请作韩侂胄的启蒙老师。后来，韩侂胄权倾一时，陈自强攀附韩侂胄，也扶摇直上。服膺斋的后学者以陈自强学长为荣，在斋中为他立碑，刻上"魁辅"两个大字。有位叫雷孝友的学子更是写了一篇颂文，刻在"魁辅"二字下面。后来韩侂胄倒台，陈自强受到连累，贬死。雷孝友便趁大家不在的时候，私下将颂文磨去。他当官后，为了与韩党划清界限，竟然污蔑颂文为他人所写。

董宋臣是宋理宗的贴身内侍，极有权势。他给驸马营建宅第时，需要拆迁一大片民居，其中太学生方大猷家恰好在拆迁区域的边缘。董宋臣琢磨太学生不好惹，不敢轻易开口，选了一个好日子，带着厚重的礼物登门拜访，想探探方大猷的口气。董宋臣刚一落座，还未开口，方大猷主动问："内辖（对大宦官的尊称）今日来访，是不是想要我的家宅？"董宋臣没想到方大猷这样直接，一时不知如何开口，方大猷接着表态说："内辖一定觉得我是太学生，怕当钉子户，我现在就带头献出家宅，做个表率。"当即把地契交与董宋臣。后来方大猷凭借董宋臣和驸马的关系擢第登朝，其人深谙官场规则如是。

学风、生活作风和个人品行的堕落，使南宋的学生运动呈现出更为复杂的动机和作用，正义与邪恶交织，鲠亮与诡谀并存。

## 与权势共舞

作为第三方势力，学生运动不可能脱离权力政治而存在，既跟国运息息相关，又跟权力纠缠不清，有时候对立，有时候媾和。宋代学生与权贵的媾和，可以追溯到王安石时代。

王安石改革太学学制，定位很清晰，就是让太学教育适应科举。他把学校教育作为科举的初级"筛选"，将学生划分等级，最优的为上舍生，其次内舍生，再次外舍生，定期举行升舍考试，并参考平时成绩和操行进行评定，颇有现代学校教育的味道。同时规定，表现优异的上舍生毋需通过科举即可被直接授予同进士出身。此举对太学教育影响极大，学生为了获得上舍生资格，投机钻营、攀附权贵逐渐增多。蔡京时代，又对三舍生的饭菜加以区分，譬如每餐肉禽菜蛋多寡不同。有时，学校后勤人员送错伙食，将下舍生的饭菜送给了上舍生，会受到责骂和抗议。

物质是精神的基础，王安石、蔡京通过差别式、等级式教育分化学生，进一步加剧了学生们的功利思想，从而强化对学生的控制。同时，他们"一手萝卜一手大棒"，对学生言论进行打压，以"统一思想"，操控舆论。1071 年，国子监讲师颜复给学生出一道题：如何评价王莽变法？一位叫苏嘉的太学生借机抨击新法，被颜复评为优等。另一位叫苏液的太学生偷偷告密，王安石大怒，将国子监负责人张璪及讲师颜复等罢职，对国子监和太学进行改组，安排自己的亲信和门生到太学任职，并为太学指定教材，太学变成了"一言堂"。

打击四学最为严厉的权臣当属南宋韩侂胄。韩侂胄排挤宰相赵汝愚，理由是赵汝愚是帝王宗室，不宜居相位。这种说法不是完全没有道理，因为宗室有取代皇帝的可能，而异姓想篡位要困难得多。但是，韩侂胄显然不是出于公心，而是欲加之罪。当时太学生杨宏中、周端朝等六人上书挽留赵汝愚，认为赵汝愚的去留不仅关乎他个人，还涉及君子和小人此消彼长的问题，他们把罢免赵汝愚与北宋末罢免李纲相提并论，不客气地说："这种情况在靖康年间已经应验过了，怎么忍心让它再次出现？"把当世比作靖康亡国，让宁宗皇帝很不高兴，当即下旨将六人流放到五百里之外，由地方官吏加以管束，称为"编管"。后经大臣力谏，改为听读，相当于开除学籍。直到韩侂胄被诛杀，六人才得以重新回到京师，恢复学籍。

1205 年，韩侂胄积极筹划北伐，武学生华岳上书，指出空国之师，竭国之才，与远方之国血刃相涂，是不明智的，建议攘外必先安内。韩侂胄一意孤行，竟将华岳打入大理寺大狱。

同学生冲突最为严重的宰执是宋理宗年间丞相史嵩之。史嵩之曾任襄阳通判、京湖制置使等职，在前线经营十多年，作为一员战将，入主相位后却一意求和。主战有利于情绪宣泄，更容易蛊惑人心，主和一般为公论所难容。学生们作为公论代言人，尤其激进，因此在国力不振的状态下，史嵩之成了学生运动最好的靶子。

　　1244 年，史嵩之的父亲去世。按古代伦理，作为人子当丁忧三年（实际为二十七个月），丁忧期间应卸任一切官职，回到原籍，专心守护父母陵墓梓棺。宋理宗以国家正处于战时状态为由，下诏起复使用史嵩之。诏命一下，舆论不容，先是将作监徐元杰、左司谏刘汉弼等上疏阻谏，理宗不听，于是太学生黄恺伯、金九万、孙翼风、何举子等一百四十四人，武学生翁日善等六十七人，京学生刘时举、王元野、黄道等九十四人，宗学生赵与寰等三十四人纷纷上书，攻击起复史嵩之，理宗皇帝依然置之不理。学生们表现出不屈不挠的斗争精神，做出不达目的不罢休的姿态，除了不厌其烦地上书外，一些学生还罢课出走。在强大的舆论压力下，理宗皇帝被迫作出让步，决定不再起复史嵩之，这一场斗争以学生胜利告终。

　　丁忧期满，按理当恢复史嵩之职务，但仍然遭到强烈反对，只好作罢。一直到史嵩之去世，十多年间，理宗多次想要起用史嵩之，始终为公论所不允。

　　史嵩之任宰辅期间，专权独断，打击异己，遭遇舆论攻击在情理之中。然而，史嵩之又是才具秀拔、果断有为之人，面对内忧外患，能加强边防，稳定局势，对宋室后期政治格局具有重要的正面作用。孟珙经略襄樊，余玠巩固四川山城防御都发生在史嵩之执政期间；他延揽人才，推荐贤能，董槐、吴潜在其身后成为贤相；他还采取措施安顿百姓，增加财富，为后期抗蒙奠定了基础。但学生们逢史必反，将婴儿连同脏水一同倒掉，反映了学生运动的简单粗暴和目光短浅。

　　董宋臣是宋理宗的贴身内侍，最会讨理宗欢心。七月盛夏，骄阳似火，皇室禁苑的荷花亭亭净植，叶翠色欲流，花粉嫩如面。理宗难耐美景诱惑，又不愿承受炎热之苦，随口抱怨了两句。说者无意，听者有心，董宋臣竟于一天之内在禁苑修建了一座凉亭，令理宗十分称心。冬天是踏雪寻梅的好季节，董宋臣就在梅园事先建好亭子，供理宗赏梅休憩，理宗大赞他办事得体。董宋臣还将妓女引入宫中，供理宗淫乐。在理宗的宠信下，董宋臣恃宠弄权，秽乱朝纲，为正义之士所不容。监察御史洪天赐上疏弹劾道："古往今来朝廷最大的忧患出自三种人：内侍、外戚和小人。董宋臣是内侍中最为贪黩者。"然后历数董宋臣罪状：并缘造寺，豪夺民田；密召倡优，入亵清禁；搂揽番商，大开贿赂。同疏弹劾的还有将作监谢堂、知庆元府厉文翁。不久，洪天赐再次上疏，弹劾都知卢日升与董宋臣，理宗留中不报，反而将洪天赐贬出朝廷。

洪天赐的遭遇引起学生同情，太学生池元坚上书声援洪天赐，说："陛下难道喜欢群臣面对奸佞邪恶沉默无语，而讨厌洪天赐这样是非分明的人吗？贬谪洪天赐，难道不是朝廷的损失吗？"接着太学、武学、宗学都有学生跟着上书，乞留洪天赐，群臣也纷纷应和。在学生和群臣的压力下，宋理宗只好收回成命，重新任命洪天赐为太常少卿，不过洪天赐已经对朝政深感失望，固辞不就。

事情看起来到此结束，然而历朝历代，朝臣与宦官的斗争都十分复杂，一方是皇帝命令的执行者，另一方是皇帝生活的服侍者，皇帝倚重朝臣，但骨子里更信任和喜欢宦官。仗着皇帝的宠信，在洪天赐去国，朝臣一方失去主力干将之时，宦官开始了反扑。继任监察御史朱应元与董宋臣勾结，弹劾极力支持洪天赐的同僚，同时散布流言，说洪天赐受制于丞相谢方叔，是谢方叔的一颗棋子，意欲打击异己，削弱皇权，独霸朝政。谢方叔本就能力一般，遇事惊慌失措，毫无对策，只能上书自解，朱应元趁机再点一把火，把弹劾的对象对准他，终于将支持洪天赐的丞相谢方叔拉下了马。

学生中有一种败类，专门见风使舵，落井下石，太学率履斋的林自养就是这样的人。见谢方叔势力已倒，林自养赶忙补上一刀，上书攻击谢方叔，诋评洪天赐，说："洪天赐是圣上亲自擢拔的，却不思为国效力，反而帮助丞相剪除圣上左手右臂。他们游攻内侍，其实是为了扰乱圣心。请求将谢方叔依法严惩，明正典刑，让天下人知道对宰执台谏的处理，是圣上的决断，与内侍无关。"

林自养无疑是学生中的叛徒，一章奏疏激起民愤，同学们发布布告进行声讨、谴责和讨伐，并上诉到有关部门，请求开除其学籍，追究其责任。面对汹汹民意，太学只好顺从学生，对林自养进行了严肃处理。

在与内侍的斗争中，揪出了内奸，董宋臣等却毫发无伤，没有收到应有效果，这与运动的"引火人"洪天赐半途而废有关，亦与丞相谢方叔应对无力有关。从这场斗争的结果来看，学生运动只是权力角逐的辅助者，无法形成独立的政治力量。

## 请诛贾似道

权贵与学生运动的爱恨恩怨错综复杂，徜徉其间，游刃有余的，莫过于贾似道。

贾似道深知，控制舆论就控制了大半政权，控制了士人就控制了大半舆论！在他未进入政权核心时，就深谙笼络士人的重要性，重视教育，结交文人，让他与其他官僚显得明显不同。

宋理宗淳祐初年，贾似道以太府少卿总领湖广财赋，斥资十万买田作为鄂州的贡士田，也称贡士庄，即用田亩收入资助家境困难的贡生。又斥资十万、官田一百三十亩赠予南洋书院。在国家连年边患，地方财政捉襟见肘的情况下，贾似道立足长远，拿出钱财惠及教育和士子，这是强国固基的根本，为人称道。著名文人刘克庄作《鄂州贡士田》以记其事，对贾似道大加赞誉。此外，贾似道在京湖制置使、两淮制置大使任上都有捐资助学的经历。

除了资助教育，贾似道对学生也格外呵护。1251年遣散杭州游学者事件发生后，时任两淮制置大使的贾似道立刻发声为学生申辩，向朝廷上书说，如果对学生采取强硬措施，恐怕游学之士要渡过淮河效力敌国了。尽管他的申辩没有起到任何作用，但借此获得学生好感，在学生中留下了良好的口碑。

贾似道入阁拜相后，对学生更是格外开恩，如"三学"免于地方考试，可直接参加礼部的省试；给学生增加伙食费等。在襄阳、郢州陷落后，还以校尉告身、钱帛等补贴京学考试，考试倒数的学生也能获得千百钱的赏赐。在利益诱惑下，学生们自钳其口，丧失了清议公论的勇气，只剩下走谒朝贵，挺身献颂，学校内外对贾似道一片阿谀之辞。1274 年贾似道同样丁忧起复，四学学生竟无一人提出异议，与史嵩之丁忧起复相比，真是云泥之别。

正如《癸辛杂识》所言：

每重其恩数，丰其馈给，增拨学田，种种加厚，于是诸生啖其利而畏其威，虽目击似道之罪，而喋不敢发一语。

对于"畏其威"，贾似道也是御人有术。他一方面笼络学生，一方面派密探深入学校监视学生，以防止学生生出是非。《癸辛杂识》：

贾似道之为相也，学舍纤悉无不知之。雷宜中长成均也，直舍浴堂久圮，遂一新之。或书其壁云："碌碌盆盎中，忽见古罍洗。"雷未之见也。一日，见贾语次，忽云："碌碌盆盎中。"雷恍然不知所答，深用自疑。久之，入浴堂见之，乃悟云。

"成均"即太学，雷宜中时任国子监祭酒，掌管太学。一次太学校舍的一座小浴室墙壁坏了，重新粉刷，有人在上面题写两句诗。雷宜中拜见贾似道时，贾似道随口吟出墙壁上的诗句，而雷宜中竟浑然不知，无以应答。后来雷宜中在学校浴室洗澡，偶尔看见这两句诗，才知道贾似道对学校的角角落落了如指掌，比自己更清楚。

恩威并施让学生日常对贾似道俯首帖耳，但当贾似道行背运的时候，学生们并没有与贾似道相向而行。景定五年（1264）七月，朝臣借彗星出没攻击贾似道，目标对准买公田，由于这次事件形成了舆论潮流，作为公论代言人的学生无法独善其身，自然被卷入其中。先是太学生吴绮、许求之等上书，说："现在天上出现彗星，陛下恐惧修省，但天怒仍然未消，说明这不是陛下的责任，而是蒙蔽陛下的人还没有产生畏惧之心。"奏章没有点名，但锋芒所指，必贾似道无疑。又有太学陈梦斗、陈绍中、沈震孙、范钥、李极，京学胡标等，武学杜士贤等上书，这些上书大多陈述公田和楮币之害，虽然对事不对人，不过责任当然得由始作俑者贾似道承担。京学唐隶、杨坦的上书更为率直，说："大臣德不足以居功名之高，量不足以展经纶之大，率意纷更，殊骇观听。"把天怒人怨发泄到变革身上，最后诘问："上干天怒，彗星埽之未几，天火又从而灾之，其尚可扬扬入政事堂耶？"

关键时刻，学生们之所以背叛贾似道，还是因为买公田得罪官僚豪强太多。那个时代，能入"四学"的家庭非富即贵，他们自然站在自己的利益角度。

学生上书闹得沸沸扬扬，贾似道赶忙向理宗申辩，一方面表示买公田无错，一方面以退为进，表示："臣当虚心听取意见，愿意去职反思，请求处分，以惩戒臣给国家带来的损失。"理宗皇帝于是下诏曰："近来诸学士人，不守规矩，凭一己私心妄想动摇大臣。大宋三百年间，哪有士人上书逼迫宰相卸任的？"有皇帝撑腰，贾似道对上书学生"秋后算账"。九月，彗星消失，大臣、民间言论逐渐平息，贾似道以谤讪生事的罪名下令追捕京学唐隶、萧规、叶李等人，自是中外结舌。值得一提的是，其中的叶李很有才能，宋亡后出仕元朝，官至中枢左丞。

到了贾似道遭遇丁家堡之败，逃至扬州，对贾似道敢怒不敢言的学生终于可以扬眉吐气地再次发声。贾似道在扬州，与朝廷一时消息阻隔。他的门客翁应龙潜回临安，同知枢密院事陈宜中问他贾似道何在，翁应龙不答，朝廷竟以为贾似道战死，仓促之间进行了新一轮人事安排：升任贾似道的门生、亲信陈宜中为参知政事兼知枢密院事，谢太后的内侄谢堂出任两浙镇抚使，福王赵与芮判绍兴府。国难之际，任用一批皇亲国戚，忠诚基本上没有问题，然而能力上却是捉襟见肘，很快将见分晓。

任命书刚刚下达，贾似道从扬州上来一道奏章，请求暂时迁都，以避元军锋芒。贾似道在出征前，已经预见到失败，制定了迁都的预案，如果他还把控着朝政，自然说一不二，南宋或许还能按照他的计划苟延残喘。然而新人得势，并不买他的账，特别是他的死党陈宜中，年轻时是一名血气方刚的太学生，以弹劾权相丁大全而声名鹊起，贾似道为了笼络学生，有意擢拔，致使他一路青云。如今，眼看贾似道兵败势倒，对自己的仕途再无帮助，不惜反戈一击，不仅不同意迁都，反而狠毒地请斩贾似道。陈宜中的建议一经抛出，立刻得到曾被贾似道打压的朝臣和学生附和。宗学生上书说："即便迁都，无非就是庆元、平江，皇帝能去，元军就能追去，跟在临安有什么区别呢？只不过是瞎折腾罢了！"

贾似道所谓的"迁都"，指的是暂时移驾海上，因为宋朝的造船业发达，有足够的大船储藏，供应皇帝及大臣的日常所需，并支撑一段时间，学生将迁都偷换概念，目的就是阻止渡舟入海。为什么呢？

南宋虽然文恬武嬉，但主张收复中原的声音始终不绝，主战与主和的斗争几乎没有停止过，大多数时间里，主战的声音占据着上风。比如1160年张观等上书请斩汤思退，就是因为汤思退主和。1161年金主完颜亮南侵，太学生宋苞等上书主张武力抵抗。宋宁宗时，权相韩侂胄主持开禧北伐，兵败，南宋将韩侂胄函首求和，太学生作诗为韩侂胄喊冤叫屈。蒙古和金国作战时，学生们主张趁机不再给金国岁币，有朝臣乔行简主张继续输送岁币支持金国，"以夷制夷"，太学诸生上书请斩乔行简，以谢天下。可见，主战在南宋是舆论的主流，代表着"正义"，也是学生的基本认同，他们反对迁都就不难理解了。

再者，学生貌似代表公论，但其背后仍然是大官僚、大豪绅，他们的财富都在江南。皇帝出逃，他们若追随而去，偌大的产业将付何人？江南沦陷后可能落入元人之手，或者趁机被他人强取豪夺，这不符合官僚豪绅的利益。如果留在江南，元军来了，大不过纳书请降，官照做，田照租，家业照有，只是换了个主子，对他们自身利益几乎没有损耗。江山是赵家的江山，与他们何干？这才是学生和士大夫利益阶层极力反对渡舟入海的真正原因。

学生和士大夫希望贾似道退出政治舞台，丁家堡战败七个月后，于1275年七月，他们掀起一场清算运动，"三学生及台谏、侍从，皆上疏请诛贾似道"，《续资治通鉴》将学生排在台谏之前，可见学生是倒贾的主力军，请诛贾似道最为卖力。其中当然主要是爱国情愫，但陈宜中是太学生出身，受陈宜中鼓动的因素也很大。

学生和台谏一再坚持请诛贾似道，贾似道知道罪责难逃，上表自劾，把兵败的责任推给夏贵和孙虎臣，请求能保一条性命。宋朝优待士大夫，绝少轻易诛杀大臣，何况贾似道确实曾有功于国家，岂能因一次战败而如此绝情？谢太后深感不妥，极力袒护，将贾似道贬到建宁军。监察御史孙嵘叟等认为太轻，大臣翁合上言："似道总权罔上，卖国召兵，专利虐民，滔天之罪，人人能言，迫于众怒，仅谪建宁。夫建宁实朱熹讲道之阙里，虽三尺童子亦知向方，闻似道名，咸欲呕吐，况见其面乎？宜远投荒服以御魑魅。"——因为朱熹曾在建宁军讲课，贾似道的人品配不上这个地方。

文学家方回与贾似道有宿怨。据元人洪炎祖和方回自己记载，方回三十六岁时被称为"别院省试第一人"，廷试文天祥、赵日起、常挺等为考官，想定方回为状元，被贾似道阻拦，最后录取为进士第一甲。鲁港兵败时，方回通判吉安州，上书列举贾似道十大罪状：侥、讦、贪、淫、褊、骄、吝、专、忍、谬。之后回朝任太常寺簿，继续攻击贾似道及其门客翁应龙、廖莹中等，要求诛杀之以正视听。

迫于压力，谢太后诏诛翁应龙，贬廖莹中到岭南，以"贾似道专权误国，得罪公论"为由，贬贾似道高州团练副使，循州安置。廖莹中不愿离开，与贾似道痛饮后，悲歌雨注，归舍服毒自杀。

虽然朝廷网开一面，没有杀贾似道，但贾似道有强烈的预感——末日将至。八月八日是他的生日，他为自己建了道场，作《建醮青词》。建醮有祈福、超度的意思，青词是祈祷时的奏章祝文：

老臣无罪，何众议之不容？上帝好生，奈死期之已迫。适值垂弧之旦，预陈易箦之辞。窃念臣际遇三朝，始终一节。为国任怨，但知存大体以杜私门；遭时多艰，安敢顾微躯而思末路。属封豕长蛇之犯顺，率骄兵悍将以徂征。违命不前，致成酷祸。措躬无所，惟冀后图。众口皆诋其非，百喙难明此谤。四十年劳悴，悔不为留侯之保身；三千里流离，犹恐置霍光于赤族。仰惭覆载，俯愧劬劳。伏愿皇天后土之鉴临，理考、度宗之昭格。三宫霁怒，收瘴骨于江边；九庙阐灵，扫妖氛于境外。

贾似道一直坚持自己无罪，为自己鸣冤叫屈。他认为，自己的错误就是太执着，该退未退，以至于落下个三千里流离的下场。也许，度宗朝贾似道三番五次请辞，那时已经料定今日的结局。不过人一旦踏入朝堂，已然身不由己，盛世尚有许多冤魂屈鬼，何况乱世末朝？

贾似道知道，自己已经成为一些人的眼中钉肉中刺，必欲死之而后快。

## 权臣末路

不管贾似道是奸臣还是忠臣，是挟私报复还是力图挽救江山日暮，但毫无疑问，贾似道属于权臣。他历经理宗、度宗两朝，深得信任，权倾朝野，当政时没人敢说个不字。不过树倒猢狲散，一朝失势，命运乃至生命都难由自己掌控。

作为戴罪之身，迁循州途中要有衙役看管，押送。押送犯人本是苦差事，正常情况下没人愿意蹚这浑水，何况大军压境人心惶惶。这时会稽县尉郑虎臣主动请缨，愿意办这趟苦差，朝廷求之不得，即刻批准。

历史在这里留下疑问，一个小小的县尉不过九品，如何能上达天庭，向朝廷毛遂自荐？一定有人从中举荐。举荐者何人？《宋史》本传："福王与芮素恨似道，募有能杀似道者使送之贬所，有县尉郑虎臣欣然请行。" 赵与芮何许人？就是宋理宗的那位亲弟弟，宋度宗的亲生父亲。贾似道实行公田改革时，自己捐出一万亩田产，然后软硬兼施，让赵与芮也做了表率。那时赵与芮还是荣王，度宗还未登基，他手中也没有多少实权，只好忍气吞声，被迫就范，但他对贾似道自此怀恨在心。

贾似道鲁港兵败后，到扬州避难，接到大臣弹劾，谢太后最初令他离开扬州，回绍兴府为母亲守丧。谢太后的本意是保护贾似道，让他躲起来避避风头，以免朝臣落井下石。不料福王刚被任命守绍兴府，竟闭门不许贾似道进入。亲王公然违抗皇命，一来可知朝廷权威丧失殆尽，敌人将至，而内乱不已，二来可以看出赵与芮对贾似道恨之入骨。

会稽县隶属于绍兴府，郑虎臣是会稽县尉，是赵与芮的下属，他"有幸"押送贾似道，自然与这位福王大人脱不了干系。

有资料说，郑虎臣父亲郑埙曾任越州同知，被贾似道陷害，流放至死，于是郑虎臣肩负家仇国恨，押送之前就下定决心置贾似道于死地。这则资料颇为可疑。越州就是绍兴府，宋高宗曾驻跸越州，取"绍奕世之宏休，兴百年之丕绪"之意，升越州为绍兴府，自此越州只用于古称和俗称。查《宋史·职官志》，宋代各府州也未设"同知"一职。可见郑虎臣所谓"家仇"，不过是明清士人为树立一个爱国义士的光辉形象而精心调制的"佐料"。抵御外侮不行，就拿"家贼"出气，也是古人一贯作风。周密《齐东野语》又记述："郑武弁，尝为贾所恶，适有是役，遂甘心焉。"蒋正子《山房随笔》："武学生郑虎臣登科，辄以罪配之。后遇赦得还。"二者记述相近。但事情的是非曲直却都没有交代。

郑虎臣只是个县尉，贾似道贵为师相，地位悬殊，他们认识的可能性不大。后人为郑虎臣杀贾似道寻找种种借口，只是为了突出郑虎臣的"正义性"罢了。其实郑虎臣就是福王赵与芮雇佣的杀手，他与贾似道之间并不一定存在固有恩怨。

郑虎臣押送贾似道上路时，贾似道身边有十几位侍妾，本想一起带走。郑虎臣挖苦道："你现在只是个团练，还以为自己是平章吗？"强行将这十几位侍妾遣散，并将贾似道家中珍玩珠宝抢掠一空。郑虎臣后来居住苏州，广置田产宅院，号称"郑半州"，其钱财来源绝非凭空天降，恐应得益于这一次不同寻常的押送。

虽为押送，但贾似道大小还是个官员，还有轿子可供代步。走到半路，郑虎臣命人将轿子顶盖掀去，这样贾似道就曝晒于烈日之下，在身体上对贾似道进行折磨。郑虎臣还让轿夫唱杭州当地一些淫词秽曲在精神上对贾似道进行羞辱。这年贾似道已是六十三岁老人，命运操纵在一个官职卑微的小吏手中，其不堪和痛苦可想而知。

这一天，他们憩息于一座古庙。说来也巧，这座古庙墙壁上有故丞相吴潜的手书。吴潜是贾似道的前任，因反对立赵禥为太子而被宋理宗流放，其中也多有贾似道的谗言。墙壁手书正是吴潜被流放途中所写。郑虎臣挖苦贾似道说："贾团练，吴潜丞相为什么会来到这里呀？"贾似道无言以对。

买公田运动中，京学生叶李上书抨击时政，矛头直指贾似道，被流放漳州。贾似道流放途中，恰遇叶李放还，二人在途中不期而遇，叶李感慨世事变迁，人生无常，作词《放还遇贾似道》，曰：

君来路，吾归路，来来去去何时住。公田、关子竟何如，国事当时谁汝误？雷州户，崖州户，人生会有相逢处。客中颇恨乏蒸羊，聊赠一篇长短句。

上阕颇有讽刺痛恨之意，下阕又充满同情感伤。同是天涯沦落人，恐怕彼此都希望从对方身上找到一些慰藉吧。从词中看，叶李原谅了贾似道。叶李在元朝官至宰辅，忽必烈几次要升他为平章事，他都力辞不就。有过贬谪经历的人，要么更加仇恨，变得狭促；要么看淡人生，变得豁达。叶李明显属于后者。

郑虎臣的目的是要贾似道死，仅仅实施肉体和精神上的折磨是不够的。路上，他多次暗示贾似道自杀。南剑州（今福建南平）境内有一条河叫黯淡滩，地势险要，水流湍急，当地有民谣说："千古传名黯淡滩，十船过此九船翻。"郑虎臣对贾似道说："这里水质清澈，何不死于此处？"贾似道回答说："太后许我不死，如果有诏书我就自尽。"

行到漳州，知州赵介如曾是贾似道的门客。朝廷钦差和老师到来，赵介如忙不迭地设宴招待。赵介如请贾似道入席，贾似道不敢，恭恭敬敬请示"天使"郑虎臣。郑虎臣不答话，贾似道便坐于下首。一路郑虎臣把贾似道带的衣服行李扔得差不多了，赵介如见行李简陋，给贾似道添置了一些棉衣，让他把不方便携带的行李寄存在漳州，等有朝一日回京时取走。

赵介如敏锐地觉察到郑虎臣有杀贾似道的意图，私下令公馆的人套郑虎臣的口风。公馆人装作漫不经心的样子，随口问郑虎臣："天使今日把贾似道押送到这里，想着也不可能生还，还不如让他快点死，免得劳神费力。"郑虎臣回答说："就是这想法，少受些苦恼，想让他死，偏偏不死。"

郑虎臣诱导贾似道自杀不成，只好自己亲自动手。出漳州五里地，有一木绵庵，他们在这里歇脚。郑虎臣露出凶残面目，赤裸裸地要求贾似道自杀。贾似道自知必死，于是吞食了大量冰片。冰片又名片脑、龙脑香，由艾纳香茎叶或樟科植物龙脑樟枝叶蒸馏结晶制成，有阴寒散火的功效。古人缺乏科学知识，以为能致人性命，不料只是让人下泻拉肚而已。贾似道吃了冰片，反复往厕所跑，就是无毙命迹象。郑虎臣失去耐心，竟拿个铁锤，趁贾似道蹲厕，捶打其胸部致其毙命。

可怜曾经叱咤风云的一代权相，竟死于厕所这样的龌龊之地。

听到贾似道死亡的消息，赵介如前往吊唁，郑虎臣不许。二人发生争执，郑虎臣怒曰："你要来检查吗？"赵介如不屑地说："你也值得我检查？"最后，赵介如将贾似道入殓埋葬。

明朝宋濂则记述贾似道死后遗体被承天寺禅师火化，由他的次子葬于会稽县的附子岗。

末代权相死于非命，如同南宋的命运，覆水难收。

元明以后，贾似道被打入奸臣榜，郑虎臣反而成了锄奸杀贼的英雄义士。明代抗倭名将俞大遒在木绵庵立一石碑纪念郑虎臣，上书"宋郑虎臣诛贾似道于此"。李东阳、王紫衡等都有诗纪念郑虎臣，冯梦龙还将郑虎臣事迹演义成话本，名为《木绵庵郑虎臣报冤》，收录在《喻世明言》中。

历史如惊涛裂岸，泥沙俱下，孰是孰非，各人凭主观好恶、现实需要树碑立传，至于真相和真理，早已不在人们的考量范围。"死后是非谁管得？满村听说蔡中郎"，连东汉蔡邕都有人编排成贪图富贵的负心汉，何况贾似道、郑虎臣这样本来就云遮雾罩的历史人物。

# 第四章　理学下的士大夫

## 儒学的尊崇与式微

公元 1044 年秋冬相交，北宋进奏院长官苏舜钦利用祠神的机会，请馆阁官员王洙、王益柔等十余人在衙内吃喝，还特意从青楼招来歌妓以助豪兴。座上都是青年才俊，意气相投，不免推杯换盏，觥筹交错，忘乎所以。酒至酣处，赋诗唱曲，其中王益柔现场作歌，拍节而唱，结尾两句为："欹倒太极遣帝扶，周公孔子驱为奴。"意思是大家尽情喝，喝醉了让帝王来给咱当拐杖，让周公、孔子给咱当奴仆。歌落乐歇，大家齐声叫好，赞扬其有太白之风。

当夜，这场酒宴被告发，罪责有两点：一是酒宴用单位小金库买单，属监守自盗；二是辱没圣贤。在座的青年才俊全部受到处罚，其中苏舜钦被开除公职，王益柔降级外放。虽然苏舜钦被处罚最重，但事件的核心不是监守自盗，而是蔑视儒学，诽谤圣人。如朝堂讨论给案件定性时，御史张方平就认为，周公、孔子是儒学圣人，辱没圣人就是鄙视儒学，罪行不亚于不忠不孝，论刑当斩。枢密副使韩琦为王益柔辩护，也承认蔑视儒学是大罪，只是说："王益柔说了不该说的话，这是年少轻狂所致，并不代表他排斥儒学，不忠不孝，没有必要上纲上线。"

可见，北宋的士大夫心目中，儒学神圣不可侵犯。

在许多人印象中，自汉武帝"罢黜百家，独尊儒术"之后，儒家学说成为规范社会行为的准则，已经具有至高无上的地位，直至辛亥革命。其实这是误解，儒学的发展道路也是一波三折，有高潮有低谷。

孔子创立儒学，只是诸子百家中一个影响比较大的流派，盛行于民间。孔子周游列国，就是想得到诸侯的支持，把儒学变成官学，但最终没有成功。当时大行其道的是法家，法家兜售的是帝王之术，大受君王欢迎，还帮助秦国统一了天下。

法家又称刑名之学，主张通过严刑峻法去统治人民，由此引起的暴政是秦朝灭亡的主要原因。汉朝建立之后，一大任务就是为暴政带来的灾难"疗伤"，所以选择了休养生息，无为而治，用的是道家理论。

汉朝统治者面临着一个理论困境，那就是以汉取代秦，法理性在哪里？换句话说，你刘氏为什么能够当皇帝，换吕氏、韩氏行不行？不解决这个问题，汉朝的统治基础就不牢固，会有许多野心家想取而代之。汉武帝时，董仲舒帮助解决了这个理论难题。董仲舒把法家、阴阳家、墨家、道家理论融合于儒家，提出"天人感应"的思想，天下的兴衰离乱都是上天意志的体现，君主是上天的选择。他还用阴阳学说去解释社会伦理，主张"君为阳，臣为阴；父为阳，子为阴；夫为阳，妻为阴"，"贵阳而贱阴"，这就是后来的人伦"三纲"。

董仲舒的学说为帝王专制、绝对君权提供了依据，契合了统治者的需要，因此汉武帝"罢黜百家，独尊儒术"，儒家获得了尊崇的地位，儒学迎来了它的第一次高潮。研究、注释儒家经典成为学术主流，儒家的著作成为官方和民间流行的教科书，许多学者传授、编辑、注释，形成不同流派和版本，如《诗》有《毛诗》《鲁诗》《齐诗》《韩诗》等。儒学还成为当官入仕的敲门砖，如齐人即墨成、广川人孟旦、鲁人周霸、莒人衡胡、临淄人主父偃都是因为精通《易》而成为大官。

然而，随着东汉末年战乱频仍，道德沦丧，儒学在社会巨变面前变得卑微和无奈。那些经学家们开始崇尚空谈，脱离社会，虚无幽远，由此诞生了"玄学"。玄学援道入儒，以《老子》等道家思想去解释儒家经典，使儒学更有思辨性。但是，玄学脱离了政治、社会的需要，客观上削弱了儒学。

真正对儒家形成挑战的是佛教的传入。佛教自东汉传入，教人超脱生死，断尽烦恼，忍受苦难，给人以心灵慰藉，刚好满足乱世世俗百姓的精神需求，因此在南北朝大行其道，"南朝四百八十寺，多少楼台烟雨中"，道尽佛教的繁盛。那个时候，从帝王到平民，都虔心事佛，以世俗为耻，以出家为荣。南梁武帝在位期间曾四次舍身出家，并要求朝廷出巨资将其赎回。北魏有僧二百多万，占人口总数的五分之一，至今发现的北魏佛教遗存不可胜数。

至此，儒家式微，被主流意识形态边缘化是不争的事实。

隋唐是世界性的大帝国，文化上兼容并蓄，像一片丰茂的原野，各种绿植鲜花和睦相处，尽情绽放。隋文帝奉行三教并行不悖的文化政策，促进了三教彼此借鉴和相互吸纳。

唐朝延续了隋朝制度，加上道教奉老子（名李耳）为教祖，李唐皇族奉老子为始祖，有这层渊源，整个李唐道教盛行。中国名山大川到处都有道观仙洞，如中原的王屋山洞、西蜀的青城山洞、山东的东岳山洞、江南的括苍山洞等，号称十大洞天。著名诗人贺知章、李白、孟浩然、李商隐等都有过修道的经历。"半缘修道半缘君"是唐朝许多诗人的日常。

唐代也是佛教的顶峰时代。玄奘大师就是《西游记》唐僧的原型，禅宗南北二宗的诞生、发展和昌盛都出现在盛唐时期。特别是中唐几位皇帝更是对佛教笃信不疑，唐德宗专门造访章敬寺，让僧人道澄为其受菩萨戒，以示皈依佛法。更为甚者，他还邀请道澄到皇宫为嫔妃和内侍们受戒。

不过，相对于南北朝，隋唐明显有儒学复兴的迹象，其功绩得益于科考。科考科目包含经义，这些经义都是儒家经典，儒家"官学"的地位得以重新确立，只是在社会层面影响还很小。

虽然隋唐统治者重视儒学，但儒学在隋朝和唐朝前期并未得到实质性发展。唐朝有"道一、佛二、儒三"之说，前期道教盛行，中唐之后佛教更为风靡。唐德宗时，京兆尹宇文炫打算拆除废弃的寺院，用寺院的木料修建学馆，德宗大怒，说："拆佛宫建儒馆，罪不可宥！"可见当时儒家的地位远不如佛教。李白作诗"我本楚狂人，凤歌笑孔丘"，公开揶揄儒家圣人，唐人并没有觉得不妥，但如果李白"凤歌笑老聃"，在当时，恐怕也会像苏舜钦、王益柔亵渎周公、孔子一样为朝廷所不容。

在盛世依然能找到契合点，佛教、道教的生命力为什么如此强大？慧能法师一语道破天机："即心即佛。""直指人心，见性成佛。"中国传统儒学讲的是齐家治国之道，重的是社会经用之才，对人的内心关照很少，过于理性，缺少感性，很难让人产生共鸣。

到了宋代，太祖赵匡胤立下"与士大夫共治天下"的基本国策，士大夫粉墨登场，成为主要的政治力量。士大夫之所以为士大夫，在于读书继承道统，而这个道统，自然是传统的儒学经典。让儒学重回社会主流价值观，在士大夫中逐渐形成自觉性共识。

振兴儒学，他们有着责无旁贷的使命感。

## 天理和人欲

景祐年间，范仲淹在仁宗面前弹劾权相吕夷简，结果导致自己被贬饶州，这是他第三次因直谏被贬。他的好友梅尧臣写信，希望他闭上嘴巴，少说避祸。范仲淹回复："宁鸣而死，不默而生。"这八个字体现了儒者的风骨。

范仲淹守边期间，好友尹洙向他引荐武将狄青，范仲淹非常赏识狄青，推荐他读《春秋》。《春秋》是孔子所编，其中多品评人物，蕴含着做人的道理，体现了儒家的正义。范仲淹推荐狄青读《春秋》，就是希望狄青能够成为忠义之将。据说张载年轻时也谒见范仲淹，想要从军建功，范仲淹送给他一本《中庸》，说："年轻人应该学习名教，老想着打仗算怎么一回事呢？"后来张载果然成为儒学大师。

从范仲淹身上我们能够看到，北宋中期，士大夫已经具有振兴儒学的自觉性。

范仲淹这些人，官居高位，有振兴儒学之心，却无埋头典籍之工。振兴儒学的重任，最终落在几位中下层官吏身上，他们是周敦颐、程颢、程颐、张载，以及南宋的朱熹、陆九渊等。其中周敦颐、二程、朱熹一脉相承，他们建立的学说在北宋叫"道学"，在南宋叫"理学"。陆九渊一脉在明代被王阳明传承，称为"心学"。从广义上讲，心学也可以认为是理学的一个分支。

程朱理学几经波折，在南宋中后期已经深刻地影响了政治和社会，塑造了宋人的人格与气质。

孔、孟提出的儒学，主要集中在社会学范畴，告诉人们什么是对的，什么是错的，什么是君子，什么是小人，什么是礼仪，什么是尊卑，建立的是世俗的道德体系。宋代新儒学试图用哲学的思维去诠释儒学，告诉人们为什么孔孟思想是对的，即为孔孟之道提供理论依据，建立一套儒家的哲学体系。

这明显借鉴了佛教的构建方式，把思考的维度追溯到世界本源这一终极问题。

周敦颐的重要贡献是激活了"太极"的概念。"太极"一词出自《易传》："易有太极，是生两仪。两仪生四象，四象生八卦。"《庄子》亦有"大道，在太极之上而不为高；在六极之下而不为深；先天地而不为久；长于上古而不为老"的论述。太，就是大；极，指顶点、尽头。从字面来讲，太极指事物的起源、运动的极点、变化的临界点。

太极一词诞生后，很长时间里没有引起人们的重视，以至于几乎被遗忘。直到宋初，据说道家学者陈抟始做太极图，太极才重新回到人们的视野。陈抟是位传奇人物，《宋史》有传，记载其卒于公元989年，即宋太宗端拱二年。其生年各有说法，大致推到唐末，有说其活一百一十八岁，有说其活二百多岁，在古代普遍短寿的情况下，是难以想象的。陈抟有关太极的著作失传，因此这位神仙级人物只是活在人们的传说中，宋初关于太极的论述，现在能够见到的就是周敦颐的《太极图说》。

《太极图说》第一句是"无极而太极"，无极是道家概念，是无形、虚无的意思。周敦颐把太极与无极并举，借指宇宙形成之初的状态，这里是生长、变化的源头。这样，儒家的思考一下子前溯到天地起源，其哲学体系终于找到了原点。

二程的贡献是提出了"天理"的概念。天理的字面意思是上天赋予的道理，是自然规律。儒家哲学话语中的天理，指的是人们应当遵循的社会秩序和伦理纲常。天理是宋朝新儒学的一个重要概念，也是理学名字的由头。天理概念的提出，就是要证明儒家生活方式的合理性，也就是回答"孔孟之道为什么是对的，社会生活为什么要遵循孔孟之道"的问题。

从社会学到哲学，再从哲学回到社会学，天理二字是桥梁。

南宋朱熹是理学的集大成者。所谓集大成，是把周敦颐、二程、张载等前辈的理论进行整合、梳理，使之更系统，更清晰。关于太极，朱熹说："极是道理之极至，总天地万物之理便是太极。""太极者，其理也。"这样就把太极跟理关联起来。什么是太极？太极就是天理，就是道，是事物存在和运动的依据。所以朱熹又说："人人有一太极，物物有一太极。"比如说河水向东流，其原理是太极；树木能生长，是太极，每棵树生长快慢不一样，也是太极；阳光、大地、桌椅、鸟兽、矿藏，无一不是太极；即使什么也没有，但太极仍然在那里。太极之理融合在每一个事物中，所谓阴阳、五行、万物，其中都蕴含着太极，即天理。

那么什么是天理？理就是合理，北方旱，南方热，合乎道理；树木向阳的一面茂盛，合乎道理；桌凳放在某个地方，一定有它的道理；有些人聪明，有些人愚笨，也一定有它的道理。

想起黑格尔的一句经典语录："存在即合理。"是的，这个理，就是天理。

那么怎么才能参悟事物的"理"呢？比如桌凳放在某个地方的理，比如树木生长的理。朱熹给出的方法是"格物"，格是探究的意思。要参悟桌凳的理，需要研究桌凳移动或静止的规律；要参悟树木的理，需要研究树木生长的规律，这就是格物。格物致知，只有研究这个事物了，才能明白其中的理。

相传，明代王阳明年轻时学习朱熹的格物致知，站在竹子面前"格竹"，三天三夜无所得，于是怀疑朱熹的理论，开始继承陆九渊的心学，得出结论：格物的重点不在物，而在于心，心中的意念反映到事物上，才能明白事物的道理。可以看出，朱熹强调"理"的客观性，王阳明强调"理"的主观性。从西方哲学观来看，朱熹的理学是客观唯心主义，王阳明的心学是主观唯心主义。

无论是朱熹的客观唯心主义，还是王阳明的主观唯心主义，明显借鉴了佛教的思维方式，佛教叫"悟"，理学叫"格"，最终的目的是让人心融于天理之中。新儒学本来是反对佛教争取社会话语权的，然而却不得不借鉴佛教的成功经验，所以本质上讲，理学以儒为皮，以道为骨，以佛为血，贯通了儒、道、释三家精华，是一次传统文化的大融合。

那么如何让太极、天理回归到孔孟之道呢？理学认为，人的生活方式也要遵循天理，这个天理就是孔孟倡导的仁、义、礼、智、信。

看，这样一来，理学将哲学回归到社会学层面上，为传统儒学提供了哲学支撑。

万物皆有天理，天理代表着正义，代表着善良，那么世间为什么还有恶的存在？理学说了，那是因为天理之外，还有人欲。

所谓人欲，指人类超出天理的欲望，即不正常的欲望。比如吃饭是为了维系生命，是天理，但如果过度追求美味，整日珍馐佳肴，就是人欲了。

人欲是天理的反面，是天理的大敌。如果要维护天理，只有一个办法："存天理，灭人欲。"

至此，理学的真面目终于显露出来，就是要灭人欲。

错了吗？没有。

帝王酒色无度导致失国的例子不少吧？官员权欲熏心不是什么好事吧？个人贪得无厌也应该反对吧？

问题的关键是，怎样划定天理和人欲之间的界线。还比如吃饭，什么算维系生命，什么算追求美味？难不成都把饭做得难以下咽？食色性也，男女那点事，是天理还是人欲？

这是无法界定的事情，但如果不去界定，"存天理，灭人欲"就没了意义。所以道学家很容易走向极端，比如他们说："性如果为生儿育女，是天理；如果为欢爱享乐，是人欲。"按照这种解释，妇女死了丈夫，就失去了性生活的自由，因为她没有给别人生孩子的义务，既然不能为别人生孩子，当然不应该有性生活。

有人问程颐，寡妇贫苦无依，可以再嫁吗？按理学的理论，再嫁无论是为了欢爱，还是为了过上好的生活，都超出了天理的范畴。因此程颐回答说："饿死事小，失节事大。"

失节，失去气节，在妇女就是失去贞洁，那是违背天理的事情，千万不能做。

理学越到后期，对"人欲"的界定越严格，对"气节"的要求越苛刻。比如年轻妇女不能走出家门，不能让外面的男人看到容颜，都体现了理学对人性的禁锢。

## 士大夫无耻

"气节"是中国古代伦理道德中所独有的概念，通常是指个人在思想道德和精神生活方面的价值取向，也就是志气和节操。"气节"一词出自司马迁《史记·汲郑列传》："游侠，任气节，内行修洁，好直谏，数犯主之颜色。"自司马迁之后，历代典籍以及社会生活中，"气节"一词，越来越被广泛地使用。

虽然气节概念在汉代才正式形成，然而诸子百家中已经有很多关于气节的内容。儒家奠定气节观基础的是孟子，《孟子·公孙丑上》："我知言，我善养吾浩然之气。……其为气也，至大至刚，以直养而无害，则塞于天地之间。其为气也，配义与道；无是，馁也。是集义所生者，非义袭而取之。行有不慊于心，则馁矣。"孟子这里说的"浩然之气"，既是身体中的物质之气，又是一种道德精神，具有价值取向、伦理规范内容，即后世所谓的气节。

孟子的"浩然之气"，描述了它的本质特征，即至大至刚；它的道德内涵是"集义所生"，"配义与道"，也就是说，气由"义"而生，与"义"密切相关；还告诉人们形成"气"的途径，即"直养"。这些都是抽象的概念，具体到人的行为，怎样才算有气节？《孟子·滕文公上》："富贵不能淫，贫贱不能移，威武不能屈。""富贵不能淫"指对待功名利禄，"贫贱不能移"指对待贫穷塞塞，"威武不能屈"指对待权势暴力。

孟子的"浩然之气"或者说"气节论"对后世影响很大。

司马迁在《报任安书》中写道："仆观其为人，自守奇士，事亲孝，与士信，临财廉，取予义，分别有让，恭俭下人，常思奋不顾身，以徇国家之急。"这里虽然没有谈到气节，但列举了孝、信、廉、义、让、恭、俭，以及勇、忠等优良品质，无疑当列入气节的范畴。

西汉刘向在《说苑》中写道："士君子之有勇而果于行者，不以立节行谊而以妄死求名，岂不痛哉！士有杀身以成仁，触害以立义，倚于节理而不议死地，故能身死名流于来世。"强调"立节"的核心是"仁"和"义"。

后人对气节内涵的理解，始终没有超出司马迁、刘向的范畴。这就是儒家通常所说的仁义礼智信，以及由此派生出的忠孝友悌。

宋代理学只是把气节上升到天理的至高地位，朱熹说："仁义根于人心之固有，天理之公也，利心生于物我之相形，人欲之私也。"天理中包括仁义，仁义是人心固有的，而欲则是外在物质刺激引起的私欲。什么是仁？朱熹认为仁人志士为了仁义而死，这样才算践行了道德。程颐更直接："固有杀身以成仁者，只是成就一节是而已。"杀身成仁就是气节。什么是义？孟子有舍生取义一说，朱熹进一步阐释："秉承义理之良心。"舍生取义才对得起良心。

理学对仁、义的诠释，都谈到了死，为仁义而死，是气节所倡导的。吕文焕投降元军，没有死于臣节，受到南宋士民普遍的抨击，就不难理解了。

除了仁义，理学还特别看重"忠"。理学认为气节分大节、小节，而忠君是大节。"忠以事君，完始终大节。"以忠君为贯穿始终的大节。如果说仁、义的对象比较宽泛的话，忠君的指向则明确而单一。将忠君与仁义结合起来，可以发现，理学所谓的气节，最根本的、最终极的，就是为君主而死。

这才是理学气节观本质，也就是后世所说的忠义观、忠君观。因为君主是国家的象征，有些人又把忠君观等同于忠于国家的观念。

北宋中后期至南宋前期，理学一直是民间显学，但未被定为官学。很长一段时间，官方教育所用教材、考试依据是王安石的新学。靖康之变后，需要有人对北宋亡国承担责任，但罪不加皇帝，王安石变法便成了替罪羊，这样王安石新学逐渐为官方和舆论所抛弃，新儒学又呈现出流派纷争的局面。

宋理宗登基后，南宋积弊难除，亟需一种思想凝聚人心，经过筛选和比较，他选中了朱熹的理学。此时朱熹已去世二十四年，理宗下令追赠朱熹为太师，册封国公，配享孔庙。这是极其尊崇的地位，朱熹在世的时候不知道有没有预料到这一天。

理宗之"理"，即理学之"理"。

从此以后，中国进入理学社会，元明清三代进一步拔高，理学成为中国社会唯一的意识形态和价值观，影响中国人思想长达七百年之久。

平心而论，在当时，理学是思想解放的产物，有其进步成分，不应该全盘否定。问题是，当它成为官方钦定的学说一统天下时，思想固化在所难免。百家争鸣才能百花齐放，任何一种作物都不可能只吸收一种营养而成长。理学之错，不是学术之错，是专制之错。

从此以后，气节经常成为衡量志士仁人的标准，也成为士大夫对自己及他人的道德要求。

然而，人们真的能做到吗？

金华人唐仲友是位廉洁的官员，也是位开山立派的儒学大师，因学术见解、为人处世风格不同，遭受朱熹嫉恨。朱熹弹劾唐仲友，必欲置之死地而后快。宋孝宗认为二人不过是"秀才争闲气"，不予处置。朱熹仍不死心，抓住唐仲友与妓女严蕊有来往这根"小辫子"，在男女作风上做文章，把严蕊抓进大牢，施以鞭笞，逼其招供，几乎将这位多才多艺的女词人折磨致死，直到朱熹调离才由后任释放。

挟私报复，打击异己，这难道是圣人风范吗？

也许世上确有因果循环吧。后来，政敌打击朱熹，罗列他"十大罪状"，其中有"诱引尼姑二人以为宠妾，每之官则与之偕行"，"家妇不夫而孕"等。这些罪状虽然没有经过审查，不知真假，但做官把尼姑带在身边，儿媳寡居怀孕，这些都是显而易见的，政敌断不至于无中生有。

　　理学定于一尊之前，社会风尚还比较自由，宋代官员、儒生风流韵事颇多，并不为人诟病。但倡导理学的人尚且难以做到"存天理，灭人欲"，何况常人？

　　既然人欲难灭，礼教又要求遵循天理，那么只有一个办法：说一套做一套，当面一套背后一套。所以两宋理学，培养了一批有气节的忠臣义士，也培养了一批假道学的投机分子。

　　由于理学本身的虚伪性，加上宋末特殊的历史环境，士大夫的责任心已荡然无存。黄震在宋度宗 1268 年的奏章中痛斥士大夫"无耻"："至若士大夫，又多狃于流俗，渐变初心，既欲享好官之实，又欲保好人之名，自以和平为得计。……风俗至此，最为可悲。……民之日穷，兵之日弱，财之日匮，三者臣皆察察言之，已有所不忍。士大夫者皆天民之秀，天之所生以遗陛下，臣亦何敢以无耻为言，诚以国之所与立者以士大夫。士大夫能为国之与立者以气节，气节消靡而为和平，则贤者几成无益于人国。此乃世道命脉之所系，社稷安危之所关，非但如贪饕小夫可杀可辱，不过一时一事之失而已也。臣首愿陛下恢张圣听，表直言以洗濯其晶明之质，以养成其刚大之气，使视人间富贵如浮云，而天下之利害如切己，社稷灵长终必赖此。"士大夫的无耻表现在与世俗同流合污，毫无气节，既要做官之实又要清誉之名；不敢直言，没有刚大之气；贪图富贵，不顾天下利害。换言之，一是猥琐没有社会责任感，二是贪婪没有奉献精神。这里的和平指萎靡不振，圆滑处事，得过且过，因循度日。

　　士大夫的堕落非一人一事，已经成为风气。贾似道买公田和审计军队财务，几乎都半途而废，所遇到的阻力就来自这种风气。当贾似道绝望时，沉溺于对事功的怀念和对富贵的追逐中，又变成了这种风气的推动者。

　　贾似道的后继者，长期浸淫在这种风气中，同样可以称得上无耻，更罔谈气节。

士大夫除了大谈理学的"为生民立命，为天地立心，为往圣继绝学，为万世开太平"的口号，鼓吹气节大义，讲究"正心""诚意"的个人修养，却拿不出有效的强国安民之策。当时的地方官，热衷于立书院、建先贤祠，借以"教化民众"，同时标榜自己"贤者"的身份。但是，怎样改善百姓生活，发展当地经济，他们既不关心，也没有这方面的能力。

沽名钓誉，大约是南宋士大夫一生热衷的追求。

## 陈宜中

上有所好，下必甚焉。官方倡导理学，一时间以"气节"博取功名成为一条终南捷径。

陈宜中就是这类人的典型。

陈宜中年轻时入太学，好高谈阔论，针砭时弊，不久就成为学生运动的领袖。公元 1256 年，九江制置副使袁玠在对元战争中措置失当，激起民怨。袁玠是宰相丁大全的党徒，陈宜中抓住这一事件，向丁大全发难。他联络太学生黄镛、曾唯等六人，伏阙上书，请求治罪丁大全。当时丁大全勾结董宋臣，专擅朝廷，一手遮天，陈宜中等自然占不了便宜，被开除学籍，驱逐出都城。

陈宜中虽然受到处分，但却因此声名鹊起，六人被称为"六君子"。他们被押送出京那天，前去送行的学生有二十斋，斋是教学单位，相当于后来的班级，宋代一斋三十人，二十斋即六百人，可见拥戴之众。

自己受一点小小的委屈，换来崇尚气节、刚正不阿的名声，为日后仕途埋下伏笔，是理学家的惯常做法。这种伎俩在明朝被发扬光大，朝臣有事无事都要跟皇上顶两嘴，美其名曰"犯颜极谏"，如果能惹得皇上愤怒，被打了屁股，那就进入了一个境界，或许能因此得到青史留名的机会。万历年间有位大臣赵用贤，体胖肉厚，屁股特别耐打。他屡次三番挨打，却"屡打不改"。一次，被打得皮开肉绽，下地的第一件事就是让他老婆将屁股上打烂的肉割下来，腌制成腊肉，以便向同僚炫耀。

任何事情，过犹不及。唐代魏征敢于直谏为人称颂，而明代的廷争面折，只能被后世当作笑料。

理学的弊端，其中就包括爱虚名和走极端，由进谏之事可见一斑。

陈宜中求仁得仁，拘管他州，直到丁大全垮台才回到临安。彼时，贾似道刚刚入相，正在权力的山路上奋力攀爬，急需网罗人才，对陈宜中的名声格外看重。而已经捞取过声誉资本，又经历过命运坎坷的陈宜中，也学得八面玲珑，不再是学生时代血气方刚的愣头青了，二人于是一拍即合。景定三年（1262）科举，贾似道奏请陈宜中等六人不经礼部省试直接进入廷对，等于送给陈宜中一个进士身份。陈宜中也争气，在廷对中被钦定为第二名榜眼，由是进入仕途，被任命为绍兴府推官。

贾似道是棵大树，陈宜中是株藤蔓，藤蔓只有攀附大树才能长得更快。贾似道在绍兴府第建了一座望海楼，陈宜中不放过这个攀附的机会，专门写了两首诗祝贺，其中一首写道：

> 名与山高千古重，恩如海阔一身轻。
> 门下少年初幕府，梦随诸吏上峥嵘。

第一句为贾似道歌功颂德，赞美贾似道名重位高。第二句写贾似道对自己的恩情，表达感谢之情。第三句自称"门下""幕府"，认可了自己投靠贾似道的事实。第四句申明自己的政治抱负，毫不隐瞒希望继续得到提携的心愿。

自此，陈宜中成为贾似道的党徒，由于他办事通达，深得贾似道欢心和器重，一路攀升，先后任户部架阁、秘书省正字、校书郎、监察御史，升迁之快，朝野侧目。

宋代的监察系统，管风闻奏事，专为制衡相权而设。陈宜中为贾似道党徒，当然起不到监督作用，反而与贾似道沆瀣一气，成为贾似道擅权独专的帮手。

程元凤是理宗朝老臣，曾官拜右丞相兼枢密使，向皇帝提出许多中肯的建议，并推荐十几位贤能。后来，厌倦了与丁大全的钩心斗角，主动请求外放。度宗即位后，贾似道为左丞相，再拜程元凤为右丞相兼枢密使。身边多了一位分权者，并且有贤德，有口碑，这让贾似道如坐针毡。他把陈宜中叫来商议对策，但程元凤并没有什么过失，想要扳倒他一时无从下手。后来，陈宜中灵光一现，对贾似道说："恩相，想当年丁大全攻击程元凤，程元凤不是针锋相对，而是主动退却。不敢坚守自己的原则，不敢坚持自己的立场，面对奸佞，妥协退让，明哲保身，这是对恶的纵容，是对朝廷的不忠。"上升到不忠的层面上，属于严重的失节，二人感到这样的罪名很有说服力，于是发挥陈宜中监察御史的职业优势，向皇帝上书，请求罢免程元凤。

在理学范畴，失节是最难以容忍的严重问题。程元凤多年前一次善举，竟踏入了理学的"雷区"，可见理学的天理、气节，最大的流弊在于没有标准，美与丑、善与恶、正与邪，全在当权者的意念之间。经过陈宜中添油加醋的渲染，加上贾似道在度宗面前鼓唇摇舌，程元凤刚刚拜相半个月就被罢免。

程元凤事件是典型的颠倒是非，混淆黑白，欲加之罪，何患无辞，朝中大臣对此颇有微词，陈宜中在学生运动中积累的良好口碑也蒙上了尘垢。为了减少积怨，陈宜中另辟蹊径，请求到地方去，重新积累政治资本。

天高任鸟飞，地方官依然可以大有作为。陈宜中在现实政治面前选择了妥协，与权势媾和，但儒家"致君尧舜上"的理想并未破灭，他在地方上倒是做了不少好事。比如他任江东提举盐茶平公事期间，发现地方上盐业经营混乱，坑民害民的事情十分普遍。南宋实行盐业国家许可、商户专营制度，官府发放经营许可证，盐商持证方可到盐场买盐。买货后还需到官府验证，官府根据收购数量办理批准文书，才可到市场上销售。在发放许可证过程中，官吏强行摊派，并且勾结盐场，以次充好，借以谋取私利。陈宜中上书《请禁盐法抑配之害札子》，请求朝廷派官员纠察强买强卖行为，体现了道学家忧国忧民的情怀。

陈宜中在地方上政绩突出，先后转任浙西提刑、崇政殿说书、福州知府，1274年农历十月，升任同知枢密院事兼权参知政事，地位仅次于丞相。这一年，度宗驾崩，鄂州陷落。此时距贾似道丁家洲战败仅有三个月时间。

贾似道出师前，召集陈宜中和心腹韩震、曾渊子密议，一旦兵败，就移圣驾到海上避难，等待机会重整旗鼓。为了防止权力旁落，他特意把陈宜中、韩震留在朝中，作为接应。丁家洲战败后，贾似道避难扬州，派部属翁应龙先回朝探听情况。陈宜中向翁应龙打听贾似道所在，朝中局势未明，翁应龙不敢透露贾似道行踪，只好推脱不知道。翁应龙这句暧昧的话让陈宜中犯起琢磨：军队战败，主将失踪，大约只有一个结果，那就是死于乱军之中。彼时朝中对贾似道已经怨声四起，其人已亡，没有必要在一棵树上吊死，同贾似道割裂开来才是正确选择！

政治斗争的关键在于领先一步，这样才能化被动为主动！陈宜中立即上书，请求治贾似道误国之罪。

昔日的盟主、仕途恩公顷刻之间成为向上爬的垫脚石！理学的义、信在权欲利益面前一钱不值！

陈宜中带头清算贾似道，政治正确，立场鲜明，顷刻间又成为朝中意见领袖，就像二十年前上书请求治罪丁大全一样。不久，他被任命为右丞相，成为宋末最后一个实权宰相。

## 战、逃还是和？

末代宰相不好当，当务之急是怎样应对已经近在咫尺的元军。

从宏观上来说，有两种选择，一种是坚守，一种是逃跑。贾似道建议行辕海上，说白了就是逃跑，陈宜中当时是同意的。不过，既然要与贾似道划清界限，就要彻底割裂，包括推行的政策。

陈宜中别无选择，只能向幼主和谢太后建议坚守。

曾经同为贾似道心腹的韩震质问陈宜中："贾相和我们对丁家洲兵败早有预案，你怎么能出尔反尔？"

韩震是禁军统领，兵权在握，陈宜中不敢公开得罪，只是辩解说："我国大好河山，不忍拱手相让。"

韩震说："海上暂避一时，等到元军退去，圣驾还是要回来的。当年高宗皇帝已有先例，怎么能说拱手相让？"

靖康之后，高宗称帝，金国顺势杀到江南，高宗被追得无处安身，只好在大海中漂泊。幸好金人忍受不了溽热的气候，被迫退出江南，高宗才得以建都临安。

陈宜中答道："现在情况有所不同。"韩震咄咄逼人："有什么不同？"

陈宜中快速开动脑子，想出一二三条来："这其一，临安一旦沦陷，江南势必全部落入北蛮之手，圣驾即使在绍兴、温州，与临安有什么不一样呢？其二，当时金人只是掠夺财富，并没有准备要江南河山，因此得到钱帛后，自然退去。其三，金人没有船只，无法追到海上，如今蒙古战船如云，行辕海上也未必安全。"

韩震道："蒙古船小，经不住海上风浪。圣驾行辕海上，诏令各地将领勒兵勤王，江南或可一战。如今敌人已经打到了家门口，我等难道要坐以待毙吗？"

两人唇枪舌剑，一时谁也说服不了谁。最后陈宜中退让一步，说："容我今晚回家再仔细斟酌。"

走出朝堂，陈宜中又向韩震发出邀请："不如晚上到我家一叙，看能不能有更好的对策。"事情紧急，韩震没有多想，满口答应。

入夜，韩震满怀忧愤一人来到陈府，让下人向里通报。下人知道是韩大人，忙招呼说："我家相公早有交代，他在后院密室等候，请韩大人且随我来。"韩震是熟客，也不客气，跟着下人来到后院。下人说："韩大人自行进去吧，小的不太方便跟随。"下人不能随便出入密室，这是规矩。韩震也不疑心，便一个人进了密室。

陈宜中坐在密室的书桌后面，看见韩震进来，冷冷地说："韩大人终于来了。"韩震答道："陈相邀请，怎敢不来？"陈宜中厉声道："听说韩统领要兵谏迁都？"所谓兵谏，指靠武力威胁，迫使皇帝听命于自己。如唐玄宗行辕蜀中时，在马嵬坡三军不前，要求处死杨国忠和杨贵妃兄妹，就属于兵谏。兵谏是谋逆的大罪，绝非儿戏。韩震听了大惊失色："丞相何出此言？"陈宜中喝道："还敢狡辩，刀斧手何在？"原来，陈宜中早在室内安排了两名壮汉，躲在帷幕后面。听到召唤，两人手持铁椎，一个箭步冲到韩震面前，手起椎落，韩震还没有看清楚壮汉模样，就已经一命呜呼。

私杀朝廷高级命官，是重罪，何况还是手握兵权的禁军统领。不过陈宜中早已将善后考虑周全，当夜进宫，向太后奏明，诬陷韩震到自己府上，试图密谋兵劫圣驾，已被当场击杀。

朝廷上下已经人心惶惶，乱成一锅粥，没有人在意别人的生死，只有章鉴上书说："韩震虽请迁都，意实无它，遽置之死，震惊乘舆，似亦太过。"但谢太后无人可用，正要依仗陈宜中，因此不便追究。不过，韩震毕竟是禁军统领，不明不白死去造成军队混乱，忠于韩震的部属李大明发动叛乱，乱军进攻临安城南嘉会门，并向皇宫发射火箭。好在叛乱人数不多，朝廷及时派部队进行镇压，李大明带着韩震家眷投奔了已经占领建康的元军。

韩震被杀，没有人敢再提迁都或移驾，陈宜中得以专心致志应对时局。但这样的烂局确实没有什么良策，无非是战与和。

能议和息战，自然是上策。

陈宜中和谢太后想起了吕文焕。吕文焕现在是蒙元倚重的将领，或许能牵线搭桥，促成和议。于是，朝廷追封已经死去多年的吕文德为和义郡王，派使者秘密求见吕文焕，除带去吕文德封号这份"大礼"外，还送去无数珍宝古玩，请求吕文焕斡旋元廷。

陈宜中和谢太后病急乱投医，吕文焕作为一员归顺不久的降将，对元廷来说还是"外人"，本身战战兢兢，争着立功，小心处事，哪里还敢插手和议这样的大事？于是婉言谢绝。倒是鄂汉降臣张晏然怀恩南宋，上书忽必烈说："宋朝不践旧约，拘留使者，都是权臣贾似道所为，不是宋主的过失。请求陛下慈悲为怀，只问罪擅自做主的权臣，不要对赵氏赶尽杀绝。"忽必烈认为张晏然不忘旧主，是忠臣，表示只要他们迷途知返，漫说赵氏朝廷，即使权臣贾似道，也不是不可以赦免。

于是忽必烈主动递来橄榄枝，派使团持国书出使临安。这个使团由礼部尚书廉希贤领队，成员有工部侍郎、秘书丞等，级别不可谓不高，阵容不可谓不强大。忽必烈的目标是要一统天下，难道会因为张晏然一封奏书就改变了初衷？并不是，他派代表团自然不是前来求和，而是招降！另外，恩威并施，也有利于分化敌国阵营，为接收南宋政权做准备。

另外，派遣使团也是缓兵之计。原来，蒙古内部发生争斗，窝阔台汗之孙海都在金山起兵反对忽必烈，不断威胁元上都。忽必烈担心两线作战会带来危险，向伯颜下诏，"时暑方炽，不利行师"，令军队在建康休整，暂时息兵停战。

尽管忽必烈无意求和，但对于南宋朝廷来说，毕竟是个机会。也许会谈融洽，仿宋初大理模式，给南宋朝廷留条后路，让他代为管理江南，也未可知。

然而，这个机会竟被宋朝将领生生搅黄了。

使团走到建康，伯颜劝廉希贤说："现在兵荒马乱，刀箭不长眼睛，你们还是留在建康，派士兵把国书送过去好了。"廉希贤是位极敬业的官员，回答说："圣上亲派我来，一定有面见宋帝的道理，我怎能半途而废？"他请求伯颜派兵守卫赴杭，伯颜分析说："使者靠的是三寸不烂之舌，不能依仗武力。带的兵多反而让敌人怀疑。"可廉希贤哪有伯颜的政治经验？固请，伯颜于是派五百兵卒保护使团前行。

使团进入宋军控制地盘，第一站是广德军（今安徽广德市）独松关（今浙江安吉县南）。这里是建康通往临安的咽喉之地，守将名叫张濡，南宋"中兴四将"张俊的四世孙。这天，张濡正在关内喝闷酒，忽然兵士来报，有五六百元军前来叩关。张濡说："不会吧，敌人若要攻打此关，断不至于只来五六百人。"兵士回道："确信无疑。"张濡急忙来到关前查视，果然有小队元军正在关前喊话，说有要事与守将面谈。

张濡说："这是敌人的计策，不如不理。"转念又想，只有这么一点元军，若能剿灭，必定立功。这样的立功机会千载难逢。

立功心切的张濡不愿放过大好机会，也不愿仔细揣摩元军的用意，当即亲点两千人马杀出关来。元朝使者根本没有想到南宋的正规军会袭杀使团，毫无防备，宋军不等他们解释清楚，便一通砍杀，使团成员人头纷纷落地，只有少数士兵侥幸逃脱。

可怜廉希贤死时只有二十九岁。

事后，张濡割下元朝使团人员的耳朵，向宋室请功。宋室好久没有听到胜利的消息了，也不详察，还将张濡官升两级，提拔他知广德军。

逃回的士兵很快把消息报告给了伯颜，伯颜大怒，当即修书一封，强烈谴责宋军袭杀使团的行为。

俗话说，两军交战，不斩来使。何况元军正大军压境。宋室一方面感到理亏，另一方面为失去这样一个机会懊悔不已。连忙写一封"道歉信"，解释说："袭杀使团的事情，太皇太后和幼主真的不知情，请你们务必相信。这都是边将的罪过，我们一定严肃处理，按律诛杀他。请允许我们向你们奉送岁币，停止战争，和平共处。"

收到回信，伯颜从大局出发，决定相信宋室一次，派自己手下的官员跟随宋室的送信使者去临安，当面问个明白。孰料，使官走到平江，竟再次被杀。

有宋使跟随，依然被杀，这一次很难用失误去搪塞。只能说，宋朝军队中的主战派确实不想看到两国和解。

评价历史，通常以主战派为正面人物，主和派被斥以投降主义。殊不知，凡事当以国家利益为上，战、和只是途径而不是目标。在很多时候，战争导致社稷危倾，民不聊生，而和议有利于国家和人民，为什么和平不能成为首选项？是战是和，应当结合当时国际国内形势做具体分析，作出睿智的选择。如果被民族主义绑架，在任何时候都以和谈为耻，国家和民族的道路只会越走越窄，正如人，好斗和逞威是愚蠢的行为，终难长久。

和平的曙光尚未升腾，就被战火和愚鲁绞杀。

## 被烧焦的焦山

忽必烈一直在犹豫，是应该对南宋乘胜追击，还是先解决内部争斗，平定海都之乱。

此时忽必烈在上都（今内蒙古锡林郭勒盟正蓝旗上都镇），他将伯颜召回，向这位"极有方略""可属大事"的重臣问计。1275年五月十二日，伯颜动身赴阙，月底到达上都，忽必烈"亲问以军前事势"。伯颜陈述了对时局的看法：南宋主力大部分被歼，长江天堑被元军控制，南宋朝廷人心惶惶，正是一举灭宋的大好时机。力劝忽必烈把灭宋当作头等大事，排除干扰，毫不动摇。至于海都之乱，伯颜认为并非急务，可徐图之。忽必烈被伯颜说服了，对前线将士大加赞赏，并升伯颜为中书右丞相，阿术为中书左丞相，以表彰他们的功绩。

伯颜在八月初五离开上都南下，沿途视察了江淮战场，并指挥了几次小规模战斗，直到十一月十三日才回到镇江，继续指挥作战。

伯颜赴阙六个月，给南宋以喘息的机会。

丁家洲战后，宋廷下诏各地军队勤王，入卫临安，但有些人贪生怕死，有些人被元军牵制，无法脱身，应诏者寥寥无几。更有甚者，五郡镇抚使、知沅州、吕文德之弟吕文福，以入卫为名，率手下部队离开驻地。行到饶州，却杀掉宋廷派来的使者，到江州投降了元军。

入卫勤王的只有文天祥和张世杰等二三人。

江西安抚副使、知赣州文天祥临时招募两万余人，开往临安。朝廷对民兵的作战能力和组织纪律不太放心，诏令不得进京，派他们去防御平江。

郢州守将张世杰率万余人东行，辗转千里前来勤王。当时江西、两浙大部已经被元军占领，张世杰驻地又远，能够快速回援确实难能可贵，中途还顺便收复了元军守卫空虚的饶州。张世杰这支唯一的"正规军"成了朝廷的倚重，朝廷任命他为保康军承宣使、总都督府军，节制禁军之外的其他各军，担负起正面御敌的重任，成为宋廷军事方面的主要依靠力量。张世杰首先派兵扫清临安外围，趁元军立足未稳收复了广德军、平江府、常州，夺回了部分失地。

元军已经封锁长江，而南宋两淮精锐尽在江北，如果能打通江上通道，让驻守扬州的李庭芝部队回援，或可纾解临安之困。张世杰便与李庭芝联络，约定同时从南北两岸进攻，夹击元军，贯通长江。经过考量，他们把作战地点选在了镇江。张世杰孤注一掷，把能够调动的兵力全部压上，他知道这或许是朝廷苟延残喘的最后一线希望了。

李庭芝按照约定，派部将蒋才、张林率步骑两万夜袭扬子桥，扬子桥守军告急，元军副帅阿术当夜派张弘范增援。次日凌晨，宋、元两军在邗河对峙，张弘范率十三骑敢死队率先过河袭击，宋军阵势不乱。张弘范佯装退军，引蒋才追击，在运动中元军弓箭手协调作战，打了个漂亮的反击。宋军不敌元军骑兵，两万人进退失据，相互踩踏，死伤过半，副将张林被俘，只有蒋才等数人杀了一条血路才逃回扬州。江南江北同时夹击元军的计划就这样归于失败。

　　不过张世杰没有气馁，仍决定与元军背水一战。

　　六月底，张世杰率水军到达镇江北的江面，背靠焦山，面向瓜洲。焦山是长江中四面环水的岛屿，有"万川东注，一岛中立"之称；瓜洲在长江北岸，是运河和长江的交汇口，属水路航运要津，王安石"京口瓜洲一水间，钟山只隔数重山"写的就是这里的风貌。瓜洲是建康长江防线中除采石矶外又一处战略要地，元军不可能不重视，副帅阿术的指挥部就建立在瓜洲。

　　张世杰列船南岸，号称万艘，蔚为壮观。作为北方人，张世杰不习水战，舟船在水面上颠簸不稳，让他难以适应。为了克服这个问题，张世杰想了个"好办法"：以十条船为一个单位，叫一舫，用铁索连接起来，再用铁碇沉入江底，没有号令，不准起碇。这样船上平稳多了，走路、操练、作战与陆地无异。

　　将船首尾相连以求平稳，其实不是张世杰的独创。早在一千年前，曹操在著名的赤壁之战中就使用了这种方法，结果东吴大将周瑜一把大火将曹军千百艘船化为灰烬，曹操从此无法染指江东。当时普及性读物《三国演义》还没有问世，张世杰武将出身，读书不多，不熟悉这段历史，否则绝对不会将整个国家的命运交给几根粗壮的铁索。

　　七月初一，阿术行船到下游，登上南岸的象山观察南宋军情，看到对面战船虽然浩浩荡荡，但一排排连在一起，先是一惊，继而大笑。阿术惊的是这种历史的错误怎能重演，宋军玩什么把戏？随即猜测到这是宋将不谙水战、不读史书所致，这意味着胜利唾手可得，因此开怀大笑。阿术指着宋军战船对身边将领说："可烧而走也。"接着进行了精密部署：两队人马防守北岸，防止宋军不退反进，强行登陆；一队由弓箭手组成，从两翼向南宋战船射击火箭；阿术从正面攻击，张弘范、董文炳、刘国杰等从侧翼、后方围攻；刘琛则绕到焦山东北截断宋军陆上归路。这样大火一起，宋军犹如瓮中之鳖，只能坐而待毙。

　　初二元军率先发动进攻，他们的战舰体积小，机动性强，往来如飞，攻击灵便，号称"水哨马"。宋军舟大船坚，攻击能力强，但笨拙呆板，移动困难。一个像迅捷的狼群，一个如雄壮的大象，双方激战一个上午，未分胜负。中午时分，元军"火箭队"出动，乘着东风一支支凌厉的火球射向宋军战船，引燃蓬樯，变成了巨大的火龙。宋军大船相连，解索不及，一燃十，十燃百，江面上火光冲天，烟雾弥漫，赤壁之战历史再现，焦山变成了一座烧焦的石山。张世杰见势不妙，跳上小船向东北逃去。元军前有伏兵，后有追兵，宋军狼狈不堪，又有七百多艘小船被俘，仅有张世杰等少量将领逃了出去。经此一战，宋军在江南水军主力被剿灭殆尽。

## 常州之屠

伯颜赴阙回到战场，立即着手对南宋最后一击。他将元军主力分为三路：

阿剌罕率右军从建康出广德四安镇，进攻独松关，这一路距临安路程最短，途中丘陵星布，利于骑兵驰骋作战。

董文炳率左军出江入海，以范文虎为向导，取道江阴，占领澉浦（今浙江海盐县澉浦镇）、华亭（今上海市松江区西），以防止南宋朝廷浮舟入海。

伯颜率中军，以吕文焕为向导，沿长江而下，取常州、平江。对于取临安来说，这一路虽然迂回，但宋军沿江力量强大，相比于临安更难攻克，所以伯颜亲自指挥这一路。

十一月十六日，伯颜赶赴常州城下，指挥攻城之战。常州城护城河既深又宽，元军攻城难度很大。伯颜召集诸将研究攻城方略，下令准备好攻城器械，来日分路一起进攻。进攻之前，照例召谕投降，先是派人城下喊话，继而将招降告示射入城中，承诺"约以来日，如能出城归附，以保生灵，前罪一无所问，不妄戮一人，仍依沿江已附州城一例迁加爵赏，四民各令安业"，"若更执迷坚拒，城破之日，枕尸流血者，老幼无遗。宜速审思，毋贻后悔"。但利诱和威吓都没有起到作用，知州姚訔，通判陈照，都统王安节、刘师勇守城意志十分坚决。

伯颜亲自督战，由数千名前锋利用火炮、弓弩率先攻城，日夜不息，都被守军击退。伯颜大怒，强迫城外百姓往城墙外运土，垒筑高台，高台筑好之后，把百姓杀掉，用他们的身体熬油，作为火炮的动力。十八日上午，伯颜对帐前诸军发了一通脾气，痛骂他们无能。接着元军发动了更猛烈的进攻，个个奋勇争先，终于登上了城外守军的木城，插上了伯颜军队的红旗。旗帜就是号召力，元军愈战愈勇，四面并进，宋军大溃。当日，攻下了常州。

城破的时候，知州姚訔自杀。通判陈照和都统王安节与元军展开巷战，有人催促陈照快逃："城北东门没有关闭，还能逃得出去！"陈照边战边答："离开城池一步，死就失去了意义。"——陈照所谓的"意义"，也就是忠义二字。最后陈照战死。

都统王安节是王坚之子，元蒙哥汗死于钓鱼城下时，王坚为合州节度使，守钓鱼城，或者可以说王坚杀死了蒙哥。王安节杀死数十名元兵后被俘，元军让他投降，王安节大骂："你们不知道合州王节度使吗？那是我的父亲！我怎会投降，辱没先人？"遂不屈而死。

只有刘师勇率部将突出重围，到平江投奔了文天祥。

伯颜违反了向忽必烈的承诺，残忍屠城，全城上万人被杀死，仅有七人躲在桥下幸免于难。

天庆观道士为常州收尸，目睹屠城惨状，顿足而泣："元军入江南，屠戮未有如此之甚者。"

常州危急时，陈宜中曾派张全率两千人增援，文天祥见朝廷人少，让部将朱华、尹玉、麻士龙三人率三千赣州义军协助张全。伯颜得到消息，派怀都、王良臣率军数千出常州东南四十里，在运河北岸的五牧（今无锡市玉祁街道五牧村）进行阻击。

十月二十六日，张全自己驻兵在横林（今常州市武进区横林镇），派麻士龙到五牧对面的虞桥（今常州市武进区虞桥村）与元军作战。麻士龙战不利，而张全坐视不管，眼睁睁看着麻士龙战死。

时朱华、尹玉二人在五牧旁边一座小山上挖沟壑，设鹿角，修工事，张全不敢单独与元兵作战，驱兵与二人会合，却莫名其妙地阻止了他们的防御行动。

次日，元军掩杀过来，朱华与元军接战，自辰时到未时，难分输赢，便各自息战。晚上，元军绕到山后偷袭尹玉，双方再战，杀死元军一千多人，但张全仍隔岸观火，不发一箭。尹玉、朱华的义军寡不敌众，军士溃败。张全见势不妙，驾船要跑，义军攀缘张全的船只，希望能够搭船获救，张全拔剑将他们手指砍断，义军大多落水而死。尹玉退无可退，只好收拾残兵，再与敌人鏖战。尹玉亲手杀死数十名元兵，勇不可当，元兵不敢靠前，便用弓箭远射。尹玉身上中箭无数，像刺猬一样，犹屹立不倒。元兵仍然忌惮他，四杆枪架在他的脖子上，用木棍活活将他敲死。

赣州义军战斗到最后，尸体漫山遍野，但无一人投降，最后仅活四人。

文天祥非常痛惜尹玉等将士，写诗悼念：

> 首赴勤王役，成功事则天。
> 富平名委地，好水泪成川。
> 我作招魂想，谁为掩骼缘。
> 中兴须再举，寄语慰重泉。

张全在这场战役中表现得十分恶劣，文天祥想要杀掉他，无奈陈宜中包庇，竟不许。

伯颜的下一个目标就是平江，但未等文天祥与元兵接战，宋廷却紧急召回文天祥，原来西路阿剌罕顺利攻占了溧阳、伍芽山、建平等地，已经到了独松关下。

独松关距临安不足二百里，东西为高山幽涧，南北有狭谷相通，是建康经广德通临安的咽喉要地。南宋初年，金国兀术追击赵构过此，见没有军队守卫，感慨地说："即使数百名老弱病残在此守关，我怎么能通过？"

兀术这话当然有很大夸张的成分，但毫无疑问，独松关的优势在"守"，所谓一夫当关，万夫莫开。现在守卫独松关的是宋将张濡，他是个极端自负、不自量力的人，独松关的守卒只有几千人，他却不听劝阻，执意要出关迎战。他率军北上至安吉州上柏镇，遭到元军骑兵夹击，败溃，副将冯翼被俘杀，二千余名将士丧命，张濡只好带着数骑逃回临安。没等文天祥救援，独松关就失守了。

张濡官阶不高，却每每在关键时刻帮倒忙，先是贸然杀死元朝使臣，后又贸然出击丢了独松关，加速了南宋的灭亡。不能不说，积极的主战派，如果意气用事，不讲策略，同样会给国家带来麻烦和灾难。

阿剌罕攻打独松关的同时，伯颜招降了无锡、平江、嘉兴。除夕，伯颜在平江，当地降官谄媚，举行仪式庆祝新年，邀请伯颜参加，伯颜说："我的军马是为大事而来，哪里有时间干这些闲事？"于是留下部分人马镇守平江，自己率大部队奔赴临安。

这期间左路董文炳招降了江阴，控制了许浦（今江苏常熟市浒浦镇）、澉浦，控扼了钱塘江口。三路人马均达到了预期目标，1276年正月上旬同时迫近临安。

伯颜按照忽必烈的指令，不滥杀，因此并没有急于进攻，而是试图通过外交手段迫使宋廷投降。他们继续清扫临安周边的宋军势力。董文炳招降盐官（今浙江海宁市盐官镇），守将不降，元军副将请求攻城屠杀，被董文炳制止。董文炳说："这个县离临安不足百里，在这里屠杀一人，都会对临安局势产生影响，况且你还要屠杀一个县。"

元军的目标很明确：要宋廷投降，实现伯颜对忽必烈的承诺：不杀。

# 第五章　一旦归为臣虏

## 树未倒猢狲已散

战场上的消息每天传到临安，临安陷入无序的混乱之中。

南宋都城临安是个国际化大都市，一点也不输北宋都城汴京。这里长年生活着皇族、朝臣、官僚和下层胥吏，还有太学、武学等高等学府两千多名学生以及几十万军队，当然少不了平民、商人、艺人、奴婢，人口规模超过百万。这里是大运河的起点，水路纵横，交通便利，是南宋的物流中心和最大的消费城市，达官显贵和富豪商贾在这里花天酒地，醉生梦死，造就了无可比拟的经济繁荣和文化发达。据传，赵构退位后与儿子赵眘同游西湖，见断桥边一座小酒馆雅致清净，便落座沽酒，闲品风月。这座酒店殿堂内装饰着素绢屏风，上面题有一首词：

一春长费买花钱，日日醉湖边。玉骢惯识西湖路，骄嘶过、沽酒楼前。红杏香中歌舞，绿杨影里秋千。暖风十里丽人天，花压鬓云偏。画船载取春归去，馀情付、湖水湖烟。明日再携残酒，来寻陌上花钿。

父子二人对这首词产生了兴趣，因为词描绘了临安的繁华奢靡，有富贵之风，这正是皇家所追求的生活。问了店主人，才知道这是太学生俞国宝醉后所作。赵昚笑道："这首词写得不错，只是结尾寒酸了些，不如改成'明日重扶残醉'。"太学生能够写出如此纵情声色的诗词，皇帝竟还嫌不够，难怪林升痛心疾首："暖风熏得游人醉，直把杭州作汴州。"

日月奄忽，繁华都市即将沦陷，临安城内一片凄惶。事实上，焦山战败的消息传来，临安就进入了无政府状态。朝堂上宰执们不是想方设法救国救亡，而是极尽所能推卸责任。平章军国重事王爚职务虽高于陈宜中，但朝中大事都是陈宜中说了算，从不与王爚讨论，甚至不告知王爚，王爚心怀不满，上书指责陈宜中乱指挥："张世杰步军出身却让他统领水军，刘师勇水军出身却让他统领步军，用人失策是造成焦山战败的主要原因。""今世杰以诸将心力不一而败，不知国家尚堪几败耶？"王爚的儿子又唆使一部分太学生弹劾陈宜中，把他与贾似道相提并论，旨在让他背负战局失败的责任。

陈宜中一怒之下，竟挂职而去。彼时王爚七十六岁，来日无多，朝廷倚重的是陈宜中，因此罢免了王爚，处罚了上奏弹劾的太学生，重新请回陈宜中。

陈宜中虽然使性子撂挑子，不过在朝臣中已经算尽职尽责了。大多数朝臣首鼠两端，早已做好了远逃避祸的准备。左丞相留梦炎是理宗朝状元，读圣贤书，知节义事，朝廷正用人之际却怎么也找不到他的身影了，原来他见大难当头便一逃了之，连宰辅尊位也不要了。枢密院有位官员想逃，终觉脸上过意不去，便指使他人弹劾自己，还没有等朝廷下发处理意见就溜之大吉。还有两位大臣演双簧戏，互相弹劾，作出势不两立的样子，也是未等朝廷表态便"拂袖而去"。至于不声不响无踪无影的就不计其数了。1276年正月初五，太后谢道清上朝宣布任吴坚为左丞相，上朝听班的大臣只有六位。谢太后怎么也想不通，这些受理学浸淫，满口仁义道德，动辄忠孝气节的士大夫怎么突然变成了这个样子？恼怒之下，令人写了一篇布告贴在朝堂，指责那些临危而逃、不知廉耻的家伙：

> 我国家三百年，待士大夫不薄。吾与嗣君遭家多难，尔小大臣不能出一策以救时艰，内则畔官离次，外则委印弃城，避难偷生，尚何人为？亦何以见先帝于地下乎？

朝臣叛官离职，地方官挂印弃城，这就是亡国之前的乱象。受国恩，享厚禄，却不思报国，这就是末朝士大夫的画像。如果不是愤怒至极，朝廷大约不会发出这样绝望的哀号。道学扭曲了本性，理学光环下的伪君子遍布朝野，这大概也是南宋亡国的原因之一吧。

就在元军包围临安的当口，南宋朝廷像热锅上的蚂蚁，想不出任何主意。面对衰世，陈宜中无计可施，只能一遍又一遍到元营乞和。十二月初四，派柳岳带国书到无锡见伯颜，解释廉希贤被杀事件，为朝廷推卸责任，甚至声泪俱下地乞求："今日太皇太后年高，嗣君冲弱，更在先帝衰绖中。自古礼不伐丧，望大丞相息怒班师，免致三宫不安，陵寝动摇，敢不年年进奉，岁岁修好。此诚奸臣贾似道失信，误我国耳。"不断磕头哀求，伯颜无动于衷。十七日，再派礼部侍郎陆秀夫、刑部侍郎夏士林、兵部侍郎吕师孟到平江见伯颜，表示愿意"称侄纳币"，后又再降一辈儿，愿称"侄孙"。然而蒙元志在统一，当然不允。伯颜明确地对宋使说："你们宋朝昔日从孤儿寡母中得到天下，现在又从孤儿寡母中失去天下，这是天道轮回，很公平呀。"陆秀夫还未回，二十四日又以柳岳为工部侍郎，再次面见伯颜，乞请仿大理例子，封南宋为附庸小国，仍然无果。其他如军器监刘廷瑞，都统洪模、吴路钤等使者来往不断。

陆秀夫回来后，通报了元军意图，谢太后更退一步，决定对元称臣，用臣礼。这让陈宜中很为难，谢太后涕泣说："只要能保存社稷，就不要计较这些了。"随即遣监察御史刘岊向元朝奉表称臣，向忽必烈上尊号，岁贡银、绢二十五万两、匹，乞请保留国土，保留赵氏宗祠。但伯颜不给刘岊面子，约南宋宰相到临安东北的长安镇会谈。

求和的路子基本上被伯颜堵死了，陈宜中计无所出，只得用贾似道计，入宫请求谢太后和幼帝仿赵构故事，迁都避难。谢太后不同意，陈宜中痛哭流涕长跪不起，太后便吩咐他准备车驾在宫外等候。1276年正月十七日，谢太后一直等到日落天暮，仍然不见陈宜中，大怒："我说不走，他反复请求；我同意走了，又找不见他的人影。这是欺负我们孤儿寡母吗？"气得她把准备好的行李如簪子、耳环等首饰摔在地上，下令关闭宫门，谁也不见。实际上并不是陈宜中爽约，而是两人根本就没有约好时间，太后以为是晚上，而陈宜中安排的是次日早晨。

劝说迁都避难的还有文天祥和张世杰，他们请太皇太后、太后、皇帝三宫入海，由他们死守临安，背城一战。这时谢太后已经得到元军封锁海面的消息，便决定不走。文天祥又苦谏，最后同意让小皇帝赵㬎的哥哥、益王赵昰和他的弟弟、广王赵昺先行逃离，一旦临安覆亡，好为赵氏留下一点骨血。他们相信，如同北宋一样，只要皇室骨血在，江山就在。

人心乱了，朝臣作鸟兽散，军队也不稳定。当时临安城内外还有相当数量的各类士兵。据文天祥估计，临安有兵不下二十万，而日本学者杉山正明《忽必烈的挑战》一书，认为"在杭州城内外，有总计达四十万人的军队驻守"。所谓四十万，可能包括家眷、后勤部队。无论二十万还是四十万，数量不可谓不庞大，只是素质参差不齐，缺乏战斗力。面对即将沦陷的都市，部分底层士兵担心以后生活无着，干脆发动暴动，走上街头抢劫商铺，掠夺财富。他们不敢到外面去打击侵略者，对付老百姓却毫不手软。当然，暴动很快被镇压，因为高层将领可以选择投降或者逃跑，他们有退路，还没有到山穷水尽的时候。按照一般历史规律，只要他们不做殊死抵抗，战胜方不会将他们斩尽杀绝，到了新朝之后仍然享有较高的地位和优厚的待遇，即使异族也不例外，吕文焕、范文虎等为他们作出了榜样，所以无论忠于旧朝还是打算迎接新朝，他们都不会太忧虑生活。

亡国有很多种情形，失去凝聚力几乎是各朝的共性，这大约就是古人所谓的“天命”。

## 临安降

1276年正月十八日，伯颜与阿剌罕、董文炳相聚于临安城北的皋亭山，离临安只有三十里，元军一些散兵游骑竟大摇大摆地往来于临安北关。

这期间有个有趣的插曲。伯颜娘子从后方来探望夫君，伯颜诧异地问：“你怎么来了？”娘子撒娇道：“俺就这样来了。”伯颜自然又惊又喜，但不敢忘记使命，不敢有些许懈怠，压抑着自己，对娘子说：“你来俺跟前要富贵了吧？大事未了，你吃好喝好，然后回去吧。”硬生生将娘子送了回去。

这时，宋廷正在发生激烈争吵。文天祥再次请求移宫入海，自己在临安背水一战。张世杰支持移宫入海，但认为临安不可守，他要领兵到淮东，保存实力。他还建议文天祥率部回江西，徐图后事。谢太后已经六十七岁，人近暮年便少了斗志，几年折腾对国家也绝望了，根本不愿走。而陈宜中知道，两宫出行人数多，阵势大，行动慢，错过了逃亡的最佳时机，现在想走恐怕也走不了了。

朝廷已无路可走，要么垂死挣扎，要么奉玺投降，最后拍板的是谢太后，她选择了投降。

皇太后谢道清遣监察御史杨应奎带着传国玉玺、降表到皋亭山向伯颜请降，降表写道：

宋国主㬎谨百拜奉表言，㬎眇然幼冲，遭家多难，权奸似道背盟误国，至勤兴师问罪。㬎非不能迁避以求苟全，今天命有归，㬎将焉往！谨奉太皇太后命，削去帝号，以两浙、福建、江东西、湖南、二广、四川、两淮见存州郡，悉上圣朝，为宗社生灵祈哀请命。伏望圣慈垂念，不忍㬎三百余年宗社遽至陨绝，令赵氏子孙世世有赖，不敢弭忘。

这份降表中把战争的责任推向贾似道，找个奸臣作为替罪羊，是历代失国的通用套路。降表提出的请求是"不忍㬎三百余年宗社遽至陨绝"，对保留宗庙还心存幻想。宫廷琴师汪元量用诗歌记录了这一重大的历史事件和南宋朝臣的屈辱：

> 六宫宫女泪涟涟，事主谁知不尽年。
> 太后传宣许降国，伯颜丞相到帘前。
>
> 乱点连声杀六更，荧荧庭燎待天明。
> 侍臣已写归降表，臣妾佥名谢道清。

尽管如此，伯颜对降表还不甚满意，比如赵㬎仍然把自己称作"宋国主"，通篇没有称臣等。他收下国玺，派人随同宋使回临安督促重写降表，并点名让宰执到元营商讨投降事宜。

陈宜中不愿担负投降骂名，又怕凶险，竟学留梦炎，夜里偷偷逃跑了。而武将张世杰、刘师勇、苏刘义，义愤于朝廷不战而降，也各自率手下部队离去。苏刘义是北宋苏轼的八世孙，是张世杰的女婿，进士出身，在激烈的时代动荡中竟弃文从武。

国不可无相，何况伯颜点名让宰执去面议。放眼朝堂，上班的人已经没有几个了，谢太后仓促任命文天祥为右丞相兼枢密使、都督诸路军马；任命家铉翁签书枢密院事；贾余庆同签书枢密院事、知临安府。

任命文天祥为丞相，就是为了让他代表朝廷去接洽投降事宜，这是他唯一的职责。朝中大大小小的官员既不愿出使元营，又想保住性命，他们聚集在左丞相吴坚家里，一致赞同文天祥前去谈判。

这期间，伯颜又将军队向前推进，离皇宫只有十五里了。董文炳进驻临安候潮门外的椤木教场，候潮门为临安城东门之一，在此驻军，主要是得到了益王赵昰和广王赵昺以及张世杰、陈宜中逃亡的消息，防止臣僚、百姓再从钱塘江南逃。

伯颜派吕文焕、范文虎等九骑入宋宫，接洽投降事宜，让谢道清在临安贴安民告示，并传诏各州府投降元军。遣宣抚程鹏飞、计议官囊嘉特、千户洪双寿入宫敦促太皇太后派宰相前来谈判。临安笼罩在恐怖的氛围中，谢道清诏谕文天祥启程，文天祥认为丞相前去请降是极大的耻辱，又不能不去，便不受右丞相相印，只以资政殿学士身份前往。

正月二十日，文天祥出使元营，与伯颜唇枪舌剑进行辩论，伯颜见文天祥态度不好，知道他怀有异志，便将他扣留。第二天，宋朝只好再次派出使团，并且宰辅悉数在列，他们是左丞相吴坚、刚接替文天祥的右丞相贾余庆、同知枢密院事谢堂、签书枢密院事家铉翁、同签书枢密院事刘岊、兵部尚书吕师孟、内官邓惟善等，向伯颜递交了降表，还有太皇太后下令各地投降的手诏，以及三省、枢密院各宰执大臣的劝降檄文，请伯颜审核。

自此，元人即可自由出入临安，临安事实上已不再属于宋朝。当然，伯颜约束士卒非令不得入城，不得杀戮抢掠，并发榜安抚百姓，告示无须惊扰，于是市井熙然，秋毫无犯。二十四日，伯颜率诸将到钱塘江观潮，二十六日登狮子峰，观察杭州形胜，宋宗室、大臣以及官属前来拜见陪同，晚上则回湖州居住。忠诚于宋朝的民众天真地希望大潮将元兵卷入江中，然而那几天，偏偏潮信不至，真让人感叹天意归元。

自古君主投降，都有一套复杂的投降仪式。正式仪式应该在元朝都城进行，降君祭拜新主宗庙。临安也要有一个象征性的仪式，表示旧王朝的完结和降君的臣服。伯颜乃低调稳健之人，并不太注重形式，他自己和重要将领并未参加临安受降仪式，只派使者监督。二月初五，赵㬎带着文武百官到祥曦殿朝着元大都的方向跪拜，乞求成为大元藩属，南宋的正式统治就此宣告结束。

汪元量有诗曰：

殿上群臣默不言，伯颜丞相趣降笺。

三宫共在珠帘下，万骑虬须绕殿前。

殿上是沉默无奈的臣子，殿前是刀剑森森的元兵，珠帘里是丧国无依的三宫。

法理意义上的南宋，就这样灭亡了。

## "满朝朱紫尽降臣"

南宋既然不复存在，成立新政府具有象征意义。伯颜宣读忽必烈诏书，废除临安的都城地位，设大都督府管理两浙地区，任命忙兀台、范文虎治都督府事。

临安作为南宋的旧都城依然隐含着许多不稳定因素，怀念南宋政权的一定大有人在，不愿投降的大臣军将也不乏其人。伯颜不敢大意，加强临安及周边军事部署，防止宋军卷土重来。他先遣散了临安的宋军，将南宋马步军殿司及诸司兵众分散到元军中；文天祥招募的二万多义兵，令各归乡里，还给开具了归乡证明，士兵们欢悦而归。在临安城西、北及西湖、钱塘门、宋氏宫城都派兵守护，临安周边如湖州、建德、婺州、衢州、富阳、盐官、德清派重兵把守，将四周与临安完全隔开。这样做的好处是南宋未降地区难以与旧朝臣联络，各地群龙无首，成为孤军，更容易被降服。从驻守临安的种种举措可见，伯颜确实是谨慎缜密之将。

接下来便是具体的政权交接，派董文炳、张弘范等封库府，统计临安军民钱粮数字，收史馆、礼寺图书及百司符印、告敕，解散原有的官府及侍卫军。二月十一日派人到宫中整理接收皇帝的衮冕、圭璧、符玺、车辂、辇乘、麾杖等皇权的象征符号，以及宫中图书、宝玩、账册等珍贵物品；三月二日又派人到赵氏祖庙中将礼器、祭器、乐器、仪仗等一一造册，把能够收缴的运到船上，到时候随大军运往上都或者大都。办理这些事情的都是南宋旧臣，他们既熟悉情况，可以做到收缴工作准确无误，有条不紊；又顾忌原主人，不至于造成毁坏或者哄抢。伯颜这样安排可谓用心良苦。

期间，令人到宫中取太皇太后的手诏，以及三省、枢密院各宰执大臣的檄文，以便派人到尚未归降的地区诏谕投降，接收政权。端明殿学士、签书枢密院事家铉翁拒不配合，不在檄文上签名，元使想要逮捕他，家铉翁说："没有在中书省绑缚执政大臣的道理，我在家里等你们。"

早在三军会师时，伯颜就严令诸军不得抄掠人口，侵夺财产，焚烧民居。宋廷投降后，禁止军队入城，违者军法处置。他先派遣吕文焕持黄榜公告诏谕宋朝原有的军队和官吏一切如故，严禁乘政权交接之际杀掠、扰乱民众，破坏公共私人财物。交接完毕，元军入城，更是严明纪律，做到井然有序，没有发生征服者常有的烧杀抢掠等欺凌事件。元军又令临安城家家户户在门前张贴家族全部成员名单，禁止夜间外出，确保特殊时期社会稳定和治安良好。应当说，蒙古人接手临安，与历次改朝换代相比，温和、平静，史书中除了记录数百名宫女跳水自杀，一名太学生以全家赴死殉国外，没有其他血腥的记载。忽必烈为此还特意对南宋官员、军卒、士民发布诏谕，对能够想到的方方面面进行了严格的规定："尔等各守职业，其勿妄生疑畏。凡归附前犯罪，悉从原免；公私通欠，不得征理。应抗拒王师及逃亡啸聚者，并赦其罪。百官有司、诸王邸第、三学、寺、监、秘省、史馆及禁卫诸司，各宜安居。"忽必烈诏谕还明确不准拆毁历史遗迹和名胜景致，不准损毁图书典籍和文化器具，并且特别对鳏寡孤独人士表示关怀和扶助。

正如汪元量所说：

> 衣冠不改只如先，关会通行满市廛。
> 北客南人成买卖，京师依旧使铜钱。

这一切安排妥当，伯颜才于三月初二从容进入临安城，"建大将旗鼓"，标志着元军正式占领临安。初四伯颜在宋三省内大宴诸将和宋朝降臣，以庆祝胜利。

对于元朝来说，夺取临安、宋室投降确实是值得庆祝的胜利，从法理和朝代更替逻辑上讲，南宋王朝至此正式灭亡。但或许学者们都有汉族情结，传统史学将先行逃出临安的赵昰和赵昺作为赵氏社稷的延续，让南宋的历史又延长至1279年。

汪元量无限伤悲地吟咏宋亡：

> 伯颜丞相吕将军，收了江南不杀人。
> 昨日太皇请茶饭，满朝朱紫尽降臣。

而伯颜当然是另一番心情，欣然作《喜春来》：

> 金鱼玉带罗襕扣，皂盖朱幡列五侯，山河判断在俺笔尖头。得意秋，分破帝王忧。

临安投降，宋皇帝有降表，谢太后有手谕，三省有檄文，要求全国各地归顺元朝。伯颜派张弘范、孟祺、程鹏飞等人，拿着这些文本到各州郡招降，接收政权。

他们首先招降的是驻守庐州的淮西安抚制置使夏贵。夏贵的亲舅和女婿都已降了元，这是有利因素，伯颜派他们去说服夏贵。其实，就在伯颜逼迫临安时，阿术在江北派万户昂吉尔驻军和州，准备攻打庐州。夏贵赶忙向伯颜写信说："愿勿费兵力攻边城，行都若下，边城焉往！"行都即临安，南宋依然以开封为都城，把临安作为临时驻跸处，因此为行都。边城指庐州。大意是，您打下临安，我自然就跟着投降了，您就不要劳费兵力了。其间宋廷征夏贵入卫，夏贵按兵不动。这次伯颜招降，夏贵立即将淮西三府六州三十六县奉于元朝。

夏贵的家童，跟着夏贵有些苦劳，被夏贵举荐知镇巢军（今安徽巢湖），从属于庐州。洪福不听夏贵招呼，拒不投降。夏贵派洪福的侄子去谕降，洪福杀了侄子，表示决不妥协的态度。阿术派兵攻城，洪福坚守不出。夏贵与元军一起设计，元军埋伏于后，夏贵独自来到城下，要单骑入城与洪福对话。洪福信以为真，打开了城门。后面的元军伏兵一拥而上，夺门而入，活捉了洪福父子，对镇巢军进行屠城。夏贵亲自监斩洪福并残忍地杀害了他全家。洪福的儿子哀告："法只诛杀首谋者，为什么要把一家人都杀了？"洪福斥责他："以一命报宋朝，何至告人求活耶？"等到杀洪福的时候，洪福大骂不止，骂夏贵背主求荣，请求南向而死，以表明决不背叛国家的忠心。

知建德府（今浙江建德市）即对贾似道"痛打落水狗"的方回，攻击贾似道时一副忠君爱民、忧心社稷之态，慷慨激昂地表示要将抗元斗争进行到底，誓死保卫家园。但当元将提兵五千到建德府晓谕招降时，府内官吏怎么也找不到他了，人们以为他一定践行誓言，找地方自戕殉国了。谁知他竟出城三十里外前去迎降。当听到新封的职务为元建德路总管时，方回抑制不住欣然自得的心情，带着蒙古人的帽子，穿着游牧民族的毡毛大衣，得意扬扬地跨马同两位元将一起回城。当然，国已亡，郡守降，本无可厚非，方回在自己的著作中也辩解说"惟恐有如常州之难"，同郡中官吏军民商议后作出了归附的决定。但其前倨后恭的表现着实令人大跌眼镜。

元军还招降了婺州、衢州、台州、徽州、绍兴府等地。知绍兴府的福王赵与芮与皇室血脉最近，心中忐忑，致书伯颜，询问投降后的待遇，"其辞恳切"。伯颜回信道："太后、幼主及百官都已归附，咱们是一家人了，福王不要有疑虑，赶紧来吧，来共同商议大事。" 伯颜专门派使者到绍兴请福王，就这样，福王也投降了元朝。据《元史》记载，到临安后，赵与芮以重宝贿赂诸位贵人，只有董文炳辞而不受。后来元军登记赵与芮的家产，发现了他的送礼名单，为此忽必烈专门表扬了董文炳。

当然，江东也不乏骨气之人。谢枋得是一位大诗人、大学者，是一位书生气很重的爱国者。他与吕师夔私交甚笃，吕文焕投降后，谢枋得认为吕师夔与其叔不同，不可能怀有二心，上书为吕师夔辩解。即便吕师夔已经降元，他仍不相信，执意要到江州面见吕文焕、吕师夔，澄清此事。朝廷批准了他，不过他到江州时，吕氏叔侄已经动身北上，并没有见到二人，无功而返。

谢太后决定投降，吕师夔带兵负责平定江东地，攻击不愿投降的州县。时谢枋得任江东提刑、江西招谕使、知信州，吕师夔派人征调衣服和粮食，谢枋得发通告说："信州米留供太皇太后和皇帝御膳，信州绢留供太皇太后和皇帝御衣，平生朋友，遂尔睽离，一旦相逢，惟有厮杀。"吕师夔大怒，带兵征讨，谢枋得起兵迎战。两军刚一接触，吕师夔一箭射了过来，险些射中谢枋得的坐骑。谢枋得败走安仁，调部将张孝忠出城作战，张孝忠挥舞双刀冲入敌阵，杀敌百余人，勇不可当。但毕竟寡不敌众，在元军前后夹击下，中流矢而死。谢枋得看见张孝忠坐骑跑了回来，上面却没了主人，知道张孝忠已死。谢枋得守不住安仁，也守不住信州，便丢下妻子，背着母亲逃亡了。他逃到建宁府（今福建建瓯市）唐石山（今属福建建阳），每天向着东方痛哭流涕。人们不认识他，都以为他是个精神病。

谢枋得衣食无靠，便在建阳市中算卦为生，只收米面、鞋子、柴火这些日常用品，不要钱。后来人们知道他就是抗元失败的大学者，纷纷请他到家里教授子弟。

天下安定后，谢枋得始终隐居建阳不肯仕元，福建行省参政魏天佑强行将他带往大都，谢枋得绝食而死。

若不能战死沙场，至少不仕新朝，这就是士大夫的气节。

## 北　上

占领临安后，伯颜面临的一个棘手问题是如何处置皇室人员。他深知功高主忌的道理，不该做主的事情决不擅自做出决定，把最后的裁决权交给皇帝忽必烈。进入临安后，谢太后和小皇帝要拜见伯颜，伯颜坚决地回绝了："未入朝，无相见之礼。"他回到瓜洲，派人将宋国玺送到元大都，请示后面的事如何处置。二月二十四日接到忽必烈诏书："朕闻自古降王必有朝觐之礼，已遣使特往迎致。"就是说，要把南宋皇帝和皇室人员送往元都。

三月十二日清晨，元将阿达海、张惠、阿剌罕、董文炳等进入宋皇宫，向太皇太后谢氏、皇太后全氏、幼主赵㬎宣谕忽必烈诏书，让宋宗室启程赴北。忽必烈特意恩免了"系颈牵羊之礼"。北方民族有一个侮辱性非常强的受降仪式，那就是"牵羊礼"。北宋灭亡后，金人将宋徽宗、宋钦宗掳到金上京，金人扒掉二帝、二后的外衣，其他妃嫔、皇子、帝姬（公主）、宗室、随从臣僚则全部扒去上衣，裸露肢体，为他们披上羊皮，手里拿着一根羊皮绳，这样他们就变成了一只只待宰的"羔羊"。接下来，金人牵着他们手中的羊皮绳，将他们牵到幔帐搭建的大殿上，按照胡人的方式向金朝宗庙跪拜。

忽必烈敕令免去南宋君臣"系颈牵羊之礼"，太后全氏感激不尽，搀扶着赵㬎说："因为天子圣明慈祥你才得以活命，应当拜谢。"行礼完毕，赵㬎与全太后肩舆出宫。而太皇太后谢氏年老多病，屡次托人向伯颜求情，伯颜说："既不能起，留之无碍。"暂时还留在宫内。

名义上是南宋皇室赴阙，实际上并不仅限于皇帝、太后几个人，随行的是一个庞大的队伍。伯颜将他们分成二批，不同时间依次而行。

第一批早在二月即已出发。二月初六，伯颜以南宋几位重要大臣吴坚、贾余庆、刘岊、谢堂、家铉翁等为祈请使，诣元大都。所谓祈请使，就是请求投降的使者。吴坚时六十四岁，以年老多病为由辞免，得到了伯颜的准许。

二月初九，祈请使准备上船，吴坚前来送行，伯颜突然反悔，派人传达命令，吴坚必须一同前往。伯颜还担心文天祥在南方作乱，成为不安定因素，也将文天祥强行带走。吴坚一路哭哭啼啼，一夜没有息声。但几人哭泣几人窃幸，第二天谢堂被遣返回来，没有跟随祈请使北上，据说是贿赂了北人的缘故。

祈请使由宰辅充任，同行还有许多事务官，包括：奉表献玺纳土官二人，日记官二人，书状官五人，掌管礼物通事官二人，提举礼物官三人，掌仪官一人。此外主要官员的属吏五十四员；随行人二百四十员；扛抬礼物的将兵三千员。

元军跟随有馆伴人员，名义上是负责接待、照顾祈请使，其实就是押解。馆伴使为伯颜身边的贴差、万户特穆尔和阿术身边的贴差焦愈相。馆伴人数不详，从他们的行迹推断，应不下万人，其实就是一支战斗力强悍的军队。

尽管山河破碎，连自身都流离失所，祈请使成员还是不忘自己的荣华富贵。除文天祥外，其余四人商议，共同向元朝上表乞封三代妻属，还为其他跟从的官员争取三代封赠，得到了元朝的准许。

祈请团行走的路线大抵是：平江、无锡、常州、丹阳、镇江、瓜洲、扬州、天长县（今安徽天长市）、宝应军（今江苏宝应县）、招信军（今江苏盱眙县）、宿迁县、邳州、淮阴、徐州、沛县、济州（今山东巨野县）、陵州（今山东德州陵城区）、青州、武清县、漳阴县（今北京市通州区潞县镇）、大兴县，闰三月初十日抵达元大都。路上走了整整九十天。

他们船次瓜洲时，狂风大作，雨雪交加，无法前行，只好又返回镇江，等雪停天霁继续行进。第二次宿镇江时，文天祥在部属的帮助下，竟成功逃脱。

扬州之南，祈请使到处能看到战争带来的凋敝和灾祸：农田撂荒无人耕种，枯黄的野草像乱絮伏在地上；村落破败，民居荒芜，房屋被烧焦，几乎看不见一个人影；被炮火轰炸，许多城墙成了断壁颓垣；兵祸之下，尸横遍野，陆地上白骨堆积成山，水流里尸体堵塞河道，人间惨象，目不忍睹。

扬州还有李庭芝的部队，与元军成犬牙交错之势，大致是宋军守于城，元军居于野。宋军对祈请使队伍构成了极大的威胁。

三月初三午时，祈请团刚过湾头，扬州都统姜才突然率军杀出，士气百倍，势不可当，元军胁迫祈请团边战边退，躲过了姜才的进攻。

过邵阳镇，元淮东都元帅博罗欢和左副都元帅阿里伯在元军寨堡里宰马设酒，招待使团。中午时分，姜才再次从扬州北门杀出，直扑寨堡而来。博罗欢慌忙迎战，相持半日，双方伤亡都不少。在博罗欢掩护之下，祈请团向后撤退，路上碰到一个小兵，得知淮西夏贵已经投降了元朝，这才松了口气。

初八，过招信军，忽然看见前面旌旗云拥，听见炮声连天，原来是宋朝知淮安州许文德杀来，一时间箭矢如雨，护送元军伤亡不少。特穆尔组织部队反击，一直战斗到傍晚，才将宋军击退。

由于局势动荡不安，祈请团一路生活苦乐不均。有时候住在船上，有时候宿在荒屋中，有时候甚至只能睡在草地上。比如三月初六晚上在天长河边扎营，河里漂浮着已经腐烂的尸体，散发出阵阵恶臭，让祈请使们吃不进饭，睡不着觉。

渡过淮河，进入元朝地界，他们的处境改善多了。古人的身份意识根深蒂固，祈请使曾贵为宰辅，即便现在成为降臣，元人也不会十分轻视。每到一个地方，当地官员都会盛情招待，既招待特穆尔、焦愈相，也招待祈请使。在邳州，虽然祈请团没有进城，但州守离城远迎，在城外宴请众人，还带来了乐队佐餐。官员们在草庐吃饭，乐官在草庐外演奏。

中原多汉人，虽然已属外邦一百五十年，但人们对同一民族有着天然的亲近。祈请团行驶到汉高祖故里沛县时，民众听说宋朝宰相来了，纷纷到家门口焚香迎拜。

闰三月初十日，祈请团到达大都。但此时大都还在营建当中，他们歇脚在旧城燕京。他们从阳春门进入燕京，有大批艺妓载歌载舞欢迎他们。其实与其说欢迎祈请团，不如说欢迎凯旋的元军。

祈请团被安排在会同馆，元人对他们照顾得周到尽心，拨付专人料理他们的生活，每日殷勤问候，包括饭菜是否可口，住宿是否舒服，等等。在燕京，他们还碰到了同样要去觐见忽必烈的宋降将夏贵。

快到燕京时，贾余庆染病，十四日就去世了。元人将他就地安葬，永远歇息在了辽、金、元三朝"蛮人"驻守的地方。

大都并不是祈请团的目的地，因为忽必烈此时在上都，他们还要赶往上都。此时伯颜也在赶来的路上，让人传来消息，以太后和宋幼帝为首的第二批人员已经从临安启程，让他们就地等候旧主，然后统一规划接下来的行程。

第二批包括宋主赵㬎、太后全氏、度宗母亲隆国夫人黄氏、福王赵与芮、沂王赵乃猷、驸马都尉杨镇、参知政事高应松等宗室、官僚数千人，知枢密院事谢堂这次未能幸免。君臣人数不少，动用了大小九十三辆车。此外还有大批宫女、内侍、乐官等，听说要被掳去北国，一百多名宫女跳水自杀。

忽必烈在张德辉、姚枢、吴澄、许衡等大儒的影响下，非常重视文治，曾下诏兴修孔庙，支持印刷儒家经籍的注释本。郝经评论忽必烈说：

"今主上应期开运，资赋英明，喜衣冠，崇礼乐，乐贤下士。"《元史》称："世祖度量弘广，知人善任使，信用儒术，用能以夏变夷，立经陈纪，所以为一代之制者，规模宏远矣。"既重儒学和儒生，忽必烈还关注了一个特殊群体，那就是三学学生。读书人虽成事不足，但有强大的号召力、鼓动性，留在江南终究是个隐患，不如让他们为我所用。忽必烈要把太学整体搬迁到新的帝国首都——大都，特别"恩准"原来在临安就读的三学学生"转学"到大都的新太学，所以宋幼主这一批人中，还有数百名三学学生。

学生们大多不愿随同北上，听到消息，急急逃亡，官府就强迫太学的仆役们上街指认学生，学生稍加反抗即棍棒加身。汪元量《江上》一诗写道：

> 太学诸斋拣秀才，出门何处是金台。
> 楝花风紧子规急，杨柳烟昏黄鸟哀。
> 潮落潮生天外去，人歌人哭水边来。
> 推篷坐对吴山月，几度关门击柝回。

他另一首《醉歌》：

> 北师要讨撒花银，官府行移遍市民。
> 丞相伯颜犹有语，学中要拣秀才人。

从汪元量诗来看，除了到处抓捕读书人，元军士兵还有抢掠财物的行为。

太学生徐应镳不愿北上，带着他的两个儿子徐琦、徐崧，女儿徐元娘自杀。

临安的太学原是岳飞的府邸，学校里一直保存有岳飞的祠堂。自杀前，徐应镳带上酒肉祭祀岳飞，说："天不祚宋，社稷为墟，应镳发誓不与诸生北上，愿意死在您的祠下，与您的英灵世代相伴。"祭祀完毕，把酒肉分给仆人，等他们喝醉了，徐应镳和子女们爬上云楼，纵火自焚。一个小仆人喝酒比较少，看见火光，开窗查看，见他们父子坐在火中，一动不动，俨然如庙里的塑像一般。小仆人赶紧呼叫，救下了徐应镳父子。徐应镳丝毫不感激，怏怏出走，不知去向。第二天，人们在岳飞祠堂前的井中发现了四人的尸体，将他们收敛埋葬在西湖边上。

三月十二日幼帝和全太后出宫后，当天即开始了北上行程。晚上住宿在临安城外北新桥。汪元量有诗道：

> 谢了天恩出内门，驾前喝道上将军。
>
> 白旄黄钺分行立，一点猩红似幼君。

押解他们的元军还没收了他们随身携带的珠宝玉器。

幼帝、太后这群人，途中待遇还比不上祈请使。其中最惨的就是贫困学子了。学生们缺衣少食，不断有人倒毙途中，抛尸野外，到达大都的只有四十六人。并且他们途中滞留，比两宫要晚一个多月才到达。

## 朝拜元廷

闰三月二十一日，伯颜到达燕京；二十四日，幼帝和全太后也到了，他们与祈请使一样住在会同馆。

在伯颜的安排下，四月十二日祈请使先离开燕京，赴元上都。幼帝、全太后等一行三天后启程。宫中一部分人和太学生则留在了燕京。

上都在燕京正北。出了燕京，景象与中原、江南大不相同，满眼苍茫，步步黄沙，走起来格外艰难。过了云州，又是峭壁对峙，峰峦险要。这里之前居住的多为汉人，驿站接待也是汉人，称为"汉儿站"。过了独石站，是漫无际涯的草原，看不见房屋瓦舍，只有一望无际的草原和偶然可见的幪帐毡房。驿站接待他们的皆是鞑靼人，称"鞑靼站"。鞑靼是蒙古的一部，他们吃牛乳、羊酪，少吃饭，饥则食肉，这大概让祈请使很不习惯，也因此给他们留下了深刻的印象。

到了京亭站，这里干旱缺水，周边没有人家，打水要到十里外，燃烧不用柴火用马粪，这些来自江南的使者闻所未闻。

燕京到上都行程八百里，祈请使只走了十天，二十二日即到。上都海拔 1200 米以上，比临安和燕京高一千多米，井深达数十丈。这里冬天极其寒冷，最冷时零下 30 多摄氏度，有时从井中汲水，竟能汲出冰块。这里四季常有雨雪，积雪到四月才消。牧人掘地数丈，居住在地窖里，上面盖木板，木板上铺厚厚的茅草，这就是他们的房子。也有的掘地比较浅，只有三四尺深，不过四周要围上土墙。冬天，人们不敢轻易开门，否则严寒能冻死牛羊，冻裂人的脸和耳鼻。这里空气稀薄，云层浅，夜观星辰，比中原和江南大了许多，明亮耀眼。

大蒙古国的首都原在和林，故址即今蒙古国中部鄂尔浑河上游。忽必烈总领漠南汉地期间，把幕府移到上都这个地方，营建新城，名开平府（今内蒙古多伦县西北）。1263 年击败阿里不哥后，升开平府为上都，成为政治中心。1273 年又在燕京一旁建大都，实行一国两都制，大都为正式都城，上都为陪都，皇室夏天经常到这里避暑。

元上都由宫城、皇城、外城和关厢组成。宫城是皇帝和后宫居住和日常活动的地方，面积很小，据现在保存的元上都遗址，宫城东西宽只有五百七十米，南北长六百二十米，内部的宫殿三十余处。宫城开三个门，南门为御天门，东门为东华门，西门为西华门。

宫城之外是皇城，边长也只有一千四百米。皇城是中央机构办公的地方，也是宗教聚集场所，有以孔庙为代表的儒教，以大龙光华严寺为代表的喇嘛教，以乾元寺为代表的佛教，还有道观和清真寺。皇帝每年夏季在上都时，全国各教派的宗教领袖也会齐聚上都。

皇城在整个上都的东南角，南门叫明德门，祈请使就是从明德门进入城中，宿在皇城。皇城之外为外城。外城亦建有失腊斡尔朵即金顶大帐和行宫，忽必烈会在这里举行典礼，召集议事。

二十八日，幼帝和太后一行也到了上都。

按照元朝的安排，五月初一日进行正式的受降仪式，因为这一天是月旦日，通常会安排一些重大事项。

比起金对北宋，元对南宋的投降仪式要温和得多。

北宋徽、钦二宗，在金上京，率领三十多位皇子、一千三百多名后妃女眷参加受降仪式，数千名金兵气势汹汹地扒掉二帝、二后的外衣，其他人则全部扒去上衣，裸露肢体，然后为他们披上羊皮，手里拿着一根羊皮绳，这样他们就变成了一只只待宰"羔羊"。接下来，金人牵着他们手中的羊皮绳，将他们牵到幔帐搭建的大殿上，殿上陈列着珍宝玉器，乐队演奏着金国风格的音乐。金太宗率领后妃、大臣按照胡人的方式跪拜宗庙，向祖宗宣告灭亡北宋、俘虏宋帝的"喜讯"。徽宗、钦宗以及二后跟着跪拜。敬拜过宗庙，金太宗来到乾元殿，妻妾、臣子侍立两侧，金兵逼二帝跪在下面，听金主宣诏，封徽宗为昏德公。

南宋两宫和君臣，有幸免去了"系颈牵羊之礼"。

早上，众人出西门五里外，来到一块草地上。幼帝、太后、福王、隆国夫人和宦官们在前站成一队，吴坚、谢堂、家铉翁、刘岊等大臣们站第二队。队列北边放置一个紫色锦织的屏风，叫罘罳，上面画着元主的家庙。众人对着罘罳两拜，其中幼帝、太后及宫人用蒙古方式跪拜，大臣们仍用汉礼。一名元朝礼仪官在罘罳前说着祭语，宋人一句也听不懂。

第二天要拜见忽必烈。依然是一大早，宋朝一班人出南门十余里，又来到一片草地上，这里是忽必烈的行宫。行宫殿宇宏丽，金碧辉煌。宋朝君臣跪于殿下，前面铺设一百多桌的金银玉帛，是送给忽必烈的见面礼。

忽必烈和皇后察必坐在殿宇之中，诸王列坐两侧。太后、幼帝、宰执依次上前朝拜，然后恭恭敬敬地站在大殿之下。他们和在南宋一样，等级高的穿着紫色的朝服，系着金腰带；级别低的穿着绿色的朝服，按顺序站列。

礼毕，忽必烈徐开金口："不要改变服色，只依宋朝甚好。"他声音低沉，在宋朝君臣耳中确如洪钟一般，每一个字都敲击在心脏之上。

幼帝赵㬎虽是亡国之君，但毕竟身份尊贵，忽必烈依然为他保留了爵位，封为瀛国公，封福王赵与芮为平原郡公。

中午，忽必烈还留他们一起吃了饭。

宋朝灭亡，蒙古人欢欣鼓舞，只有察必皇后面带忧色。忽必烈问她："我今平江南，自此不用兵甲，众人皆喜，尔独不乐，何耶？"察必皇后跪奏道："妾闻自古无千岁之国，毋使吾子孙及此，则幸矣。"——没有哪个朝代能逃出兴衰治乱的周期率，所以也没有必要嘲笑前朝的灭亡。察必皇后是个有智慧的女人。

忽必烈似乎很认真地思索着南宋亡国之因，时吴坚已六十四岁，他问吴坚这么老了，怎么能担负起宰相重任，吴坚倒也实在，一脸苦笑："宰相陈宜中跑了，朝中没剩几个大臣，实在找不到人，也没人愿做这个宰相，只好临时拉老臣充数。"吴坚还趁机向忽必烈求情："念臣衰老，乞归田里。"忽必烈没有答应。

不久，太皇太后谢道清也被人抬到了元大都，随从有七十多人，其中就包括宫廷琴师、诗人汪元量。汪元量，字大有，号水云，在宋元鼎革之际，写了大量反映重大历史事件和时代特点的诗作，被誉为"诗史"，有唐代杜甫遗韵。太皇太后过扬州，扬州旧称江都，汪元量写道：

> 太皇太后过江都，遥指淮山似画图。
> 抛却故家风雨外，夜来归梦绕西湖。

在徐州，元朝官员在黄楼宴请太皇太后一行。黄楼为北宋著名文学家苏轼所建，是文人雅士崇敬和向往的地方，汪元量怎能不感慨万端？写道：

> 徐州城上觅黄楼，四壁诗章读不休。
>
> 更欲登台看戏马，州官携酒共嬉游。

从这些诗来看，谢太后一路受到的待遇还不错。

谢太后七十多名随从中，大部分是宫女，她们基本没有宫外生活经验，加上体质孱弱，很难忍受一路颠簸之苦。汪元量把眼光投向这些可怜的女孩子，用笔墨表现她们的凄惨遭遇，如："宫娥抱膝船窗坐，红泪千行湿绣衣。""风雨凄凄能自遣，三三五五坐弹棋。""心似乱丝眠不得，江楼中夜咽悲筋。""宫女不眠开眼坐，更听人唱哭襄阳。"这些宫女们，后来大多嫁给了元朝的工匠。

谢太后行程目标是元大都，不久瀛国公赵㬎、全太后及宰执大臣也遣回大都，之后他们生活于此，大多老死于此。

## 青灯古佛了残生

同样有亡国之恨的李煜《破阵子》词云："一旦归为臣虏，沈腰潘鬓消磨。"失去了权势和奢华，还可以老老实实作一个清闲无欲的贵族，亡国皇室的日子倒也平静。不过，厓山之后，南方的残余势力被彻底消除干净，居住在大都的皇室成员反而生出了波澜。

最先遭遇不幸的是宋度宗嫔妃朱氏。有人看上了朱氏的美貌，要娶她，派人通知她梳妆打扮，作好准备。朱氏寄人篱下，不能主宰自己的命运，选择了自杀。第二天男方敲锣打鼓前来迎娶，发现美人已没，只留下一幅纸书："向之未死者，以太后犹在，今事至此，岂复自辱？欲全节以见度宗于地下。"朱氏有个侍女，也跟随主人香消玉殒。

元末明初陶宗仪《南村辍耕录》也记述了此事，细节略有不同。陶宗仪记载自缢的有两位嫔妃，一个朱氏，在宋封安康夫人；另一个陈氏，在宋封安定夫人。死后，忽必烈下令将她们的头割下来，悬挂在全太后的房前。

忽必烈用这种方式恐吓全太后，可能希望全太后死节，毕竟全太后是瀛国公之外，最具象征意义的宋朝人物。

全太后在大都水土不服，察必皇后有仁慈心，多次奏请忽必烈准许全太后还居江南，忽必烈斥她为妇人之仁："你们妇人没有深谋远虑，如果让她南还，一旦有流言蜚语，会杀了他们全家，这不是爱她是害她。你若真的可怜她，多加抚恤，使她心安最好。"察必皇后虽未能还她自由，但"益厚待之"。

全太后还很年轻，忽必烈对她政治上的疑虑让她缺乏安全感，又不愿自尽，最后她选择了出家。据《佛祖历代通载》载："全后为尼正智寺。"到正智寺做了尼姑，与青灯古佛为伴。

至于幼帝赵㬎，忽必烈担心汉人会打着他的旗号造反，1282年，将他送往上都这个苦寒之地，那年他还是个十二岁的孩子。

元朝虽然灭亡了南宋，但始终无法收拾民心，正如大臣所言："江南归附十年，盗贼迄今未靖者，宜降旨立限招捕。"十年了仍然不能让社会安定。越是这样，元朝对赵㬎这位末代皇帝越不放心，1288年冬十月十四日，"赐瀛国公赵㬎钞百锭"，十天后，送他到吐蕃去学习佛法。那一年，赵㬎才十九岁。

由于算不上重要人物，元史对赵㬎的记载非常少。1291年十二月，元朝负责管理佛教事务的宣政院上书："宋全太后、瀛国公母子以（已）为僧尼，有地三百六十顷，乞如例免征其租。"由此可知，赵㬎也出家做了和尚。《佛祖历代通载》也记载："宋主以王位来归，学佛修行，帝大悦，命削发为僧宝焉。"

忽必烈之所以把全太后和赵㬎都安排出家，是因为出家人不理世俗之事，基本上等于社会性死亡，他们对于民众的号召力、影响力就小多了。

那么赵㬎出家的寺院在哪里？藏学大师王尧经过考证，得出结论：赵㬎赴吐蕃学习后就没有再回到大都，更没办法回到江南，他就在西藏萨迦大寺出了家，法名合尊法宝，曾任萨迦大寺总持。赵㬎精通藏文，从事佛经翻译工作，有《因明入正理论》《百法明门论》等译品传世。

元英宗朝，1323 年，赵㬎被赐死，起因是文字狱。赵㬎偶然写下一首诗，云："寄语林和靖，梅花几度开。黄金台下客，应是不归来。"林和靖即北宋林逋，长期隐居在杭州西湖，手植梅树数百棵。黄金台是战国燕王为招贤纳士所建，在燕京。诗中以林和靖代指杭州，以黄金台代指元大都，表达了思念故土之情。从诗的内容来看，应作于燕京，所以有人认为这首诗是汪元量南归时，赵㬎送别所作。不知为何，三十多年后，元英宗翻腾出这首旧诗，以赵㬎"意在讽动江南人心"为由，将赵㬎赐死。

至多到 1329 年，全太后也已不在人世。

此时宋朝已经灭亡五十年，他们的去世似乎抹去了宋朝最后的痕迹，但其实不然。

坊间有个最离奇的传说：元朝最后一位皇帝元顺帝是赵㬎的儿子！

元顺帝名妥懽帖睦尔，是元明宗的长子，1320 年生于察合台汗国境内。因 1320 年是庚申年，元顺帝又称庚申帝。

元末隐士权衡《庚申外史》：瀛国公赵㬎先在大都白塔寺出家，后奉诏居于甘州山寺。元朝赵王到西域游玩，路过该寺，见赵㬎年老孤独，可怜他，留下一位回族女子陪伴他。1320 年四月十六，回族女子生下一个男孩。恰巧元明宗从北方来，一大早起身赶路，远远望见寺庙上有龙文五彩之气，循着五彩气寻找到了赵㬎的居室。元明宗问："你这屋子里有什么宝贝呀？"赵㬎拿不出宝贝，想了想回答说："今早五更后，舍下生一男子。"元明宗大喜："我正想要个儿子。"于是把这个男孩和他的母亲都接走了。这个男孩就是后来的元顺帝。

到了明朝，关于瀛国公和元顺帝的故事有了新的发展。袁忠彻《符台外集》记述：忽必烈做了一个梦，梦见金龙缠绕在大殿的金柱上。第二天，赵㬎被掳来觐见，就站在那根金柱之下。忽必烈疑惑，跟谋臣商量，想要除去赵㬎。风声透露出来，赵㬎大惧，为了避祸，主动请求到西方寻求佛法，这才保住性命。在去西方的途中，拜谒周王即后来的元明宗，周王见赵㬎的妻子、穆斯林女子罕禄鲁氏非常漂亮，即强行占为己有。而此时罕禄鲁氏已有身孕，不久生下妥懽帖睦尔，即后来的元顺帝。

元明宗死后弟弟元文宗即位，有人把"真相"告诉了元文宗，元文宗明确下诏，晓谕朝臣妥懽帖睦尔不是元明宗的儿子。

袁忠彻还煞有介事地后续了个自己亲历的见闻：明成祖朱棣让他和画工徐英陪同观瞻宋朝帝王像，总结说："宋太祖以下，虽是胡羊鼻，但气象清瘦，像太医一样。"又让二人观瞻元朝帝王像，总结说："蒙古人吃羊肉，个个魁伟雄迈。"到元顺帝时，朱棣愣了好大一会儿，对二人说："只有这个人为什么长得也像太医？"

这些故事荒诞不经，时间线也对不上号，学界已公认其为伪。不过明清两代，宁可信其有，也不疑其无。何也？从民族情感上来讲，汉人很难接受所谓蛮夷政权的统治，他们怀念宋朝，就在元顺帝的身世上做文章，让天下重归于宋朝皇室后裔，如此聊以自慰，也算是国人"阿Q精神"的一种体现吧。到了清朝，如法炮制，传言乾隆是汉人之后，其心态如出一辙。

# 第六章  不屈的厓山

## 新政权

文天祥到皋亭山出使元营前为宋朝想到了后路，建议封皇帝的两个弟弟赵昰和赵昺镇守福建、两广。最初朝廷对政权还抱有幻想，未答应，后来形势紧迫，不得已封赵昰为益王，判福州，封赵昺为广王，判泉州，下令二王就藩，即允许他们离开临安，躲避到福建。由于二王年幼，两位母亲杨淑妃和俞充容跟随照料，他们的弟弟杨亮节和俞如圭主管王府事务，驸马都尉杨镇为护卫。

二王原本打算从海上逃走，无奈元军已经封锁了附近的出海通道，只好出临安南门嘉会门逃往婺州。先后出逃的还有宰相陈宜中，驻兵六和塔的张世杰不满朝廷不战而降，也率所领人马出走定海。元军不明就里，以为他们是一拨人马，下令追击，但波涛浩渺的钱塘江早已船去江空。元军十分重视二王的动向，一直没有停止打探他们的消息，也没有放弃对他们的追捕。1276 年二月，元军得知二王到了婺州，立即派范文虎前去招降。杨镇早一步得到消息，对二王说："我去与敌人周旋，延缓时间掩护你们逃走。"遂独身前往范文虎军营。

杨亮节背负着二王藏匿到深山中，整整七天不敢露面。后来统制张全带领数十名宋兵找到了他们，才辗转逃到温州，住在温州江心寺。

临安投降后，二王成为皇室的象征，一些不愿投降元朝的大臣克服重重困难来到温州，聚拢在二王旗帜下，试图组建新的政府。

闰三月，礼部侍郎陆秀夫、江淮讨贼使苏刘义来到温州，他们自感资望和力量都不足，便遣人到处寻找没有投降元军的朝廷故人。陈宜中躲藏在温州一个叫清澳的地方，陆秀夫、苏刘义亲自前去拜望，请他出面主持大局，共同致力于兴复宋室。张世杰带着军队在定海，听说二王到了温州，也赶了过来。这些人聚集在一起便有点像朝廷的样子了。他们拥戴赵昰为兵马大元帅，向天下发布檄文，号召各地忠义之士共襄王室，意图仿效赵构建立南宋故事，整合各路军马共同抗元。不久，谢太后派两名宦官带百余士兵传谕他们投降，陈宜中将这些人沉入江中，以示不屈。

因为温州渐渐接近前线，元帅府又迁移到赵昰的封地福州。国不可一日无主，陈宜中等人商议应早立凤阙，便拥戴赵昰即位，于五月初一正式称帝，改元景炎。景者大也，炎者盛也，新年号寄托着新朝廷的希望，那就是把赵宋基业复兴光大。赵昰去世后庙号端宗，又被称为景炎帝。

这年赵昰年仅八岁，无法理政，尊杨淑妃为皇太妃，垂帘听政。接着大封诸臣，封弟弟赵昺为卫王，陈宜中为左丞相兼枢密使、都督诸路军马，李庭芝遥领右丞相，张世杰为枢密副使，陆秀夫为直学士，苏刘义主管殿前司。

虽然是仓促之间组建的新朝廷，但完全仿效了朝廷旧有的样子。升福州为福安府，温州为瑞安府。将府衙里的房屋分别命名为垂拱殿、延和殿等。在北宋汴京皇城和南宋临安皇宫中，垂拱殿是皇帝日常听政的地方，延和殿是内殿、便殿，是同机要大臣议事的地方。

国家危难，新朝廷朝不保夕，还计较于办公场所的名称，从这样的小细节可以看出，陈宜中、陆秀夫等都是常规守成之人，非常时期缺乏非常魄力，难当非常之任。

赵昰即位有凝聚人心的作用，一些原本准备投降元朝的将领又回心转意，转而团结在新皇帝周围。

原江西制置使黄万石曾任福建漕使，归顺元朝后被派往福建当说客，汀州、建州都已经答应放弃抵抗，听到二王入闽，他们重又拿起武器，拒绝了黄万石的要求。南剑州守臣林起鳌派兵驱逐黄万石，粉碎了他继续为元军效力的图谋。

小朝廷传檄各地，企图收复江西和浙南的一些失地。吴浚从广昌发兵，收复了南丰、宜黄、宁都三个县，翟国秀收复了秀山（今江苏高淳区），赵潜收复了韶州（今广东韶关）、广州，陈奉收复了信州（今江西上饶），李珏收复了处州（今浙江丽水），傅卓军收复了衢州。

许多民间武装不愿忍受异族统治，揭竿而起，永康人章玹、朱暨兄弟招募数千人，在婺州起事；婺州兰溪人唐元章、唐良嗣叔侄击败了一队元军，进入严州。

就在形势有所好转的时候，流亡朝廷的内部起了纷争。文天祥从镇江逃脱，听说二王在温州，辗转入觐，被封右丞相兼知枢密院事，但却不为所容，朝廷把他派出去募兵。秀王赵与檡是皇室近支，不满外戚杨亮节擅权，多次与杨亮节唱对台戏，大多数朝臣和将领站在了杨亮节一边，赵与檡被排挤出朝，令其出守瑞安府（温州）。赵与檡一心想证明自己，八月率兵围攻婺州，刚好遇到董文炳增援，不敌而退。

以婺州之败为转折点，九月，元军展开大规模围剿行动。一路以唆都为将，率骑兵攻江西，一路以阿剌罕、董文炳为将，从明州南下攻浙南、福建。

江西战场上，宋军节节而败；浙南、福建一路也逐渐不支。十四日，董文炳围温州，赵与檡以三万兵众出城迎战，鏖战四十里，不敌元军，只好退守城中。城中有一叫李雄的小校夜里乘人们不备打开城门，元兵蜂拥而入，赵与檡率部下巷战，最后兵败被俘。董文炳威逼利诱赵与檡投降，赵与檡厉声道："我是国家近亲，力战而死是我的本分。"与手下一百八十多名将士皆被杀。

《元史》记载，董文炳从明州到台州到温州，军队纪律严明，禁止士兵踩踏庄稼，说："放在仓库里我们要食用它，长在田野里你们又要践踏它，让新得到的州县民众怎么活命？"当地人感激董文炳，不忍再兵戈相向。占领台州后，宋军已逃，一些元兵就大肆抓捕老百姓，董文炳下令："宋军占领台州，民众有什么罪？敢有不释放老百姓的，以军法论处！"攻打温州时，董文炳事先给军队"打预防针"："不要掠夺人口，不要劫掠财产。"宋军为了逃命，放火烧城，制造混乱，董文炳命人先救火，再追逃亡的宋将。于是"闽人扶老来迎，漳、泉、建宁、邵武诸郡皆送款来附"，"闽人感文炳德最深，庙而祀之"。

代福建制置使王积翁先是放弃南剑州逃回福州，又派人暗通元军，献上福建地图，愿意做福州的内应。在这种情况下，小朝廷在福州肯定是待不下去了，陈宜中、张世杰早就准备好了海船，于十一月十五日由东港登舟入海。是日大雾弥漫，站在这船上看不清临近船上的人，一行人慌不择日，顾不上那么多了，又开始了流亡生涯。这时流亡朝廷仍有正规军十七万，民兵三十多万。

对于张世杰不战而逃，文天祥认为是极大的失误。在文天祥看来，四十七万军队大可一战，此番逃亡动摇了各地抗元的信心，造成极其消极的影响，"天下事是以不可复为"，此后人们对南宋复兴不再抱有希望了。

文天祥是位爱国志士，也是位书生，判断形势想当然的成分比较多。事实上，福州无论战还是逃，南宋都不可能再有机会。

流亡朝廷的抵抗，只能用一句话去概括：但尽人事，了却遗憾而已。

元将唆都扫荡江西后，转而向东，竟捷足先登，比董文炳更先到达福州。十一月二十三日，福州守将和王积翁一同献城投降。

## 泉　州

流亡朝廷继续乘船向南，下一站是泉州。

泉州距福州四百里，这里有泉州湾，为晋江、洛阳江汇合入海的半封闭海湾，是天然的优质港口。

无论是北宋还是南宋，泉州相距于京师都显得偏远。但随着中原王朝海外贸易的拓展和增长，这里的重要性日益凸显。早在唐代，泉州与广州、扬州和交州并称四大贸易港。宋朝一改历代重农抑商政策，农商并重，商业繁荣。中央政府鼓励对外贸易，其中一项措施便是在重要港口设立官方贸易管理机构——市舶司。市舶司最早设立于北宋哲宗时期，它的责任是"掌蕃货、海舶、征榷、贸易之事，以来远人通远物"，职能比较接近于今天的海关。

南宋国土面积只有北宋的三分之二，但财政开支并未减少，所以对海洋贸易更加看重，宋高宗曾说："市舶之利最厚，若措置合宜，所得动以万计。"贸易港的地位大幅提升。南宋泉州港和广州港最为突出，泉州港离京城临安比较近，运输物资更为便捷，因此超过广州港成为第一贸易大港。当时外国商人来宋朝做生意，大多经泉州登陆，这里贾客蚁集，番货盈街，同一时刻停靠港口的大船多达百余艘，小船更是不计其数。1974 年，泉州湾出土一艘南宋古船，排水量达 120 吨以上，有学者甚至计算出其排水量高达 393.4 吨。从古船上还发现了阿拉伯半岛的乳香和非洲的龙涎香，由此判断这是一艘商船，来自阿拉伯半岛，航程 6800 海里，足见当时泉州之盛。

由于繁荣兴盛，泉州所在的福建路成为南宋朝廷的大后方，犹如北宋时江南之于汴京。京城一有风吹草动，皇室宗亲和士大夫即避难福建，有些还长期定居于此，南宋便把掌管皇室宗亲的宗正司设置在泉州。

泉州港是南宋对外贸易的重要港口，外国商船来泉州的多少，决定了政府在泉州港的财税收入，所以南宋政府千方百计招徕国外商户，而来泉州的商户以阿拉伯人最多，日本东洋史学者桑原骘藏说："从8世纪初至15世纪末，欧洲人来东洋之前，凡八百年间，执世界通商的牛耳者，厥为阿拉伯人。"时间长了，许多阿拉伯人定居在泉州，泉州成为名副其实的开放性国际城市。

为了招邀海外商人，南宋朝廷还出台优惠政策，给予海外商人很多便利和自主权。比如"治外法权"，只要足额缴纳各种款项，朝廷放宽贸易限制，地方政府不得干涉买卖形式和买卖内容；对于海外商船在沿岸行驶，市舶司专门派军舰跟从保护，对危害外商生命安全和财产安全的行为进行打击。还有很重要的一条，对为中外贸易作出贡献的国外友人，授予官职。1136年，明确规定："诸市舶纲首，能招诱舶舟，抽解物货，累价及五万贯、十万贯者，补官有差。"招商引资纳税总额达五万贯就能授予官职。是年八月，大食国商人蒲罗辛招来一船货，纳税三十万贯，诏补为承信郎。

除了招商引资，外国商人还有一种得官途径，那就是剿寇。

国人熟知明朝东南沿海倭寇为患，戚继光平倭用了二十年之久。其实，南宋时即有海寇出没于海上，专门打劫国外商船，烧杀抢掠，非常猖獗。

要保障贸易，剿寇至关重要。但是海寇行动迅捷，居无定所，来如风，去无影，连官府的正规水军都为之头疼。相对来说，民间是海寇的抢掠对象，他们自发组织的武装发现敌情更早，反应更快，官府便征调民间武装，奖励官民协作缉捕海寇。正是在与海寇的斗争中，阿拉伯商人蒲寿庚脱颖而出。据泉州地方史料记载，蒲寿庚祖上就在广州、泉州经商，是"阿裔"。宋度宗咸淳年间，蒲寿庚与他的兄长蒲寿峸来泉州做生意，多次击败海寇，有功，因此被任命为市舶司长官，官名为提举市舶使。

南宋提举市舶使属于高官，经常由路一级的提刑、提举茶事或者知州兼任。蒲寿庚在平定海寇中屡立奇功，居然得到提举市舶使这样一个重要实职岗位，一来说明他绝不是一般的商人，他具有雄厚的海外贸易实力和强大的私人武装，甚至在海外贸易，特别是阿拉伯贸易上处于垄断地位；二来说明南宋末年，财政状况非常糟糕，只要能收缴到足额的关税，谁担任相应的官职已经不重要了。

提举市舶使，总领海外贸易事务，蒲寿庚的势力更大了。也许是上缴关税多，也许是剿寇成绩更加突出，到了1275年，朝廷又任命蒲寿庚为闽广招抚使。招抚使在宋代属高级军职官员，统属区域大多以路为单位，是不折不扣的高级将领。

蒲寿庚结交广泛，曾任刑部尚书洪天锡、工部尚书刘克庄及先后几任泉州知州都是他的故交好友。

蒲寿庚的女婿等亲戚也是南蕃回族、泉州巨贾，可以说，蒲氏在泉州，早已形成了一个巨大的利益集团，他们有职，有权，有钱，又有军队，既走白道，又走黑道，成为泉州一手遮天、说一不二的地头蛇，权力远远大过当时的知州田子真。

流亡朝廷在泉州能不能立住脚，很大程度上取决于蒲寿庚。

蒲寿庚信奉伊斯兰教，不读孔孟，更不读程朱，不懂忠孝仁义那些道理，只讲利益，是个认钱不认人的主儿。其实蒲寿庚对南宋的印象还不错，毕竟这是个开明开放的王朝，不然也不会有那么多阿拉伯人不远万里来这里做生意。但泉州作为商贾大都，繁华胜地，不少王公贵族、皇室宗亲住在这里，平日里耀武扬威，飞扬跋扈，蒲寿庚对他们瞧着不顺眼，南宋强盛时不敢得罪他们，曲意奉承，得让且让，心里却憋着一肚子委屈和恼火。这种矛盾的心理，决定了蒲寿庚对赵昰流亡朝廷的态度也是矛盾的、摇摆的，当然最重要的是，作为商人领袖，蒲寿庚所有决策的目的必然是保全泉州港免遭兵火之祸，保障海外贸易正常进行，保护众多海外客商的利益。

事实上，元人在招降各地时，早已了解到蒲寿庚才是泉州的实际当家人，及时递来了橄榄枝。1276年二月，伯颜即遣人前来招降蒲寿庚、蒲寿峸兄弟。但是当时赵㬎刚刚投降，福建还是南宋的地盘，蒲寿庚不敢轻举妄动。

赵昰流亡朝廷的到来，对于蒲寿庚来说，是个选择难题，他颇有疑虑，犹豫着是接纳还是对抗。不过泉州城内那些皇室宗亲早已迫不及待地想要去迎接了。蒲寿庚经过思想斗争，认为同流亡朝廷合作能够增加自己的地位和分量，所以恭恭敬敬地前去觐谒赵昰，请求皇帝驻跸泉州。赵昰一个小孩子自然不知怎样选择，朝政还是陈宜中和张世杰说了算。如果答应蒲寿庚的请求，蒲寿庚不失为一个可以援引的力量，泉州或能成为一个避风港，能苟延残喘几年甚至几十年也未可知。但张世杰不同意，果断地拒绝了。究其原因，无非有三，一是从骨子里鄙视胡人，羞于与他们为伍；二是觉察到蒲寿庚不可靠，有可能降元；三是进了城，到了蒲寿庚的地盘，主随客便，张世杰本人说话的力度会大打折扣。有人劝张世杰："既然不愿与蒲寿庚合作，就把他扣留下来，免得生事。"但张世杰是直来直去硬碰硬的人，不是爱耍心眼的伪君子，还是把蒲寿庚放了回去。

蒲寿庚觉得小朝廷已是丧家之犬，还受到这样的轻慢，心里十分恼怒。但对方毕竟是朝廷，张世杰手中有兵，蒲寿庚惹不起，不好争辩什么。这事如果蒲寿庚忍一忍，张世杰就此路过南下，二者本可以相安无事，这一段插曲在历史中完全可以忽略不计。不过，朝廷穷蹇，人多船少，蒲寿庚那里却有很多大船巨轮，张世杰产生了觊觎之心，又不愿低头向蒲寿庚说好话，便带着军队强登蒲寿庚的船只，将上面的闲杂人等全部赶下来，只留下船工为朝廷服务，这船就算是朝廷的了。就这样，张世杰强征蒲寿庚四百多艘大船。

对于蒲寿庚来说，不但没有在流亡朝廷中分得一杯羹，还凭空损失了许多船只，如何不愤怒？好歹他已经在泉州盘踞经营了三十年。气急之下，将住在泉州的赵氏宗室、朝廷官兵全部杀掉，彻底与南宋决裂了。

听闻蒲寿庚大开杀戒，张世杰打算还以颜色，带兵清剿，陈宜中劝道："算了吧，元军将至，我们在这里盘桓下去未必是好事，不可因小失大。"于是扬帆起航过了泉州，就这样错过了一支抵御元军的有生力量。十二月，蒲寿庚与知泉州田子真向元军献城，元朝封蒲寿庚为福建行省中书左丞，相当于福建省的副丞相。

蒲寿庚降元，加速了南宋残余势力的灭亡。因为元朝水师尽管有了长足进步，自己制造并俘获了南宋大量船只，但这些船只大多在江河中行驶，海船很少。蒲寿庚有条件向元军提供大量海船，让漂泊于海上的二王无处可逃。

张世杰处理失当，是蒲寿庚降元的主要原因之一。从泉州事件可以看出，张世杰忠心有余，心胸狭窄，统一战线工作远逊元军。

## 流　亡

流亡朝廷继续从海上向西南流亡，目标是广州，先途经潮州，驻惠州陆丰甲子门，这时传来消息，广州及广东大部分地区已失陷于元军。

原来，1276 年二月临安投降后，广东经略使兼知广州徐直谅接到谢太后劝降诏书，遣部将到江西隆兴府（今南昌）向元军请降，元军派黄世雄前来接收广州。但元军未到，徐直谅得知赵昰在福建即位，改变了态度，派兵到石门（今广州西北三十里）拒敌。不过，徐直谅无法阻挡元军摧枯拉朽之势，石门阻击战很快失利，元军六月底占领广州。

东莞人熊飞招募义军赶赴福建勤王，走到半路遭遇元军黄世雄，不知元军底细，不敢硬碰硬，便投降了。其实黄世雄原本前来受降，带的兵马不多，能够收编熊飞义军，喜出望外，派熊飞守卫潮州、惠州二州，自己守广州。很快，熊飞得知元军并非自己想象的那样强大，立刻后悔了，再次打出反元的旗号，并与漂泊海上的流亡朝廷取得了联系，于九月攻入广州，还顺带收复了韶州。朝廷派赵溍前来经略广东，方兴为广东安抚使。但是，不到一个月，元军都元帅塔出、副都元帅吕师夔带领大部队杀过梅岭，进入广东，十月在南雄击败宋军，十一月围攻韶州，熊飞战败自杀，十二月赵溍逃离广州。1277年正月，循州、梅州、南恩州（今广东阳江）皆降元。

流亡朝廷若继续前行，意味着自投罗网。船队靠近广州不得入，到梅蔚（今广东东莞西南）南折，1277年四月，进驻香港九龙的官富场，这里天高地远，元军还没有触及，能够暂时获得喘息的机会，于是在这里建起了简陋的行宫。

这时，北方元境再次发生叛乱，给流亡朝廷以喘息的机会。

忽必烈虽然击败幼弟阿里不哥夺得汗位，但他的侄子们并未真心臣服，1276年秋，侄子脱脱木儿率先起兵，之后蒙哥之子昔里吉称帝，占领了吉利吉思（今属俄罗斯）等地，与忽必烈分庭抗礼。忽必烈被迫令伯颜挂帅平叛，将阿术、董文炳等得力干将调回了蒙古，流亡小朝廷和抗元武装承受的压力骤然减轻。

在这样的背景下，流亡朝廷驻跸官富场后，又进行了一系列军事行动，试图恢复失地。

1277年三月，文天祥从福建龙岩率军进入广东，收复了梅州；五月入江西，克会昌；六月取雩都（今江西于都）、兴国。四月，宋广东制置使张镇孙收复了广州；陈瓒占领了福建的兴化军（今福建仙游县东北）。湖南、淮西、浙东也掀起了轰轰烈烈的抗元复宋军事斗争。

张世杰一直对泉州蒲寿庚耿耿于怀，联合广东义军陈吊眼等回头攻打，先袭取潮州，又围攻泉州，然而三个多月不能攻克，却逼得蒲寿庚对泉州城内又一次清洗，把同情宋廷的士大夫杀了个精光。不过，宋军趁福建空虚，收复了邵武、南剑州。

不过，元朝北方局势很快平稳下来，使得忽必烈腾出手来对付南方的反弹。七月，命忙兀带、唆都带兵解泉州之围，张世杰只好撤退。九月起，元军卷土重来，横扫广东、福建，由于宋军大多为临时招募的义军，战斗力极差，半年的收复成果顷刻化为乌有，而且局势更加艰难。

十一月，元军塔出进逼广州，唆都从福建来援，宋反攻时逃亡的吕师夔也再次南下，三军会合，重兵围城，张镇孙不敌，城陷。不久元军又用二十多天攻陷潮州，屠城。

元军逼近官富场，流亡朝廷只好再次转移，准备移至今澳门的浅湾，却被元军追赶袭击，张世杰战于香山岛，失败，便带着流亡朝廷暂时躲避在今广东中山的井澳。途中遭遇台风，舟船、将士倾覆溺死无数。十一岁的赵昰哪里见过这种场面？惊惧不已，加上沿途奔波，竟染病在身。十二月元军追至井澳，流亡朝廷一边转移一边抵抗，卫王赵昺的舅舅俞如圭在战斗中被俘，而赵昰只能在海上漂泊。

眼看流亡朝廷行将不保，左相陈宜中提出到占城借兵，离开了朝廷。占城是越南中部的一个小国，一直向宋朝进贡，关系友好。而越南北部的李朝政权已经投降了元朝，陈宜中和流亡朝廷断然不能去，只有寄希望于占城。许多大臣认为陈宜中不会再回来了，殿前指挥使苏刘义试图追赶，但陈宜中思维缜密，早已不知所终。此后流亡朝廷多次征召，陈宜中不理不睬，滞留占城不回。陈宜中最终流落何处，其行迹众说纷纭，莫衷一是。

流亡朝廷失去了陈宜中这个"主心骨"，上下一片惶恐，最后商议不如追随陈宜中也到占城避难。

船队行到雷州半岛时，已是1278年四月，赵昰病情恶化，一命呜呼。小皇帝的去世让人更加沮丧，大臣们一时间失去效忠的目标，纷纷议论，想要散去，这时陆秀夫站了出来："度宗皇帝还有一个儿子在，我们打算如何安置他？古人有以一旅一成中兴者，现在朝廷体系尚在，还有过万士兵，天若不灭宋，这难道不能成就一个国家吗？"于是大家立八岁的卫王赵昺为帝，改元祥兴，升陆秀夫为左丞相，张世杰为枢密使，就在雷州半岛的硇洲（今广东湛江市东南硇洲岛）安置下来。

要想保证碙洲安全，必须把雷州控制在手中，但雷州很快就被元军占领了。张世杰派张应科、王用克复雷州，又被打败，王用投降。他向元军详细介绍了流亡朝廷的状况，指出碙洲没有粮草，宋军正准备从琼州运粮云云。元军得到情报，立即掐断了流亡朝廷的运粮通道。

为今之计，只有夺取雷州。张世杰孤注一掷，投入全部兵力攻打雷州，但久攻不下，附近州县的元军又常常出其不意进行骚扰。失去雷州屏障，碙洲难以保全，张世杰亲自到附近勘察地形，六月将流亡朝廷的行宫转移到广东新会县（今江门市新会区）的厓山。

厓山是珠江的出海口之一，与对面汤瓶山隔江而望。两山夹一海，如一扇半开门掌控着船队进出，因此把海道之处叫厓门。厓门地势险要，进可以据守内陆，退可以出海逃亡，确是用兵驻跸的理想之地。张世杰做好了长期驻守的打算，一到厓山就派遣兵卒到山里采伐树木，烧砖制瓦，建造宫殿。基建工程从六月一直做到十月，为杨太妃、赵昺皇帝等建造宫殿三十间，部队驻扎军营三千间。粮食布帛等吃穿用度到广东各州及海外采办，又抓来当地工匠建造舟船、兵器，一时间热热闹闹，倒有些人间烟火。

流亡朝廷渴望有稳定的生活，哪怕只是一处小小的出海口。然而在元朝几乎"天下大同"的情况下，这一愿望无疑是奢侈的。九月底，忽必烈任命江东宣慰使张弘范为蒙汉军都元帅，李恒为副帅，对南宋发起最后一击。张弘范是汉人，幼时父亲张柔请名师教育子弟，出落得挺拔英俊，文武双全。忽必烈对他非常信任，跟随伯颜攻打襄阳，为元军突破南宋防线作出了突出贡献。这一次忽必烈任命他为都元帅，张弘范惶恐不安："大蒙古从立国之日起，未有用汉人为元帅者，今令臣统兵，恐将士不服。"忽必烈宽慰道："这是我的任命，谁敢不服？"张弘范请求："愿给一个信物号令三军。"忽必烈下令把府库中的宝剑全部搬出来，让张弘范随意挑选一把，作为尚方宝剑，可以处置江南任何事宜，包括生杀蒙古将领。

十月，张弘范率水师沿海从福建进入广东，李恒率步骑从梅岭入广东，他们分道而袭，目标一致，剑指厓山！如同以往一样，所到之处无不摧枯拉朽。闰十一月十四日李恒先行进入广州，一名叫作戴宝的宋兵向他透露了流亡朝廷在厓山的情况，告诉他宋廷有船七百艘，士兵的具体数目说不清楚，只知道很多。戴宝只是一个小兵，根据目击提供情报，了解得当然不够准确。史载张世杰军队这时仍有二十万，估计虚数不少。宋军逃亡以来损兵折将，陆秀夫立赵昺时说一万多人，与二十万人相差甚远，当时尚在雷州战役之前。逃亡路上历史资料遗漏错讹很多，宋军数目也成了谜。厓山之战后，说海面上漂浮起十万尸体，也是约数。推测陆秀夫说的是战斗人员，除此之外还有皇室、宫人、大臣和庞大的家属佣婢，估计总数有十多万。当然军队多少已无意义，从襄阳城破那一天起，再多的军队在元军面前几乎都是摆设。

李恒并不在意宋军有多少军队，不过他是副帅，只能等张弘范到后才能作出决定。他率步骑的任务是扫平广东陆地上的宋朝残余势力和民间武装，巩固广州，进一步孤立厓山，确保张弘范集中精力消灭南宋流亡朝廷。到这一年底，他以广州为据点，先后击败了宋将王道夫、凌震的军队，并在海丰县五坡岭俘虏了宋朝右相文天祥，基本平定了广东地区。

## 血染厓山

厓山已成孤岛，只等一场飓风揉成碎片。

1279 年正月，张弘范水师到达广东，十三日到达厓山，十六日李恒也率一百二十艘战舰入海，协同张弘范完成对宋廷的最后围剿。张弘范扼守南面入海口，李恒则在北面镇守，对厓山形成包围之势。从军队数量来看，元军只有二三万水军，并没有优势，不过他们是久经沙场的精兵强将，训练有素，士气高昂，宋军疲于奔命，拖儿带女，战斗力薄弱。元军的劣势在于，张弘范从海道而来，乘坐的都是大型海船，元军多不适应。影响战斗结果的因素很多，实力之外，还有谋略、勇气和一点点运气。综合来看，张世杰仍可一战。

流亡朝廷已经辗转太多地方，累了，困了，不想再迁徙了，所以张世杰摆出防守的架势，准备在此地以死相搏。按正常战斗部署，宋军应该把守出海口和两山对峙的厓门处，但张世杰放弃了这些要隘，直接陈兵江上，等待敌人来攻。同在焦山一样，他仍然把战船用绳索一个个拴在一起，一进俱进，一退俱退，与在陆地作战并无不同。如此一来，元军不善操纵大型战船的劣势反而被逆转了，变成宋军呆滞，元军灵活了。文天祥被押缚在元军阵营观战，内心暗暗叫苦："大船绑在一起难以机动，这样不能攻击敌人，只能被动挨打。"张世杰从郢州防卫起进入历史视野，其忠勇可嘉，但军事才能实在平庸。

元军完成合围后，并没有急着进攻，张弘范还在观察、适应，设想种种可能，防止宋廷再次逃脱。他琢磨流亡朝廷既然住在厓山上，饮用水一定是山泉，于是派小股部队悄悄绕道山后，掐断水源，将宋廷辛辛苦苦四个月建造的宫殿一把火烧掉。这样无论太后、皇帝还是军政大臣只能吃住在船上，再无回到陆地的可能了。接着，元军派轻型舰不断骚扰宋军，使他们不能到山上人工取水，又控制山中要道，彻底断绝了宋军淡水补给。宋军在船上储藏有半年干粮，但缺少淡水，部分士兵被迫饮用海水，拉肚呕吐，体乏身弱，战斗力大打折扣。随后张弘范令在珠江西岸的汤瓶山上架设石砲向赵昺乘坐的战船发射攻击，但赵昺船只坚固牢靠，石块落到上面毫不颠簸摇晃，这个战术没有起到太大的作用。元军还想效仿焦山以火烧船，这次宋军有所提防，在战船上涂满泥巴，又悬挂无数水桶，即使着火也能很快扑灭。

张弘范的另一个策略就是进行政治宣传，瓦解宋朝军心。他让士兵在对面喊："陈宜中丞相已经逃跑了，文天祥丞相已经被俘了，你们为何而战？"然后就是诱降，连续派三拨人去说降张世杰，张世杰不为所动：“我也知道降了能够得到富贵，但为君主而死的决心不会改变。”

张弘范未能不战而胜，又不愿看到宋廷突围逃跑，李恒建议：“应该急攻，不然宋军淡水用尽只有突围。”张弘范认为有道理，决定发起总攻。二月初五，张弘范将元军战船陈列于宋军对岸，宋军是一字横队，元军船少，便一字纵队排开，集中在赵昺船只前面，打算集中兵力攻其一处，擒贼擒王，捉拿赵昺。

从排阵布局不难看出，张弘范知道双方的优势和不足，战术针对性很强。文天祥后来评价说：“世杰不守山门，作一字阵以待之，虏人山门，作长蛇阵对之。”痛惜之义，尽在字间。

初六黎明，历史性一刻终于到来，宋元厓山海战决战打响。元军将战斗分割成三个战场：李恒攻打北面的舰队，为北翼；另一部攻打南面的舰队，为南翼；张弘范亲自率军紧盯赵昺，为中军。另外，元军预计退潮的时候宋军会离船潜逃，因此要求严加提防，不能让宋军得逞。

李恒率先从北面冲击宋军，元军在每艘船的尾部建造一座战楼，船头则布满帷幔。两军相接时，先用船头冲击宋船，宋军急忙以弓箭迎敌，这些箭镞射在帷幔上，消化了箭的威力。《三国演义》中曾有诸葛亮草船借箭的场景，与此相仿。不过诸葛亮的目的是借箭，元军则是为了消耗宋军。等宋军弓箭势头减弱，元军调转船身，以船尾对宋军船头，战楼高出对方战船一大截，这样便于居高临下实施进攻。宋军船与船之间有绳索相连，难以调头，因此只有被动挨打的份儿了。元军弓箭、石块像雨滴般砸向宋军，还应用了原始的火炮，而宋军则完全暴露于敌人的视野之下，伤亡惨重。

元军有效压制住了宋军，下一步对宋军各个击破。宋军将战船用绳索连为一体，元军便将其船队边缘船只连接的绳索砍断，这样散开的战船就成为“散兵游勇”，被元军轻松俘获。宋军一旦局部战败，多米诺骨牌效应马上显现，到中午元军已经全面突入宋军船队中。元军跳上宋船展开了白刃战，北方蒙汉人身材魁伟，骁勇善战，宋军则缺乏训练，不久宋军在北翼被击溃。

中午涨潮时分，海水回溢向北流，南翼元军趁顺流向宋军发动进攻，这样在力量上占有不少便宜。张弘范令人擂响战鼓，奏起军乐，为自己的军队加油鼓劲。宋军听了士气更加低落，只能仓皇应战。元军依然采用战楼居高临下进攻的老办法，成千上万的石块砸向宋军，宋船上一片混乱和哀嚎。两军激战到申时，宋军已基本失去抵抗能力，不少将领卸下盔甲举手投降，成片成片的士兵跪地求饶，战场上金戈碰撞交响的声音渐渐稀疏。张世杰见大势已去，急忙令中间尚有战斗力的几艘战船砍断绳索，护卫赵昺突围。张世杰和赵昺分乘两艘大船，相隔遥远，无法靠近，只好派一艘小船去接应赵昺。守护在赵昺身边的是宰相陆秀夫，他担心小船没有战斗力，中途被元军所俘，又难以分辨小船上到底是不是自己人，于是拒绝了张世杰的接应。张世杰万般无奈，率领十余艘战船保护杨太后突围而去。

拒绝张世杰的那一时刻，陆秀夫心中已有打算。如果突围成功，将又是漫漫无期的飘荡岁月，天下之大哪里有容身之处？如果突围不成功，赵昺势必落到元人手中，忍受靖康二帝和赵㬎那样的屈辱。作为臣子最难以忍受的是眼睁睁看着君主受辱而无能为力。与其辱，不如死！那一刻陆秀夫已经抱定了必死的决心，他步履沉重地走到自己的妻子儿女面前："我军已败，大宋已亡，生有何益？你们去吧！"他的眼中泪水横溢，用手指着船外："跳下去吧。"他的儿女尚幼，一个个瞪着惊恐的大眼睛，妻子则用手紧紧抓着船帮歇斯底里地叫道："不！"陆秀夫摇摇头："你甘心落在野蛮的敌军手中吗？投海事小，失节事大，跳下去，为国守节，为夫守节！"妻子眼中的惊恐变成了绝望，只有陆秀夫是那一根泅渡的稻草。然而陆秀夫决绝地说："你以为我还会独活吗？与圣上有个了结，我一定追随你们而去。"这时，天已向晚，西天残阳里一只鸟儿孤单地掠过，就像赤色的海面飘过一袭白色的裙裾。

料理完妻儿，陆秀夫抹干眼中的泪水，从容地整理了一下自己的朝服，转过身步履坚定地走向赵昺。他扑通跪倒在赵昺面前："国事至此，陛下当为国死。德祐皇帝（赵㬎）受辱已甚，陛下不可再受辱。"说完站起来，抱起这个八岁的小孩，一步一步走向大海。这时他的眼中没有泪水，只有执着。

那一年陆秀夫四十四岁，正值壮年；那一天海水平缓，未起风浪；那一刻刀剑入鞘，四周突然死一般寂静。公元 1279 年农历二月初六，大宋亡。厓山之后无华夏，这是汉人第一次全疆域丢失政权，一个民族的开放、繁荣、强盛、荣耀到此戛然而止。

不久，逃亡的张世杰听到皇帝跳海的消息，万念俱灰，与杨太后均跳海溺亡。

# 第七章　忠君还是保民?

## 江陵之失

从伯颜突破鄂州，长驱临安，到宋恭帝赵㬎降幡归顺，再到宋末帝赵昺投水，三年间，南宋各地抗元斗争一直没有停止。在朝中士大夫蝇营狗苟之时，倒是各路将领，谱写了一曲曲忠义气节之歌。

伯颜东进，让阿里海牙留守鄂州。1275年初，元廷以宣抚使贾居贞签行中书省事，与阿里海牙同戍鄂州。他们不是被动地防守，而是积极寻找新的机会。

鄂州是汉水和长江的交汇处，汉水之上，郢州还在张世杰手中；长江之上是岳州和江陵。郢州像一把利剑悬在头顶，让阿里海牙始终不得安宁。忽必烈也认识到郢州的重要性，于1275年正月、二月、三月，忽必烈四次派人带诏书招谕郢州，都没有得逞。二月下旬，张世杰带一万兵马往临安勤王，离开郢州，但郢州依然没有归顺之意。

阿里海牙打算对郢州用兵，贾居贞建议先攻江陵："江陵要地，乃宋制阃重兵所屯。闻诸将不睦，迁徙之民盈城，复皆疾疫，刍薪乏阙，杜门不敢樵采。不乘隙先取之，迨春水涨，恐上流为彼所乘，则鄂危矣。"他分析江陵有三大弱点，正是攻占的良机，一是守将不和睦，二是正闹疫情，三是粮草不足。如果现在不取，等到春夏长江水涨，江陵水军顺流而下，鄂州就很危险了。

江陵就是古之荆州，自古乃战略要地，不守江陵，无以复襄阳；不守江陵，无以图巴蜀；不守江陵，无以保武昌；不守江陵，无以固长沙。三国时魏蜀吴三足鼎立，三国交界点就在荆州，被三国三分。刘备也正是从荆州进入巴蜀，建立蜀汉。诸葛亮《隆中对》有"天下有变，则命一上将将荆州之军以向宛、洛"。江陵的战略地位不容小觑。

元军之所以久攻鄂州不下，除了鄂州地势险要，城防坚固，新旧城相互策应，布防合理，还有一个原因就是江陵、岳州毗邻鄂州，鄂州以二州为依托，并不孤立。如果拔取江陵，鄂州就完全成了一座"飞地"了。

阿里海牙认为贾居贞说得有理，即飞马报于忽必烈："江陵，宋巨镇，地居大江上流，屯精兵不啻数十万，若非乘此破竹之势取之，江水泛滥，鄂汉之城亦恐难守。"忽必烈批准了他们的请求。

1275年春，贾居贞留守鄂州，阿里海牙率军进攻江陵。

江陵方面，宋湖北安抚副使兼知岳州高世杰聚集鄂州、复州、岳州三州水军，共战船1600艘，并2万人，扼守于洞庭湖入长江的荆江口。三月二十一日，阿里海牙到达荆江口，元军屯兵长江东岸，宋军据守长江西岸。

次日，两军在洞庭湖展开激战。阿里海牙令万户张荣实率中军，解汝楫率左右翼向宋军发起冲击，宋军不敌，高世杰败走。元军紧追不舍，将高世杰围困在夹滩。高世杰走投无路，投降了元军。高世杰在洞庭湖作战，岳州城由总制孟之绍守卫，高世杰入城说降，元军得到了岳州。随之，阿里海牙以高世杰只是力屈而降为借口，仍然将高世杰诛杀弃市。

战争中杀不杀对方将领，屠不屠城，一般有个不成文的规则，就是"负隅顽抗"的杀；长时间攻城不下，或者攻城时付出惨重代价的，得城后屠。之所以如此，一方面是胜利者情绪化的反应，另一方面是为了威慑、诱降敌方的其他守将，迫使他们放弃抵抗，主动投降。

得到岳州后，阿里海牙驱舰西进，四月五日至沙市镇。沙市距江陵十五里，隔江相望，中间的通道是一道堤坝。沙市虽然只是一个镇，但南阻川江，北倚江陵，建有城池，地势险固。商旅南来北往，既是交通要道，又是繁华市集。沙市有江陵外城之称，二城颇似襄阳与樊城、郢州新城与旧城的格局，互成掎角，易守难攻。但无奈天时不在宋，是年湖水忽然干涸，湖底露出沙砾。陆地非常适合元军作战，元军陈兵沙滩上，乘南风纵火，大火烧进城中，守军大乱。元军乘势攻入城中，都统程文亮应战不胜，江陵守将高达坐视不管，程文亮只好投降。监镇司马梦求是北宋名相司马光的七世孙，不肯降，向临安方向拜了再拜，自刎而死。由于沙市守军进行了激烈的抵抗，阿里海牙下令屠城，昔日繁华的集镇，人口一空。

城破后五日，江水大涨，淹没了沙市城脚，可惜对于宋军来说，已经没有什么用处了。

第二天，阿里海牙派张鼎到江陵招降。京湖宣抚制置使朱禩孙、湖北制置副使高达、京湖提刑青阳梦炎等皆降。阿里海牙令朱禩孙召所辖各城投降，既为京湖宣抚制置使，朱禩孙管辖着京西南路、荆湖北路、荆湖南路五府二十二州六军一百二十多个县，除了已经沦陷的，还有一大半在南宋手中。在朱禩孙的召谕和元军强大的军事压力下，峡州、归州、澧州、常德府、鼎州等纷纷来降。郢州见大势已去，也挂出了白旗。从南宋区划来看，荆湖北路、京西南路全部归于元朝，元军主力的后顾之忧终于解除。

元军入江陵前，朱禩孙本来打算自杀，未遂，在高达的怂恿下，半推半就投降了。在元朝人看来，朱禩孙仍算被迫而降，虽然招降所辖州郡有功，还是责令押赴大都。他病死在半路，家产被没收，妻子儿女充作官府奴婢。高达主动投降，被任命为参知政事。

京湖方面，阿里海牙得到江陵，京湖三路得了两路，只剩下荆湖南路了。

## 与城俱亡

荆湖南路的重镇是潭州，州治长沙。潭州守将李芾原知临安府，因与贾似道不睦，台谏弹劾其贪污，被罢免，闲置十年之久。直到鄂州失陷，朝廷才重新想起李芾，任命他为湖南提刑。贾似道兵败鲁港之后，朝廷诏各地勤王，湖南帅臣兼知潭州留梦炎，以勤王名义逃回临安，带走了潭州绝大多数兵马和钱财，朝廷诏令李芾知潭州，主管湖南安抚司公事。

临危受命，自然不是什么好事，尤其是没兵没钱，这潭州如何得守？亲友们劝他不要赴任，李芾慷慨地说："州无兵财，城知难守，然君命无避，是行必不免，惟一死与城俱亡。"众人都认为李芾对朝廷有怨言，只不过说一些冠冕堂皇的大话让外人听，没有当回事。适逢李芾爱女新死，李芾强忍悲恸，抱着必死的决心，带着全家赴任潭州，只留一个儿子在外，以延续香火，奉祀家祠。

李芾入潭州时，元军一些散兵游勇已经到了湘阴、益阳等县，李芾紧急征募民兵，得到不足三千人。潭州西部、南部居住着少数民族，即所谓的峒蛮，民风彪悍，作战卖力，李芾做他们的工作，让他们协助防守潭州城。人员部署到位后，修缮器械，储备粮草，加固城墙，在湘江上设置栅栏，做好应战准备。正好湖北、四川撤回来一些宋军，李芾奏请他们协助守卫潭州。

阿里海牙觉察到潭州城的动向，一方面派兵进驻常德，守住要口不让峒蛮支援潭州，另一方面率大兵推进潭州。李芾遣手下于兴率兵迎战，在湘阴战死，又派吴继明出战，兵未出城，元朝大军已经围了上来。时1275年九月，元军破湘江中木柱十五处，直达城下，向城中射书，威胁若不投降，将屠杀全城。李芾没有被吓到，坚守不降。

元军重兵围城，连营环锁，密不透风。广西经略安抚使李与调兵来救，到了衡州、永州就不敢再前进了。湖南提刑使司在衡州、茶陵、桂阳招募了数万人，同样不敢与元军厮杀。

潭州成了孤城，李芾激励兵民，全城动员，老弱皆上阵，结成互助小组，誓死保卫潭州！

元军没有把潭州放在眼里，一上来就发动了疾风暴雨般的攻击，潭州城内死伤惨重，但无论士兵还是百姓，都毫不退缩，打退了元军一次又一次猛攻。将军刘孝忠奋力尤勇，李芾则冒着箭林石雨登城督战。潭州储备有限，消耗极大。城中缺箭，就用元军射过来的箭。不少箭的尾羽坏了，李芾动员百姓捐出家里的羽毛扇，修补坏箭。城中缺盐，李芾从库中取出堆放食盐的席子，焚烧后提取盐来用。

十二月，李芾的得力助手刘孝忠中砲，瘫痪不能起床，有将领绝望了，想要投降，向李芾请求说："情况危急了，我们固然可以为国而死，民众怎么办？"李芾骂他说："国家平日里用丰厚的薪水养活你，就是为了今日。你只管死守，后面再听到这种言论，先杀了你！"

激烈的攻防战中，阿里海牙胸前中箭，大怒，下令万夫、千夫、百夫之长，必须身先士卒，不能跟在士卒后面，有退却的军法从事。除夕夜，元军攻势更猛，但仍被击退。行省参议崔斌献策道："守军小胜之后，必然松弛。我现在去烧了他们的角楼，断绝其粮道，在城墙上钉上三圈木栅，则城可破。"阿里海牙同意了他的方案，崔斌便组织士卒带着秸，登上城上的铁围，放火烧了角楼，并在城墙上布下登城器具。次日清晨，城破。

潭州人尹谷擢知衡州，尚未上任，跟着李芾守城，做参议。尹谷见城必破，于除夕夜对妻子和儿女说："我以寒儒受国恩，不可不报。你们应当跟着我殉国。"又对弟弟说："你赶紧跑吧，尹氏不可以无后。"他的弟弟也不愿走，于是一家老幼环坐，奴婢仆人在外围，锁上门，四十余口自焚而死。

李芾得知消息，以酒酹地，道："尹谷先我就义了。"于是召集幕僚将佐，通宵饮酒，传当夜的口令为"尽忠"。天明的时候，席散，参议杨震出门跳入水池而死，李芾坐在熊湘阁，召帐下沈忠，把家里的钱财给他，说："我已经尽力了，应当以身殉国。我家人不能落入敌手受到侮辱，你把他们都杀掉吧，然后把我杀了。"沈忠不肯，李芾逼着沈忠动手。沈忠无奈，用酒将一家人灌醉，流着泪把他们和李芾都杀了，然后纵火焚烧了李芾一家的尸体。沈忠本想投火而死，想起家里人，回到家杀掉妻子儿女，也自刎而死。

百姓们听闻李芾的事迹，效仿者众，许多家庭举家自尽，"城无虚井，缢林木者累累相比"。只有湖南转运判官钟蜚英、统制刘孝忠等投降了元军。潭州一战，军民死亡数万人，元军入城，百姓涌向城外，又踩踏死伤无数。潭州城外各县也惨遭兵祸，枕骸蔽野，十里无烟。

元军攻打潭州达一百多天，自然恼怒，有人便要屠城。崔斌反对，认为宋人各为其主，其心可嘉，应当鼓励而不是摧毁。行省郎中和尚也说："拒我师者，宋将耳，其民何罪？既受其降，即是吾民，杀之何忍？且今列城多来附，降而杀之，是坚其效死之心也。"主帅阿里海牙也不同意屠城："国家为制，城拔必屠。是州生齿繁多，口数百万，悉鱼肉之，非大帝谕伯颜以曹彬不杀旨也。"潭州得免。

潭州保卫战是南宋防御战中最惨烈的一幕，从李芾身上真正体现了理学的忠义气节，所以受到皇权政治的褒扬。元朝统治者将他列入《忠义传》，称赞他刚介、勤勉、好贤礼士、居官清廉。

李芾事迹固然感人，但李芾明知不可为而为之，令人杀死自己全家，许多无辜民众随其自杀殉葬，从某种角度来讲，也是一种残忍。理学倡导宁可死，不可失节，社会舆论主流便是如此，君君臣臣父父子子，最大的忠心便是为他死，为他殉葬。

在中国的传统儒家道德中，忠与义最受重视。忠指尽心竭力，主要表现在君臣关系中对臣的要求；义指合情合理，指适宜，主要表现在人际关系中对自身的约束。北宋理学家张载阐述"君为臣纲"的道理："大君者，吾父母之宗子，其大臣，宗子之家相也。"大君即君主，宗子即族长。他把君臣（民）关系比作宗族关系，而古代宗族关系是最严格的等级体系。程颐、程颢更认为即使君有过错，也是罪在臣而不在君，这就把君主放到了绝对权威、须绝对服从的地位。

孟子虽然早就提出"民为贵，社稷次之，君为轻"的理念，但宋儒选择性地放弃了民本思想，在他们的忠义价值观中，民众并未占有一席之地。

在古代，君主又与民族、国家的概念纠缠在一起，很难进行分割，这使得士大夫以及军人身上表现出的忠义气节更为复杂。是忠于君主，还是忠于国家，还是民族大义，必须具体问题具体分析，不能一而概之。但无论国家还是民族，民众才是他们的主体，国家的存在是为了保护民众，而不是把民众推向烽火前线和断头台。

评价官员的忠义气节，应着眼于百姓，而不仅仅是君主。

当然，李芾是真正的理学信徒，至少比陈宜中、留梦炎这样的伪君子高尚许多，至于贾余庆、刘岊之流，更是云泥之别。

对于元朝来说，阿里海牙等不杀军民，百万人口存活，确是善举。

亡国之时，普通人命贱如草芥，是死是活，往往取决于大人物的一念之间。他们才是真正的可怜之人。

## "吾惟一死而已"

潭州失守，湖南其他地方看到抵抗无益，纷纷投诚，郴州、全州、道州、桂阳、永州、衡州、武冈、宝庆以及江西一些州郡，皆率民来迎，元军在十数天里占领湖南，没有遇到任何抵抗，得 56 万余户，150 多万人。

湖南之南，就是广南西路即广西了，治所静江就是现在的桂林，守臣叫马塈。

1276 年七月，元将阿里海牙在休整一段时间后，开始征广西。静江东北有严关，是扼守静江的隘口，马塈亲自带领三千兵卒驻守。十一月，阿里海牙统率大军至严关，久攻不下。但严关并非唯一通道，阿里海牙派偏师绕道静江东南的平乐（今广西平乐县），溯漓江而上，从背后夹击严关。马塈见不能守，退回静江城内。

静江因为水道纵横，外城以水军防守为主。阿里海牙是久经沙场的老将，善于因地制宜。他把江水从上游阻断，又从下游泄洪，静江城内的江水很快就流干了，宋军的战船搁浅不能作战，变成了大型船模。

瘫痪了水军，元军开始攻城，采取声东击西的策略，先佯攻西门，实际上从东门城墙外的墙垛攀爬上墙，打开了缺口，占领了外城，继而又集中优势兵力攻破了内城。马塈带着士兵与元军展开巷战，手臂被敌人砍伤仍然战斗不止，最后英勇就义。

守军残部被逼进瓮城，共二百五十人，在娄钤辖的率领下继续抵抗。阿里海牙认为大局已定，不愿再大动干戈，轻松笑道："负隅顽抗，不值得进攻。"他对瓮城围而不攻，瓮城中没有食物，宋军不可能坚守太长时间。果然，十数天后，娄钤辖对外喊话："我们都饿了，坚守不下去了，让我们饱餐一顿就投降。"元军信以为真，送过去几头牛、几斛米。宋军取回食物后，吃饱喝足后却吹响号角，擂响战鼓，元军以为他们要发动进攻，赶忙披甲持刃，严守以待。谁知宋军点燃一门火炮，轰的一声巨响，瓮城城墙被炸开了个口，顿时尘土飞扬，硝烟弥漫，离得近的元军被炸死了几个。等烟尘散尽，元军一看，二百五十名守军皆与瓮城同归于尽。

与静江一样惨烈的还有淮东。

江淮肩负着正面御敌的任务，是仅次于襄阳的主战场。临安朝廷和淮西夏贵投降后，淮东更加孤立。

宋太皇太后谢道清遣人招降驻守扬州的李庭芝："我和皇帝都已经

臣伏了，你还为谁守江山？"李庭芝一度产生动摇，与得力干将、通州副都统姜才商议，姜才不同意投降，他担心李庭芝有变，派兵守卫李庭芝宅第，形同要挟。对于扬州来说，与其说李庭芝抗元，不如说姜才抗元。

姜才是濠州（今安徽凤阳）人，个子不高，却很精悍。小时候姜才被拐骗到北方，长大后自己跑了回来，从军入伍，以英勇善战闻名淮南。南宋歧视从北方跑来的人，称呼其为"归正人"，姜才一直不受重用，虽屡立战功，却仅仅是个副都统。罗曼·罗兰说："世界上只有一种英雄主义，看透了生活的真相，却依然热爱生活。"姜才就是这样的人，朝廷虐我千百遍，我待朝廷如初见，始终对朝廷无怨无悔。姜才跟随孙虎臣参加了丁家洲之战，战败后投奔扬州，成为李庭芝依仗的助手。

在姜才的鼓励、督促下，李庭芝坚定了抗元的决心，对城下招降的人说："我奉诏令守城，没有听说过诏谕投降的。"伯颜掳皇帝北上，李庭芝、姜才试图劫驾，派四万人在瓜洲拦截，鏖战三个时辰没有得手。1276年三月，降将夏贵来到扬州城下，一来炫耀武力，二来给李庭芝做个"示范"，促使他投降，李庭芝对夏贵喊话："吾惟一死而已。"

扬州守军人数较多，粮食由周边的真州、泰州、通州等地供应，四周州县沦陷后，交通阻绝，城内供需不足。李庭芝便把民户的粮食收起来供士兵食用，消耗尽后，又征收官员、将校的粮食。最后全城无粮，只好以牛皮、曲蘖为食，甚至发展到人吃人的地步。为了纾解扬州困境，姜才派兵到城外筹集粮食，遭遇元军，损兵折将，粮食也没能运到城中。

七月，新成立的赵昰小朝廷任命李庭芝为右相，任命姜才为保康军承宣使，要求二人到福安府护驾。李庭芝、姜才带七千人取道泰州、通州，准备泛舟南下，将扬州交给了朱焕。二人刚走，朱焕就投降了元军。

元将阿术派兵追赶李庭芝、姜才，将二人包围在泰州城内，不巧的是，姜才背上生出毒疮，不能动弹，无法指挥守城。泰州裨将偷偷打开了城门，放元军入城，李庭芝逃亡不及，跳水自杀未遂，被俘；姜才亦被俘。阿术欲招降二人，喝问李庭芝为何不降。姜才抢先答话："是我不让投降。"对阿术怒骂不止。阿术不忍杀他，以高官厚禄劝诱，姜严词拒绝："姜某生来只为宋臣，宁为玉折兰摧，不为瓦砾长存，绝不对元称臣！"

降将朱焕担心遭受报复，在一旁煽风点火："扬州积骸遍野，都是这二人的罪过。"阿术下令将李庭芝斩首，姜才施以剐刑。就义时夏贵从身边走过，姜才骂道："见到我你难道不羞愧而死吗？"

## 固守东川

京湖激战的时候，四川也没闲着，这里的元军有力地配合了伯颜的灭宋行动。

元军将整个四川分成西川、东川两个军事行动区，分别设西川枢密院、东川枢密院。1274 年冬，忽必烈令西川攻取南宋嘉定府。嘉定府即今乐山地区，位于岷江、青衣江、大渡河三江交汇处，是川西水路的咽喉，地理位置十分重要，嘉定不保，长江下游的重庆城就岌岌可危。为了强化嘉定城防，宋军在岷江东岸修建了三座城堡：三龟城、九项城、乌龙寨，与嘉定城隔江相望，势成掎角。

是役元军总指挥为也速答儿，参战的重要将领有忽敦、汪良臣、速哥等。宋军守臣为名将昝万寿，昝万寿曾率兵一度反攻元军占领的成都，破其外城。

元军的策略是占据战略制高点，步步为营。先由石抹不老船载数千水军，沿岷江而下，在青衣江畔的夹江抢滩登陆，修寨以守，建立固定据点。这些军寨在青衣江上流，像一把把利剑悬于嘉定城之上。宋军出动兵力争夺军寨，没有成功，元军得以挺进到嘉定城下，对嘉定城呈包围之势。

岷江对岸的三座城堡建在高山之上，犹如嘉定城的守护者。元将也速答儿率三千精兵上山探路，打败宋军，斩首五百余级，三座城堡像瘸了腿一般，战斗力大为减弱，发挥不了应有的作用了。至此，元军完成对嘉定城的包围，双方再现襄阳之战的情形。不过，当时襄阳尚有援军，现在只有昝万寿孤军奋战。

嘉定城城防相当坚固，元军一时难有建树，双方相持到1275年二月，元军攻克了九项城，嘉定城形势更为严峻。

五月，元军对嘉定城展开最后的攻势。嘉定城建在山区，地形复杂，昝万寿在城外设下埋伏，打算出奇制胜。元军好像摸透了他的心思，摸清了他的底细，总攻前先对城外山野进行了扫荡，宋军伏兵全部被清剿。孤城终究难以长守，昝万寿不愿坐以待毙，便破釜沉舟，城中之兵倾巢而出，与元军决一死战。元将万户速哥自怀远寨出击，双方在一个叫麻城的地方接战。宋朝朝廷已经投降，各地坏消息不断传来，造成人心不稳，自然不是元军的对手。这一战，宋军死伤惨重，浮尸蔽江。昝万寿走投无路，向元军乞降。宋将陈都统、鲜于团练等不愿降，率军出逃，被追杀至大佛滩，全军覆没。宋知叙州李演得知决战的消息，率兵前来助战，但来晚了一步，回军途中遭遇元军，兵败被俘。

六月下旬，川南重镇泸州也投降了元军。至此，西川全失。

东川的战事从1274年秋开始，第一目标是夔州路。夔州路包括三个府，即绍庆府、咸淳府、重庆府，八个州即夔州、施州、万州、开州、达州、涪州、思州、播州，两个军即梁山军、南平军，一个监即大宁监，共三十八个县。东川元帅杨文安与万户怯必烈先攻打夔州东部，攻取了几个堡寨，十一月占领了夔州云安。

1275年初，元军东川副都元帅张德润攻破潼川府路的渠州礼义城，达州和开州门户洞开。按道理，达州毗邻渠州，应当先取达州。但恰好开州守臣鲜汝臣与达州守臣赵章换防，鲜汝臣的家眷还留在开州。元东川元帅杨文安认为，如果攻下开州，以家眷要挟，鲜汝臣必定投降，达州唾手可得。况且开州不如达州城防坚固，容易攻取，于是定下了先攻开州的策略。

负责进攻开州的是蔡邦光，他悄没声息地带兵绕道到开州城下，开州守军还浑然不知。元军死士斩关登城，占领了城中制高点，守军才从睡梦中醒来，立刻溃散而去，知州赵章和鲜汝臣家眷悉数被俘。杨文安派人到达州招降，降则家眷保全，不降则生灵涂炭，鲜汝臣遂献城投降。元军又以鲜汝臣为招降使，招降数城。

达州南面为梁山军（今重庆市梁平区），只辖梁山一县，守将为袁世安。梁山军一侧有个小城堡忠胜军，与梁山军互为掎角。元军攻破了忠胜军，杀其守将，焚烧梁山军外城。袁世安仍坚守不降。元军围攻四十余日未能入城，杨文安只好放弃梁山军，绕道攻打万州去了。

为了突破万州，杨文安遣监军杨应之把守长江口，防止外军增援。杨应之果然碰到了援军，将其击退。杨文安还招降了万州周边城寨，将万州变成了孤城。然而万州守将上官夔守卫甚严，杨文安始终无法突破，只好像梁山军一样，解围而去。

接下来杨文安率师东进，围攻夔州的白帝城。白帝城建在高山之上，易守难攻，历来为四川东部门户，三国刘备曾从这里进发伐吴，发动了夷陵之战，失败后又退守白帝城，在这里崩逝，临终将后主刘禅托付给丞相诸葛亮。杨文安在白帝城遭遇了梁山军、万州同样的境况，久攻不下，军队转战多日，日益疲惫，只好撤退。知夔州张起岩趁机反攻，收复了开州。

元军东川的战斗进展有限，西川荡平嘉定、泸州后，忽必烈令西川增援东川，西川行院二万水陆大军兵锋东向，剑指重庆，重庆的防御形势陡然紧张起来。

西川军由忽敦统领，东川军由合刺统领配合。元军来势迅猛，势在必得，进行了周密的部署和分工：由秃满答叽镇守并封锁嘉陵江与长江交汇处，在江中做浮梁，扼守要塞，防止外来援兵。契丹人石抹不老率三百艘战舰列阵于重庆西北嘉陵江上的观滩，断绝重庆撤退的后路。汪良臣用兵重庆东北的忠州，拜延率两千骑兵在涪州策应汪良臣。速哥率水师扼守重庆东南白水和马湖江交汇口。重庆四面重围，似成瓮中之鳖，元军志在全剿。

担任主攻的元军将领叫也罕的斤，宋四川制置副使、知重庆府是张珏。张珏原本守卫合州钓鱼城，多次建功立勋，人称"四川虓将"。1259年蒙古大汗蒙哥在钓鱼城折戟沉沙，当时守军主将是王坚，副将就是张珏。

张珏虽然知重庆，人却在钓鱼城，竟无法突破元军屏障进入重庆，不能实地指挥。他派死士入城，传达命令：放弃重庆，守军突围躲避到更加坚固的钓鱼城。重庆守军向东突围二十里，至铜锣峡，遭遇元军，死亡二百余人，突围失败。

重庆变成了又一个襄阳，张珏必须想办法为重庆解围。他先后派部属从不同方向破围，虽未能成功，但遏制了元军的凌厉攻势。

1276年二月，临安投降的消息传到四川，对宋军士气是个严重的打击，梁山军守将袁世安听从谢太后懿旨，主动请降，但张珏仍然顽强抵抗，重庆不降。元军分五路进攻重庆城，水军夺千厮门、洪崖门，俘获宋军战舰数百艘，士兵数百人，但由于元西川、东川各自为战，配合不力，仍然没有攻下城池。

正当元军绞尽脑汁围攻重庆时，不料后院起火。泸州新得，人心不附，城中义士先坤朋打算起事，派人联络张珏，合谋收复泸州。张珏派军日夜兼程，潜行四百里，六月三日来到泸州东门户神臂城下。半夜时分，与先坤朋里应外合杀入城中，尽歼元军，收复了泸州城。

张珏收复泸州，起到了围魏救赵的效果。泸州在重庆元军的补给线上，位置十分重要。另外，元军许多将领家属安置在泸州，失去泸州动摇了军心。西川军无心恋战，迅速撤离重庆，回攻泸州，东川军独木难支，也撤离了。张珏趁此机会收复了涪州等地，重新打通重庆到夔州的通道，东川形势暂时安定下来。

## 褒贬钓鱼城

全国战局中，四川是撑到最后的。

元东、西两川合围重庆失败后，忽必烈非常失望，对原两川枢密院进行了改组。1277 年，仍令三子忙哥剌为安西王，总领两川事务，以安西王府丞相李德辉为西川枢密院事。李德辉出身仕宦之家，从小受父亲为吏"不任苛劾"的影响，浸淫儒教，"天性孝悌，操履清慎，既就外传，嗜读书"。忽必烈将李德辉这样的读书人放到平蜀第一线，显示忽必烈注重安抚和招降的策略，意图不战而屈人之兵。

四川的壁垒是重庆，包括合州。元军本着先易后难的原则，先攻取重庆周边。

1276 年七月，乘袁世安梁山军降元的东风，元军先期攻克了万州，州守上官夔巷战而死。

1277 年春，西川元军各路人马反攻神臂城，仍然采用围而不打的老战术，扫荡了神臂城外围。合州派兵前来救援，也被元军击退。

神臂城外无救兵，内无余粮，甚至发生了人吃人的现象。但是城内军民仍坚持战斗，不愿投降。至十一月，元军见城内虚弱，发动了总攻。西南角神臂门由元将石抹不老担任主攻，一度冲上城楼，被守军顽强击退。东门主攻刘思敬，采用疲敌战术，白天佯攻，消耗了守军大量体力，晚上守军疲惫松懈，刘思敬派敢死队突然袭击，终于破门。之后多米诺效应显现，南门亦破，神臂门宋军英勇拼杀，二百多人死于城头，最后还是沦陷了。

天亮时，大批元军进入泸州城内，守军与元军展开激烈的巷战，宋将王世昌、李都统全部战死。

1277 年七月，东川副都元帅张德润率军攻涪州，涪州守将程聪对四川制置副使张珏不满，守城不用心，被轻易突破。十二月，又破咸淳府皇华城（今忠县东）。

整个四川，只有重庆的张珏和夔州张起岩互相照应，还在坚守。

1278 年初，元将不花率一万多人，会合西、东川兵力再次围攻重庆。李德辉亲自给重庆守将张珏写信，称："作为臣下，你对赵氏没有人家的子孙亲，作为守臣，你守卫的地方没有宋朝大。人家的子孙都投降了，你还负阻穷山，说要忠于职守，这不是太不明智了吗？"张珏置之不理。

元军在重庆周围密布重兵，驻军在四个地方：主力驻嘉陵江南岸的佛图关（今属重庆渝中区），一军驻南城，一军驻朱村坪，一军驻江上。

张珏深知，坐地守城即便没有战死也会被困死，必须主动出击。他趁城外元军立足未稳，遣总管李义偷袭广阳（今重庆南岸区广阳镇），元军丝毫不乱，一支正面抵御，一支从后面掐断退路，前后夹击之下，李义全军覆没。

张珏又亲自出战，带兵出熏风门迎面进击敌军，在扶桑坝与元将也速答儿战在一起，正打得难分难解，元军增援部队从两翼合围过来，张珏分兵拦击，双方战斗尤其激烈，元西川行枢密院汪良臣被射中四箭，险些丧命。激战了一个时辰，敌众我寡，张珏渐渐不支，拍马回城。士兵跟在后面争相溃退，死伤惨重。

主动出击接连受挫，张珏只好死守不战。

元军从四面八方围攻重庆，城中粮尽，城池摇摇欲坠。部将赵安顶不住了，先是劝张珏投降，被拒绝后，竟悄悄打开重庆城镇西门，引元军入城，重庆就这样失守了。

听闻元军入城，张珏想喝毒药自杀，左右藏匿不给，只好带着妻子乘舟逃亡涪州。张珏在船上越想越绝望，拿起斧头去砍船底，想沉船溺死，船夫不允，夺过斧头扔进了江里；又想跳水自尽，被妻子死死抱住不放。

天下之土，已不属宋，可怜张珏已无隐匿之所，第二天还是在涪州被元军俘获了。元军押解他去大都，途中遇一朋友，为他分析："你尽忠一生报效自己的事业，现在一切都没有了，不死还能做什么？"张珏一心求死，趁看守不备，在厕所用弓弦勒死了自己。死后，随从将他焚烧火化，用瓦罐匆匆掩埋，致使尸骨无迹。

重庆一失，夔州独木难支，元廷命京湖军从巫峡取夔州，东川元军则从西夹击，张起岩守城无望，遂降。

四川最后的堡垒是合州钓鱼城。

钓鱼城是座光荣的城堡，1259年蒙古大汗蒙哥亲率大军围攻钓鱼城，钓鱼城固若磐石，蒙军半年毫无建树，最后蒙哥死在钓鱼城下，有说病死，有说被宋军飞石击中，无论如何，是钓鱼城改变了世界历史，延续了南宋命数。从某种意义上讲，钓鱼城亦是宋朝的象征，只要钓鱼城还在，即使宋廷已亡，宋朝的精神血脉还在。

钓鱼城的守将王立是张珏的副将，曾收复抗蒙军事要地青居城（今南充市青居镇）、潼州（今四川绵阳）、遂州（今四川遂宁）以及大良（今广安市观阁镇境内）、虎啸（今广安市护安镇境内）等城堡，战功赫赫。

钓鱼城能够屹立不倒，从未失守，依仗的是山高路险，城固将勇，还有充足的后勤保障。荆湖未破时，可以通过长江、嘉陵江经三峡，源源不断地把粮草物资输送到重庆、钓鱼城，钓鱼城内也有土地可以耕种，自给自足。

现在形势大为不同，全国沦陷，重庆也落入元军之手，钓鱼城成为一座孤城，外援根本谈不上。那一年又恰逢大旱，粮食颗粒无收，城内严重缺粮，百姓已经到了易子而食的地步。

而城外的东川军磨刀霍霍。

王立面临着进行无望抵抗和顺应大势投降的艰难选择。抵抗的收益是以性命换名声，以忠贞不屈名垂千古，当时钓鱼城内收纳有逃亡军民数十万，这数十万人将成为陪葬；投降的好处是一城军民得以活命，代价是自己落得个千古骂名。

王立决定把选择权交给百姓自己，他向百姓征求意见，大多数百姓愿意活命。"某等荷国厚恩，当以死相报。然其如数十万生灵何？"王立知道，投降才是明智之举。

不过他还是犹豫不定，钓鱼城不同于别的城池，蒙哥命丧这里，曾立下"若克此城，当尽屠之"的遗嘱。蒙元多次攻打均遭受重创，"沾满蒙元人的鲜血"，尤其是东川军恨之入骨，即便投降，东川枢密院会饶过满城百姓吗？

李德辉好像猜测到了王立的心思，他将过去俘虏的合州军士张合放回钓鱼城，让张合给王立捎话，只要投降即可豁免全城军民。李德辉虽为安西王府丞相，但毕竟是西川枢密使，未在东川供职，王立不能放心，再遣张合出城，秘密携带一封蜡书给李德辉："能自来，即降。"一定要当着李德辉的面投降，以保全军民。李德辉没有丝毫的犹豫，率五百骑到钓鱼城，与东川枢密院一起，接受了王立投降，并践行诺言，一城军民安然无恙。

关于王立投降，地方志上还有一些颇具演义性的记载：宋军反攻泸州时，王立杀死元将熊耳，俘获其妻熊耳夫人，据为己有，而熊耳夫人又是李德辉的表妹。王立为投降事举棋不定，熊耳夫人对其劝说并穿针引线，让王立越过东川枢密院直接投降了李德辉。

王立投降李德辉，东川行院无功，怀恨在心，污蔑王立，将其逮捕押解到长安，欲诛之。后来忽必烈得知详情，怒曰："卿视人命若戏耶！"释放了王立，依旧让他知合州。

钓鱼城筑于1243年，降于1279年正月，坚守抗蒙（元）三十六年，是宋朝的精神象征。王立降元，钓鱼城这座精神丰碑轰然倒塌，许多汉人难以接受，所以千百年来，对王立其人争议不断。

1494 年，合州籍官宦王玺在家乡建王张祠，供奉王坚、张珏牌位。1759 年，清朝合州知州王采珍重建，请进了钓鱼城之战中有功的余玠、王坚、张珏、冉琎、冉璞五个人的牌位，并改祠名为忠义祠。

改立忠义祠不久，江苏苏州人陈大文知合州，他在忠义祠正堂左室供奉了王立、李德辉、熊耳夫人三人的长生牌位，并撰写碑文阐述理由："或以（王）立降为失计"，而"所全实大哉"，并称李德辉与熊耳夫人使钓鱼城军民免于蒙元的报冤屠戮，"实有再造之恩"。

1892 年，贵州遵义人华国英任合州知府，怒斥陈大文"不知何心"，将王立等三人牌位移出了忠义祠，刻碑声讨王立为"宋之叛臣，元之降人"。

王立是叛是忠？司马光说："尽心于人曰忠，不欺于己曰信。"王立降元前二年，临安宋恭帝降，后一月，宋末帝死于海，王立保全钓鱼城到最后一刻，算是尽心尽力了。

王立是否忠君？诸葛亮说："忠陛下之职分。"宋帝和宋朝都没有了，王立还有什么对宋朝不忠的呢？

王立是否忠于职守？一城之守，最大的责任是保全百姓，这一点王立做到了，所以也不存在失职不忠。

抛开理学僵化的价值观，从民众的最大利益出发，对王立，历史不应苛责。

# 第八章　一曲正义歌

## 临危受命

在元军围困临安的前夕，宰相陈宜中逃遁，1276年正月十九日，朝廷匆忙之间任命文天祥为右相，至二月初五在祥曦殿举行仪式投降元朝，文天祥只做了十九大宰相，实际在任上只有一夜，因为第二天就被扣押元军大营成为阶下囚。他是南宋任职时间最短的宰相，却又是历史上最令人敬仰的宰相之一。

文天祥出生于1236年五月初二，江西吉州庐陵县（今江西吉安）人。家乡有座风景秀美的山，叫文山，后来文天祥就以山名为号。

文天祥出生时，祖父梦见一男童"腾紫云而上"，为他取名云孙，取字天祥。成人后文天祥以字为名，另取字履善。

庐陵虽小，名人辈出，宋代名臣欧阳修、杨邦乂、胡铨均是文天祥同乡。北宋著名文学家欧阳修官至参知政事，谥号文忠；杨邦乂生活在两宋之交，通判建康，金军攻下城池后，宁死不降的杨邦乂被剖腹取心，朝廷赐谥号忠襄，褒奖他的忠勇；胡铨为南宋初期四大名臣之一，一生忠诚正直，坚持抗金，谥号忠简。三个人的谥号中都有一个"忠"字，当地人为他们建庙立祠，纪念他们的功勋，学堂悬挂着他们三人的画像。幼年的文天祥即受到熏陶，暗暗立下为国尽忠的远大志向："死后如果不能侧身于他们中间受人祭祀，算不得大丈夫。"

二十一岁那年，文天祥考取进士，宋理宗赵昀在集英殿进行面试，让考生针砭时弊写一篇策论，一万多字的《御试策一道》文天祥一气呵成。在文章中，他列举当时社会存在的主要问题，对朝廷的错误进行有力规劝，对内政外交提出中肯的建议。此篇策论获得理宗大赞，言其切中要害，见识不凡，考官王应麟称誉文章作者忠心肝胆好似铁石。理宗拆封卷纸，看见考生一栏写着"文天祥"，觉得名字十分吉利："此天之祥，乃宋之瑞也。"遂钦定其为进士第一。蟾宫折桂自然喜不自禁，文天祥天真地以为皇帝是真伯乐，将表字改为宋瑞。

那一科还录取了一位更年轻的进士，只有十九岁的陆秀夫，两人与张世杰并称"宋末三杰"。

崇尚忠义的文天祥是不折不扣的主战派。1259年忽必烈攻打鄂州时，宦官董宋臣建议迁都四明，随时做好逃跑入海的准备，朝臣们如惊弓之鸟，一片惶恐，莫衷一是，临安城内风雨飘摇，人心浮动。时任宁海军节度判官的文天祥旗帜鲜明地反对妥协，上奏宋理宗请斩董宋臣："陛下是中国主，则当守中国；为百姓父母，则当卫百姓。"以往人们议事大多从社稷宗庙上着眼，很少能站在国家、百姓的层面去认识战与和的问题，"国家意识""民族意识"在文天祥身上得到了充分的体现。

忠直耿介的文天祥不适合南宋文恬武嬉的官场，宋理宗也没有持之以恒的决心革新除弊，此后大多数时间里文天祥在江西、湖南等地任职，如果不是国家分崩离析，无论皇帝、朝臣甚至历史大约都不会记忆起这位不苟于世事的状元。

1274年底，元军攻占鄂州，谢太后急忙下《哀痛诏》，要求天下文经武纬之臣、忠肝义胆之士同仇敌忾，起兵勤王。彼时文天祥知赣州，手捧诏书，涕泪交加。但赣州地处腹地，本身无兵，文天祥又是文弱书生，想要率师救国谈何容易！次年正月十六，他传檄各路，希望有人挺身而出共赴国难，但当时已人心离散，无人响应。文天祥不愿袖手旁观，开始自己募兵募粮。一位叫陈继周的老人担任地方官二十八年，非常熟悉当地情况。文天祥登门拜访，虚心求教。陈继周帮助他出谋划策并给他介绍了一些豪杰之士，特别是发动山区的畲族、苗族、瑶族部落武装，这些少数民族彪悍好武，有较强的战斗力。在陈继周的帮助和文天祥的不懈努力下，很快拉起了一支两万人的队伍。有了人就要吃饭，朝廷自顾不暇根本不可能调拨军饷，赣州毗邻庐陵，文天祥就把自己的私产捐出去供应军需。他的义举得到乡亲们的积极响应，乡宦士绅纷纷解囊，出钱出粮，终于解决了民兵后勤供应的难题。

有兵有粮的文天祥准备入卫临安，有好友过来劝阻："元军气焰正炽，势不可当，你以乌合之众去抵御元军，无异于驱群羊而搏猛虎。"文天祥义正辞严地回答道："我当然知道这个道理，但国家养育臣民三百多年，一旦危急，征天下之兵，却无一人一骑入卫，我为此而痛心。因此不自量力，以身殉国，目的是唤醒忠臣义士，若能闻风而动，众志成城，一定能保全国家。"于是他义无反顾地驱兵北上，试图守卫临安。

当时陈宜中任左丞相，但与平章军国重事王爚不睦，屡屡撂挑子不上朝。留梦炎任右丞相，不信任临时招募的民兵，让文天祥去守卫平江。文天祥受到轻视，非常气愤，他表述当时的心情说："予领兵赴阙，时陈宜中归永嘉，留丞相梦炎当国。梦炎意不相乐，出予以制阃，守吴门。"

蒙军火烧焦山后，分三路进击临安，朝廷无人可用，便想起文天祥来，诏令他移守京师。

守卫京师曾为文天祥渴望不及，现在终于等到了这个机会，他却一点也高兴不起来。临安命悬一线，仅仅靠自己的两万人马无异于以卵击石。尽管如此，强烈的家国情怀，促使他决心不辱使命，与元军决战到底。

同文天祥一样，天台人杜浒召集四千义士前来勤王，却不受朝廷重视，万分失望。他对文天祥仰慕已久，特来拜会，二人志向相投，又都报国无门，今日有缘结识，遂引为知己，从此杜浒成为文天祥的得力助手。

1276年正月十八日，元军围临安，谢太后派人奉上降表，伯颜让宰相出城议事，这本是陈宜中的分内差事，不想陈宜中又临阵脱逃，谢太后无奈，任命文天祥为右丞相兼枢密使，负责与元军谈判投降之事。跟随文天祥的杜浒劝谏说："敌虎狼也，入必无还。" 文天祥理解好友的担心，但依然义不容辞："国事如此，吾不得爱身。"同时幻想着元军能通情达理，变"谈降"为"谈和"，便毅然决然出使元营。

二十日，文天祥在杜浒和部属吕武、金应等人陪同下，出城来到皋亭山，这是伯颜临时帅府所在地。在这里，文天祥毫不妥协，与伯颜展开了一场唇枪舌剑。

文天祥："关于议降的事情是前宰相承办的，我一概不知。今天皇上任命我为丞相，我先来军前与元帅商量两国关系的大事。"

伯颜："我们正是要谈论大事，丞相说的极是。"

文天祥："本朝是正统的中华王朝，是合法政府。北朝是打算与我们建立友好邻邦呢，还是想要灭亡我大宋社稷？"

伯颜为文天祥的气势所镇服，不过，觉得还是应以忽必烈诏命为准，便说："社稷必不动，百姓必不杀。"

文天祥从伯颜的语气中感觉还有商量的余地，于是说："你们北朝多次对我们失信，如果要与大宋结为盟好，请退兵到平江或者嘉兴，然后咱们商议用岁币或者金帛犒师，这样北朝全兵而退，是上策。如果想要亡我国家，毁我社稷，那么两淮、浙江、福建、两广还有许多地盘在我们手上，接下来连年战祸在等着你们。"

伯颜心想：这是来议降的吗？分明是来责难的，便不耐烦地威胁道："你不怕死吗？"

文天祥挺直腰杆凛然作答："我是南朝的状元宰相，受国恩甚隆，只欠以死相报，刀锯鼎镬何所惧？"

对文天祥的凛然傲骨，伯颜赞叹之情油然而起，他环顾左右："这才是大丈夫！"

尽管内心钦佩，但他知悉文天祥曾募集两万民兵勤王卫京，担心将来成为元朝的麻烦，命令手下将其扣留，免得放虎归山。

文天祥愤怒地质问："我代表国家前来商议大事，是为使者，为什么扣留我？"

伯颜假意劝慰："不要发怒，你是宋朝丞相，责任重大，接下来我们还有许多事情要商议。"遂下令将文天祥安排在皋亭山下的驿馆，由忙兀台、唆都二人负责看管，派重兵围守。

如果不出意外，文天祥可能就此成为元军阶下囚，从而退出历史舞台。

## 逃离虎口

文天祥有一首《酹江月》："镜里朱颜都变尽，只有丹心难灭。"这是对他狱中生活的描述，也是被扣押在皋亭山时的真实写照。无论身处何地，面临怎样险恶的环境，在他心中，唯有尽忠报国。

文天祥被扣押不能回朝，二十二日，宋廷另派左相吴坚、贾余庆、昌师孟等再来议降，并递送修改后的降表。

双方议定后文天祥与使臣同处一室。文天祥极力反对投降，愤怒斥责贾余庆认贼作父，卖国求荣，贾余庆无言以对，沉默不语。文天祥犹不解恨，又痛骂伯颜背信弃义，卑劣奸诈。

当时吕文焕在座，劝导说："天命有定数，朝代有更替，非人力所能为。丞相之忠义固然可嘉，贾大人顺应时事也不为过。"

吕文焕不插话则已，一插话文天祥怒气更炽，骂道："你这乱贼有什么资格跟我说话！"

吕文焕一脸无辜："丞相何故骂文焕为乱贼？"

文天祥大声斥责："国家不幸至此，你才是罪魁祸首，你难道不是乱贼吗？三尺童子都在骂你，何况是我！"

吕文焕辩解："我守了襄阳六年没人来救。"

文天祥厉声道："战斗到最后一刻没有援兵，可以以死报国。你贪生怕死，爱惜妻子，既对不起国家，又有辱家族名声。现在整个家族全都叛逆，真是遗臭万年的乱臣贼子！"

吕师孟是吕文福之子、吕文焕的侄子，也是少数没有投降元朝的吕氏家族成员，他替家族鸣不平："丞相既说我们合族叛国，朝廷为什么没有斩了师孟？"文天祥骂道："你们叔侄都是投降派，没有把你们合族诛杀问罪是本朝刑罚失当，还有什么面目在朝中做官？我恨不能杀掉你们叔侄！可悲可叹，你们叔侄现在反而能够杀我了！但我是大宋忠臣，正好凭靠你们叔侄成全名声，求之不得。"

吕文焕叔侄尴尬得无地自容，元将唆都在一旁冷冷地说："骂得好。"伯颜听到消息后赞叹："文天祥快意恩仇，是真男儿。"

公允地讲，吕师孟是位有忠义气节的男儿，在父兄纷纷降元的情况下，他坚守自己的价值观，仍兢兢业业为苟延残喘的南宋朝廷做事。他曾出使元营，吕文焕和元军都强迫他下跪，被严词拒绝。南宋灭亡后，吕师孟被扣押大都四年，而后放归江南，归隐而终。文天祥气愤朝廷议降，将难以排遣的情绪发泄到议降团成员身上，难免株连过当。

二月初五，南宋在祥曦殿举行投降仪式。初九，伯颜遣宋旧臣贾余庆、刘岊、吴坚、家铉翁等为祈请使前往大都觐见忽必烈，押文天祥及随从一同前往。文天祥一度心灰意冷，身上带着一把匕首想要自杀殉国。家铉翁看出文天祥的意图，劝他说："现在到元上都祈请保留宗社，也许还有一线机会，如果失败再死也为时不晚。况且，圣上的两位兄弟逃难在外，还有机会重整社稷，丞相应想办法脱身报国才是，怎能轻言生死？"家铉翁的话击中文天祥痛处，也重新点燃起希望的火焰，他要重新拉起队伍进行战斗！于是开始琢磨怎样潜逃。

二月十日，船到杭县谢村，这是个家家傍江渠、户户有篷船的江南水乡。入夜，杜浒从邻居家偷了一艘小船，载着文天祥在夜幕的掩护下悄悄逃走。谁知运气不好，一位刘姓元军将领起来巡夜，刚好撞见，这次逃跑没有成功，元军看守得更严了。

次日晚上，船泊留远亭，元将与祈请使列座饮酒。贾余庆、刘岊为了讨好元人，变着法儿编排、奚落过去的同僚，把宋朝精英贬得一钱不值。元将拿二人取乐，让船中一名做粗活的村妇坐在刘岊膝盖上，做出各种放浪的动作，极尽丑态，而元将在一旁大笑起哄。

时吕文焕在旁，实在看不下去了，叹息道："国家将亡，生出此等人物。"家铉翁深恶痛绝："衣冠扫地，殊不可忍。"文天祥尤其悲愤，写诗讥讽贾余庆和刘岊二人：

甘心卖国罪滔天，酒后猖狂诈作颠。
把酒逢迎酋虏笑，从头骂坐数时贤。

落得称呼浪子刘，樽前百媚佞旃裘。
当年鲍老不如此，留远亭前犬也羞。

船过镇江，驻守瓜洲的阿术突发奇想，想要见识一下这些曾经位高权重的南宋大臣，于是要求祈请使渡江北上，拜见他这位副统帅。在瓜洲，阿术以战胜国将领自居，对待祈请使如同对待俘囚，趾高气扬，傲慢无礼。其他人尚且能够低三下四，文天祥却感觉受了莫大屈辱，奋笔写下《渡瓜洲》："跨江半壁阅千帆，虎在深山龙在潭。当日本为南制北，如今翻被北持南。"诗中充满不屈、不甘之意。

船回镇江，文天祥一行住在沈颐家，看守王千户凶恶粗暴，态度十分不敬，一天到晚在文天祥身边寸步不离，连睡觉都要在同一个屋子里。

文天祥逃走的决心非常坚定，同杜浒等随从商议："现在不逃，出了长江更难逃了。"杜浒想了想，说："想要逃走必须过王千户这一关，硬来恐怕不行，只有智取。"部属金应补充："还必须有一艘小船。"

元军看守文天祥虽然严密，随从们行动相对自由些，他们分头外出去找船。杜浒认识一名真州人叫余元庆，请他帮忙，余元庆对当地比较熟悉，用钱收买了在元军中管船的老乡，老乡答应鼎力相助，这样终于解决了交通工具的问题。接下来需要摆脱看守的元军，这也难不倒随从们，杜浒借口将要启程，一来答谢房东，二来请押送卫兵途中多多关照文天祥，特备下酒宴一起欢饮。王千户本是贪杯好色之徒，也不推辞，推杯换盏中喝得烂醉如泥。

二月二十九日夜，杜浒将王千户灌醉后，几个人蹑手蹑脚跨出门槛。他们一行十二人，余元庆熟悉地形，作为向导走在前面，文天祥紧跟其后，最后是吕武、杜浒二人。吕武人如其名，孔武有力，武艺高超，但做事鲁莽，他瞧见卫兵身上挎有佩刀，一时手痒，心想路上应急或许用得到，便试着去解佩刀。卫兵虽然喝醉了酒，但长期的军旅生活养成了应有的敏锐性，一下子警醒，本能地张嘴就要喊叫，幸亏跟在后面的杜浒眼疾手快，扑过去用包裹紧紧捂住卫兵的嘴，使他无法发声，又将他的头死死地按在地上。吕武及时出掌，一拳击中卫兵的太阳穴，卫兵顿时失去了意识。吕武迅速解下佩刀，几个人脚步匆匆地走出沈颐家门，消失在小巷深处的暗夜里。

按约定，余元庆的老乡应该在江边准备好船只，等候文天祥他们。众人来到江边约定地点，却找不到船只。众人慌了手脚，不知是被老乡放了鸽子，还是被告发给了元军，看来只有等死的份儿了。文天祥作了最坏的打算，吩咐众人："如果出现意外就一起跳江吧。昔日屈原怀着一颗赤子之心投身汨罗江，今日我们为何不能步先贤后尘，将一腔热血抛洒在中国的土地上？"众人心怀悲壮地等着船，余元庆独自一人沿江岸逆流寻找。大约过了一个时辰，终于看到老乡将船只慢悠悠地划了过来。

有惊无险，众人长长舒了口气。

他们登上船，茫茫江天，逃到哪里呢？宋军占领的地盘有两个比较近，一是扬州，一是真州，因余元庆是真州人，便让艄公驶向真州。

船行七里，天已大亮，江上水波、江岸草木一览无余。失去夜色的掩护最容易被发现，众人的心又忐忑起来。果然一艘大船游弋过来，上面有人向这里喊话："前面什么船？停下检查！"原来碰到了元军的巡逻船。艄公不敢答话，拼命摇橹加速前行。小船无论如何跑不过大船，眼看在劫难逃，上天有眼，江水竟奇迹般地退潮了！元军的大船搁浅无法前行，文天祥等人侥幸逃脱。

十二人终于到了真州，看见城头依然悬挂着宋朝的旗帜，老百姓穿着宋朝的服饰，感到无比亲切，就像流浪汉回到了故土。

真州安抚使苗再成已经很久没有得到朝廷的消息了，见到文天祥分外高兴，听到临安沦陷的消息又悲愤不已。苗再成向文天祥介绍两淮情况："两淮安抚制置大使李庭芝驻扎在扬州，淮西安抚制置大使夏贵驻扎在黄州，一个淮东一个淮西，可惜二人互不服气，不能勠力同心。如果丞相能够调和二人的矛盾，协调作战，何愁不能复兴？"文天祥问苗再成有没有具体的计划，苗再成胸有成竹："先约夏贵佯攻建康，元军必全力以赴应付淮西军。这时以通州、泰州兵攻湾头，以高邮、宝应、淮安兵攻杨子桥，扬州兵攻瓜洲，我带真州兵直捣镇江。四路并发，同一天起兵，协同作战，元军必然顾首不顾尾。其中湾头、杨子桥兵力薄弱，我军得手后三面围攻瓜洲，敌军可破，江南可得。"文天祥听后极为兴奋，立刻给李庭芝、夏贵以及各州府守将写信，将这个作战计划告知他们。

心头燃起希望，文天祥体会到了颠簸逃亡的价值。

## "臣心一片磁针石"

文天祥热切地等待着各地的回应，可他万万没有想到等来的却是自己人的屠刀。

战争风云变幻莫测，此时夏贵已经投降了元军，而李庭芝正在四处搜捕文天祥，只是由于交通不畅，消息还没有传到真州。李庭芝统领淮东，是苗再成的上司，他听到传闻，元军会派一个丞相来劝降，又不相信文天祥能从看守严密的元军眼皮底下逃走，确信文天祥已经叛变，元朝派来的丞相就是文天祥。李庭芝深感丞相叛变乃国家之耻，于是通牒各州，要求见到文天祥立即逮捕并就地处决。

通牒传到了苗再成手中，苗再成暗暗吃了一惊。通过这两天与文天祥的接触，他直觉文天祥是个爱国抗元的忠义之士，但李庭芝又言之凿凿，不由疑窦丛生，一时难辨真伪，既不忍心杀文天祥，又担心文天祥引来元军，里应外合攻陷真州。思虑良久，苗再成取了个折中的办法，他假意请文天祥一行检阅防御工事，让手下陪同出了城，立即下令关闭城门，将文天祥晾在了城外。然后他登上城头，向文天祥说明意图，让他们赶紧离去。

敌人扣留、追杀已经让文天祥筋疲力尽，自己人也误解，文天祥更是彷徨悱恻，万分痛苦，杜浒甚至想要跳壕沟自杀。正当他们不知何去何从的时候，城中有两位军将追了上来，询问文天祥去处。文天祥想了想说："去扬州向李庭芝解释清楚。"两位军将没有发表意见，只是送给他们几匹马作为脚力。

他们就此别过真州，行不远，听到后面有马蹄声和呼叫声，等来人到了近前，还是城里的军将，这次他们送还了文天祥一行的行李，特别叮嘱说："最好不要去扬州，李安抚会杀掉你们。"然后给他们指了一条"明路"："苗安抚在江边准备了船只，宰相南去北归均可自由。""南去"指投靠二王福建小朝廷，"北归"暗指投靠元军。文天祥感谢苗再成的好意，同时感到阵阵悲凉："苗安抚还是怀疑我们！"

其实苗再成让两拨人反复送行，用意是观察文天祥有无投靠元朝的迹象，如果发现异常立刻杀掉。经过试探，知道文天祥确是一片忠心，便放下疑虑，答应护送他们去扬州。

到了扬州城下，文天祥反倒犹豫起来：万一死在自己人手里，太没有价值了。他的随从意见也不统一，杜浒认为应当到福建去寻找二王，金应担心路途遥远，不知何年何月才能到达，中途多有变故。文天祥一贯行事果断，此时也拿不定主意，最后决定先到高邮躲一躲，毕竟扬州离元军太近了，随时有被发现的危险。

通往高邮没有水路，全是陆路。他们不敢走大路，走小路又没有向导。正在为难，余元庆带来一名樵夫，声称能够带他们到目的地，这让大家精神一振。

樵夫陪众人休息一个晚上，第二天天色微亮就起身赶路。这时他们发现少了四个人，原来四人吃不了颠簸之苦，夜里悄悄溜走了，其中包括最早的向导余元庆。

这似乎预示着前途将更加坎坷。

从扬州到高邮大约百十里路，天色太黑看不见道，不能行路，天大亮也不行，怕碰到元军，只有靠黎明前的一段时间赶路。另外，他们已经一天没有吃东西了，腹中饥饿，身上无力，行走得非常缓慢。路上第二天就遇到了事故：这天太阳才露个头，樵夫把众人领到一个小山坡上歇息。山坡上有几间残垣断壁的土围子，看样子像是遭受过战火的房屋，老百姓不知去向。土围子里面污水横流，马粪遍地，鼠虫出没，难以落脚。但墙壁能够挡风，也能藏身，大伙儿便折一根树枝当扫帚，在马粪中扫出一块儿空地，将就着在这里休息。

大家和衣而卧，虽然臭气熏天，但毕竟能够喘口气了，有的静静地想着心思，有的两两窃窃私语，有的则打起了鼾声。忽然他们听到远处传来急促的马蹄声，金应扒在土墙上往外张望，发现一大队元军骑兵浩浩荡荡奔驰过来。他赶紧喊醒沉睡的人，大家心中一惊，四处张望有没有被发现的可能，有没有更好的藏身之所。等元军骑兵到了近前，听外面喊道："这里有一处村庄，去里面瞧瞧。"

"看来今天要死在这里了。"文天祥心想。

也许冥冥之中有神灵护佑，也许文天祥合该光照青史，有时偶然事件能够改变历史走向和个人命运，这次也是，虽然只是暂时改变。未等元军停下马来，忽然狂风大作，乌云翻滚，一场大雨眼看要落下来。"赶路要紧。"外面一个头目招呼着，马蹄声渐行渐远了。

"看来天不亡我，天不亡大宋！"文天祥与众人忘却饥寒，欢呼跳跃起来。

躲过了这队元军，依然不敢行路，一直休息到晚上，饥饿和寒冷更严重了。杜浒走出土围子溜达一圈，回来说："山下有座破庙，总比这里要暖和些，不如去那里避避寒。"众人来到破庙，恰好一群打柴人晚上也在破庙借宿，文天祥向打柴人讨饭吃，打柴人见他一脸斯文，不像坏人，给他们做了一顿热饭，众人总算有了一个温饱的夜晚。

第二天继续早行赶路，走了四十里，到了一个叫板桥的地方迷了路。众人不辨东西，在野外游荡一夜还没有找到正道。拂晓时晨雾散去，看见前面过来一队元军骑兵，大家赶忙躲进路旁的小竹林中，却已被元兵瞧见。元军搭箭便射，两个动作稍慢的人中箭被俘。元军怀疑他们是溃散的宋军，进入竹林进行搜捕。大家趴在地上，用竹叶和腐草盖着身子，企图侥幸不被发现。元军的马匹在小竹林里踏来踏去，马蹄刚好踩在一个人的脚上，那个人疼痛难忍却不敢出声，脚被踏出血来。杜浒运气不佳，被两个元兵搜出，但他身上装有金子，贿赂两个元兵，元兵没有声张，把他放了。文天祥就趴在杜浒不远的地方，元兵来来回回在他身边转了几圈却没有发现。元军还有任务在身，不能久留，叫嚣着要烧了林子，见没有反应便拍马上路了。

经过这一番折腾，一行人越发疲惫，向导也不知啥时候溜了，无踪无影。正山穷水尽之时，又遇到一伙樵夫，杜浒请他们引路，把箩筐当轿子，让文天祥坐在箩筐里由几个樵夫抬着。下面的路比较顺利，到高邮城边已是黎明时分，他们在城外看见了李庭芝捉拿文天祥的告示，又踌躇不敢进城。经过商议，他们雇船沿河向东，漫无目的地寻找容身之处。

走到稽家庄的时候，庄主听说来人是文天祥，全然不顾李庭芝的逮捕令，热情地邀请他到家里做客，摆酒设宴，盛意款待。酒足饭饱之后，派儿子和庄客将文天祥一路护送到泰州，之后又坐船从泰州到达三百里外的通州。

通州就是现在的江苏南通，当时的管辖范围直达东海，从这里入海是最便捷的通道。文天祥直接要求面见守将杨思复，杨思复也接到了李庭芝的通牒，一度怀疑文天祥是奸细，对他反复盘问，不让他进城。后来发现元军也在通缉文天祥，才意识到是个误会，愉快地接纳了他。

文天祥三月二十三日到达通州，休息一段时间后便急着要到永嘉去觐见二王。由于南方已被元军占领，最安全的是走海上。不过通州海船都发了出去，暂时无船，只有等待。一直到闰三月中旬，有三艘海船归来，文天祥乘坐其中一艘，和宦官曹镇结伴出海，这一天是十七日。文天祥仿佛看到了复兴的希望，心潮澎湃，写下诗句"臣心一片磁针石，不指南方不肯休。"后来依据这一诗句，将记录他一路坎坷、九死一生的诗集取名《指南录》。

## "惟有一腔忠烈气"

四月八日，文天祥到了永嘉，不过这时二王已经逃亡到福州了。

文天祥一边向福州进发，一边上书奏请益王赵昰称帝。国不可一日无主，在福州的陈宜中等也有此意，五月初一赵昰在福州正式称帝，拜陈宜中为左丞相兼枢密使，都督诸路军马，张世杰为枢密副使，朝中大权掌握在二人手中。

文天祥五月下旬赶到温州，被授予右丞相兼枢密使、都督诸路军马。文天祥本打算大干一场，不过很快就失望了，小朝廷又陷入了无休无止的争斗和倾轧之中。皇帝只有七岁，不能亲政，杨淑妃常年生活在深宫，不谙国事，国舅杨亮节利用外戚身份和主管内务的优势，打着太后、皇帝的旗号把持朝政。宗亲赵与檡曾为小朝廷立足福建打前站，自以为有功，与杨亮节发生了利益冲突，二人矛盾尖锐。赵与檡在朝廷中人缘不如杨亮节，最后被排挤到浙南。

左相陈宜中是政治斗争的老手，在外朝呼风唤雨，打压对手。对陈宜中威胁最大的是陆秀夫，陈宜中便指使言官弹劾他。武将张世杰看不惯了："这都什么时候了还用言官谏人？"张世杰手中有兵，是流亡朝廷的主要依靠力量，陈宜中深为忌惮，却又奈何不得。

朝廷的权力几乎被杨亮节、陈宜中、张世杰三人瓜分。

张世杰不喜欢文天祥，因为文天祥招募过军队，威信又高，是唯一能在军事领域与他抗衡的对手。

面对复杂局势，文天祥不愿把精力耗费在尔虞我诈之中，主动辞去右丞相一职，提出离开朝廷去经营永嘉，为朝廷北伐开辟前沿阵地。永嘉是个敏感的地方，陈宜中、张世杰都不愿把一个强势对手委派到那里，因而把文天祥派去岭南，巩固后方，作为小朝廷的备用行在。文天祥正要赴任，传来战报广州失守，不得已改派他到南剑州。

文天祥七月到达南剑州，他威望甚高，过去的部下以及福建的一些仁人志士很快聚集到他的周围，南剑州俨然形成新的抗元根据地。九月，元军沿海而下，赵与檡守温州城破被俘，不屈而死。元军一路摧枯拉朽，所到之处宋军皆不能守，小朝廷只好放弃福建，登舟入海。

抗元力量中文天祥最有影响，元军反复写信劝降，文天祥不为所动。降将吴浚亲自登门，被文天祥斩首祭旗。

1277年初，元军侵入福建，文天祥自知兵力寡弱，不足以抗衡元军，便率军队南下，攻取了广东梅州。这时，元朝内部出现纷争，元宪宗蒙哥第四子昔里吉造反，忽必烈急遣伯颜率军平叛，江西元军兵力大为削弱。五月，文天祥从梅州出发，越过南岭反攻江西。在吉州（今江西吉安）、赣州进行游击战的民兵义军和宋军残部盼望王师已久，纷纷投靠于他，一时间声势壮大，接连收复了会昌、于都、兴国等地，极大地鼓舞了人们抗元卫国的斗志。兴国县地势险要，城内设施齐全，文天祥将都督府设在兴国，以此为中心指挥整个江西的收复战斗。义军应势而动，赣州、吉州各县改旗易帜，将两州州府围成孤城。

正当江西抗元势力蓬勃发展的时候，元军平叛回来，江西宣慰使李恒率大军援救赣州，直逼兴国。八月，文天祥派部将黎贵达阻击元军，在泰和县钟步村一带展开激烈战斗。尽管义军作战勇敢，不惜性命，然而步兵根本无法与骑兵抗衡，义军未能抵挡住元军彪悍的铁骑。无奈之下，文天祥再次转移，准备将都督府迁往老家庐陵。部队行进到兴国县边界的方石岭，李恒追兵已到，都统巩信率领十数人扼守岭口，阻挡元军，被乱箭射死，但为文天祥转移争取了宝贵的时间。

撤出方石岭，第二天晚上到达永丰县的空坑村，文天祥借宿在一个叫陈师韩的乡绅家里。没想到元军行动如风般迅疾，文天祥落脚不久即追赶至空坑。文天祥卫兵被打散，妻妾子女被敌人抓住，文天祥在陈师韩和山民的帮助下，靠着对地形的熟悉才侥幸逃脱。

这是又一个至为艰难的时刻，东躲西藏，朝不保夕，随时有性命之忧。一直到年底，退回到广东东北部，才暂时安稳下来。

文天祥没有气馁，更没有退缩。他重整兵马，于1278年二月进兵海丰县，三月收复惠州，广东的抗元形势有所好转。这时南宋小朝廷正在广东流亡，文天祥的抗元力量对保护朝廷起到直接的屏障作用。

十二月，元军卷土重来，以张弘范为元帅、李恒为副元帅，定要将宋朝流亡朝廷和抗元力量消灭净尽，其中文天祥义军是元军剿灭的重点。文天祥得知消息，将义军转移到海丰县北部的五坡岭山区避其锋芒。元军在叛徒的引领下摸清了文天祥的位置，扮成老乡悄悄潜伏到五坡岭附近。文天祥义军对此一无所知。二十日，元军仿佛从天而降，义军正在吃饭，猝不及防，仓促应战。文天祥见已无逃脱的可能，服下随时备在身上的龙脑自杀。龙脑又称冰片，古人相信大量服用能够致人死亡，其实只是让人昏厥而已。文天祥由是被俘。

张弘范把文天祥关在一艘海船上，打算战争结束后押解到元大都。海船途经珠江口外的零丁洋，南宋流亡朝廷所在地厓山近在咫尺。想到山河破碎，君臣蒙难，文天祥心绪难平，写下《过零丁洋》：

> 辛苦遭逢起一经，干戈寥落四周星。
>
> 山河破碎风飘絮，身世浮沉雨打萍。
>
> 惶恐滩头说惶恐，零丁洋里叹零丁。
>
> 人生自古谁无死？留取丹心照汗青。

感时事，叹身世，表达了"留取丹心照汗青"的道德品格和坚定信念，张弘范读后由衷赞叹："好诗，好诗。"

四月二十二日，厓山海战已经硝烟散尽，张弘范押解文天祥北上。路过庐陵时，文天祥决心死在家乡，开始绝食，八天不吃不喝但最终却没有死去。船离开庐陵很远，文天祥听说要在建康停留一段时间，恢复了饮食，希望能够像上次在镇江一样逃脱。然而这次他的愿望落空了，从六月十二日到八月二十四日，船在建康停泊两个多月，却始终没有寻找到逃亡的机会。十月初一晚上，文天祥被押送到大都。

忽必烈并没有想杀掉文天祥。文天祥此时早已名声在外，是人人皆知的英雄志士，招降文天祥有助于安定江南，收拢汉人。元人以他的妻子女儿相要挟，文天祥没有屈服；又让南宋归附的前宰相留梦炎劝降，文天祥也没有动心；又让废帝赵㬎给文天祥下达投降的"命令"，文天祥痛哭流涕地予以回绝。种种威逼利诱没有起到作用，就由平章政事阿合马对他进行恐吓。阿合马令人把他押解到自己面前，要文天祥下跪，文天祥正气凛然："南朝宰相不跪北朝宰相。"阿合马指着文天祥对左右说："此人生死在我手里。"文天祥丝毫不惧："要杀就杀，说什么由你不由你。"

元人达不到目的，开始从肉体上折磨文天祥。他们把文天祥关进阴湿寒冷的地下室，让他自己做饭，给他吃糙米烂菜，伙食极差。文天祥身上爬满虱子，背上长疽，皮上生癞，他自述狱中的环境：

余囚北庭，坐一土室。室广八尺，深可四寻。单扉低小，白间短窄，污下而幽暗。当此夏日，诸气萃然：雨潦四集，浮动床几，时则为水气；涂泥半朝，蒸沤历澜，时则为土气；乍晴暴热，风道四塞，时则为日气；檐阴薪爨，助长炎虐，时则为火气；仓腐寄顿，陈陈逼人，时则为米气；骈肩杂遝，腥臊汗垢，时则为人气；或圊溷，或毁尸，或腐鼠，恶气杂出，时则为秽气。叠是数气，当侵沴，鲜不为厉。而予以孱弱，俯仰其间，于兹二年矣，幸而无恙，是殆有养致然尔。

文天祥总结了狱中有"七气"：潮湿的水气，污泥的土气，炎热的日气，做饭的火气，馊腐的米气，腥臊的人气，恶臭的秽气。文天祥一文弱书生，在这样恶劣的环境中生活了漫长的两年，他安之若素，丝毫不以为意。他是怎样做到这一点呢？全凭身上的浩然正气。有感于此，文天祥写下千古传诵的长诗《正气歌》，其中几句为：

天地有正气，杂然赋流形。

下则为河岳，上则为日星。

于人曰浩然，沛乎塞苍冥。

皇路当清夷，含和吐明庭。

时穷节乃见，一一垂丹青。

……

是气所磅礴，凛烈万古存。

当其贯日月，生死安足论？

元朝另一个宰相博罗审问他："你既然知道挽救不了国家，为什么还要去做？"文天祥类比说："父母病了，明知道医不好也要医。"博罗想杀掉文天祥，但忽必烈惜才，舍不得让文天祥死。

文天祥想死，外面的许多宋朝遗民也想让他死。一个叫王炎午的宋朝太学生写了一篇《生祭文丞相文》，文章的大意是鼓励文天祥做忠君爱国的道德楷模，既然是楷模就一定要坚贞不屈，慷慨就义，这样形象才高大伟岸。文中还提醒文天祥，只要想死，办法很多，比如绝食，比如撞墙，等等，一定要自己主动去死，这样死得才更有价值。留梦炎更想让文天祥死，文天祥多活一天，就会把他的投降行径对比得很难看。他对忽必烈说："不能释放文天祥，不然他又会跑到南方作乱。"

当然也有人想救文天祥。1282年，河北中山有个叫薛保柱的，聚拢千人，贴出告示想要营救文天祥。忽必烈得到消息，感到留着文天祥终究是祸害，他亲自找文天祥进行了最后一次谈话，允诺给文天祥宰相的高位。文天祥说："我是大宋的宰相，怎能做元人的宰相？"忽必烈又说："那就做枢密使吧。"文天祥坚决地拒绝了。忽必烈实在不能理解文天祥，问："那你要什么？"文天祥："一死之外，别无他求。"

公元1283年1月9日，元世祖至元十九年十二月初九，文天祥在元大都柴市刑场被斩。刑前，文天祥向南方拜了两拜："臣报国至此矣。"然后要过纸笔，写下绝命诗：

惟有一腔忠烈气，碧空长共暮云愁。

时宋恭帝赵㬎临安投降已七年，宋末帝赵昺崖山投水已四年。

# 帝王年表暨本书历史段大事记

| 宋朝年号 | 蒙元年号 | 公元纪年 | 大事记 |
|---|---|---|---|
| 咸淳四年 | 至元五年 | 1268 年 | 吕文德同意蒙古在襄樊白河口建榷场，进而同意修堡全。<br>八月，阿术始攻襄樊。<br>九月，刘整献策造船建水军。<br>十一月，吕文焕尝试以襄阳守军自行解围，不胜。 |
| 咸淳五年 | 至元六年 | 1269 年 | 史天泽率 2 万工程兵增援襄阳。<br>三月，赤滩圃之战，张世杰救援襄阳，不胜。继而夏贵向襄阳运送物资。<br>六月，蒙军收紧包围圈，不让宋人上山砍柴。<br>七月，虎尾洲之战，夏贵援襄失败。 |
| 咸淳六年 | 至元七年 | 1270 年 | 八月，蒙古筑一字城以逼襄阳。 |
| 咸淳七年 | 至元八年 | 1271 年 | 四月，湍滩之战，范文虎救援襄阳失败。<br>六月，会丹滩之战，范文虎救援襄阳再次失败。<br>十一月，蒙古建国号"大元"。 |
| 咸淳八年 | 至元九年 | 1272 年 | 三月，元军攻破樊城外郭。<br>夏，张顺、张贵向襄阳城抢运物资，二人皆死难。 |
| 咸淳九年 | 至元十年 | 1273 年 | 正月，蒙古研制"回回砲"投入襄阳战场。<br>正月十一日，元军攻陷樊城。<br>二月二十四日，襄阳城降元。<br>三月，元朝扩建水军，造战船数千艘。 |
| 咸淳十年 | 至元十一年 | 1274 年 | 三月，忽必烈任命伯颜为荆湖行省左丞相，担任平宋主帅。<br>六月，忽必烈下发敕文，布告将士，问罪于宋。<br>七月初九，宋度宗驾崩，宋恭帝赵㬎四岁即位。 |

续表

| 宋朝年号 | 蒙元年号 | 公元纪年 | 大事记 |
|---|---|---|---|
| 咸淳十年 | 至元十一年 | 1274 年 | 九月，元朝大军发于襄阳，开始了灭宋之战。<br>十月，元军绕过郢州，下沙洋、新城；十一月降复州；十二月十四日，元军大胜于阳逻堡，十八日克鄂州。 |
| 宋恭帝德祐元年 | 至元十二年 | 1275 年 | 正月十四日，伯颜入江州。<br>正月十五日，贾似道上《出师表》。<br>二月初五，元军入安庆，初九入池州。<br>二月十八日，丁家洲之战，宋惨败。<br>三月二十二日，阿里海牙取岳州；四月五日屠沙市；四月六日江陵投降。<br>五月，元西川行院攻克嘉定府；伯颜赴阙。<br>六月下旬，泸州投降元军。<br>七月初二，焦山之战。<br>七月，学生和朝臣请诛贾似道，贾在放逐途中被刺死在漳州。<br>九月至次年正月，潭州保卫战。<br>十月二十七日，五牧之战，宋援助常州失败。<br>十一月十八日，元军屠常州。 |
| 宋恭帝德祐二年、宋端宗景炎元年 | 至元十三年 | 1276 年 | 正月初一，元军从九月围潭州，是日城破，知潭州李芾死节。<br>正月，南宋朝臣竞相遁亡。<br>正月十八日，元军围临安。<br>正月二十日，文天祥赴皋亭山进行谈判，被伯颜扣留。<br>二月初五，宋幼帝率群臣跪拜元朝，愿意臣服。<br>二月初九，宋宰辅吴坚、文天祥、贾余庆等为祈请使赴元上都。<br>二月二十九日，文天祥在镇江从元军中逃脱，历尽艰辛从海上奔赴福建寻找"二王"。<br>三月初二，伯颜入临安，建大将旗鼓。<br>三月十二日，宋太皇太后、皇太后、幼主离开皇宫。<br>五月初一，在元上都举行受降仪式。<br>五月初一，景炎帝赵昰在福州即位，成立南宋流亡朝廷。<br>五月，文天祥到达福州，不久出镇南剑州。<br>七月，元军破扬州，姜才、李庭芝死节。<br>七月，元军陷万州。 |

续表

| 宋朝年号 | 蒙元年号 | 公元纪年 | 大事记 |
|---|---|---|---|
| 宋恭帝德祐二年、宋端宗景炎元年 | 至元十三年 | 1276 年 | 十一月，流亡朝廷离开福州，向广东转移。<br>十一月，元军破静江，马墍等战死。<br>十一月，元军再陷泸州。 |
| 景炎二年 | 至元十四年 | 1277 年 | 三月，广东宋军展开反攻，张镇孙收复广州，张世杰围攻泉州。<br>五月，文天祥从梅州进入江西，在兴国县设立都督府。<br>七月，元军陷涪州。<br>十一月，元军再次攻克广州。<br>十二月，破咸淳府。 |
| 宋端宗景炎三年、帝昺祥兴元年 | 至元十五年 | 1278 年 | 三月，破重庆，张珏被俘，自杀。<br>三月，文天祥收复惠州。<br>四月，赵昰病故，陆秀夫立赵昺为帝。<br>六月，流亡朝廷移驻厓山。<br>十二月二十日，文天祥被俘。 |
| 祥兴二年 | 至元十六年 | 1279 年 | 正月，钓鱼城降元。<br>二月，厓山之战。 |

# 主要参考资料

元·脱脱《宋史》，中州古籍出版社，1998。

明·宋濂《元史》，中州古籍出版社，1998。

清·柯劭忞《新元史》，黄曙辉总校，上海古籍出版社，2018。

佚名《宋季三朝政要》，中国书店，2018。

清·毕沅《续资治通鉴》，中华书局，2016。

明·陈邦瞻《宋史纪事本末》，中华书局，1977。

元·刘敏中《平宋录》，中华书局，1985。

清·何秋涛《校正元亲征录》，中华书局，1985。

清·顾祖禹《读史方舆纪要》，贺次君、施和金点校，中华书局，2019。

宋·刘一清《全宋笔记第八编六·钱塘遗事》，大象出版社，2017。

宋·佚名《全宋笔记第八编六·咸淳遗事》，大象出版社，2017。

宋·佚名《全宋笔记第八编六·昭忠录》，大象出版社，2017。

宋·周密《全宋笔记第八编二·癸辛杂识》，大象出版社，2017。

宋·洪迈《全宋笔记第五编五·容斋随笔》，大象出版社，2012。

宋·黄震《黄氏日抄古今纪要逸编》，中华书局，1985。

波斯·拉施特《史集》，余大钧、周建奇译，商务印书馆，1986。

丁传靖《宋人轶事汇编》，中华书局，2016。

孙雅芬等注《武经总要》，西安出版社，2017。

《宋远方志丛刊》，中华书局，1990。

宋·王应麟《玉海》，江苏广陵书社，2016。

周思成《隳三都》，山西人民出版社，2021。

苏天爵编《元文类》，上海古籍出版社，1993。

元·姚燧《牧庵集》，商务印书馆，1936。

《刘敏中集》，邓瑞全等点校，吉林文史出版社，2008。

元·胡祗遹《紫山大全集》，文渊阁四库全书·清乾隆刻本。

元·袁桷《清容居士集》，浙江古籍出版社，2015。

张春晓《贾似道及其文学交流研究》，崇文书局，2017。

佚名《宋史全文》，中华书局，2016。

宋·潜说友《咸淳临安志》，浙江古籍出版社，2012。

宋·高斯得《耻堂存稿》，中华书局，1985。

宋·徐鹿卿《清正存稿》，文渊阁四库全书·清乾隆刊本。

清·屠寄《蒙兀儿史记》，内蒙古人民出版社，2007。

波斯·拉施特《史集》，商务印书馆，1985。

元·张之翰《西岩集》，景印文渊阁四库全书，台湾商务印书馆，1986。

方勇译注《孟子》，中华书局，2017。

黄现璠《宋代太学生救国运动》，吉林出版集团有限责任公司，2015。

明·吕邦燿编《续宋宰辅编年录》，明天启元年刻本。

明·田汝成《西湖游览志馀》，陈志明校，东方出版社，2012。

杨立华《宋明理学十五讲》，北京大学出版社，2019。

宋·朱熹《四书章句集注》，中华书局，2012。

黎靖德编，黄坤注评《朱子语类》，凤凰出版社，2013。

汉·刘向《说苑》，吉林大学出版社，1992。

佚名《昭忠录》，北方文艺出版社，2021。

俞兆鹏、俞晖《文天祥研究》，人民出版社，2008。

《文天祥全集》，江西人民出版社，2020。

宋·黄震《黄氏日抄》，（台北）大化书局，1984。

陈高华、史卫民《元代大都上都研究》，中国人民大学出版社，2010。

元·释念常《佛祖历代通载》，中州古籍出版社，2015。

《中国地方志集成·万历合州志》，巴蜀书社，2017。

# 主要参考论文

乔东山《吕文德若干问题研究》，《宋史研究论丛》2015年第1期。

郑壹教《南宋战争对货币依赖性的表现与结果》，《宋史研究论丛》2018年第2期。

向珊《方回撰〈吕师孟墓志铭〉考释》，《中国国家博物馆馆刊》2015年第6期。

石小红《宋元之际降将吕文焕研究》，《看世界》2020年第5期。

黄纯艳《宋代的战船种类与水战方式》，《国际社会科学杂志：中文版》2016年第3期。

粟品孝《南宋抗蒙重臣朱禩孙生平考》，《宋史研究丛刊》2017年第1期。

翟禹《刘整若干史实探讨》，《辽宁工程技术大学学报（社会科学版）》2016年第4期。

周曲洋《南宋荆湖地区军事补给体制的构建与运作》，《学术研究》2016年第3期。

屈立超《简析宋蒙鄂州之战与"鄂州和议"》，《西南民族大学学报（人文社会科学版）》1986年第S1期。

刘玲娜《论谢枋得》，西南大学高校教师硕士学位论文，2008。

王青松《从刘整叛宋论南宋的"打算法"及其末期的军政危机》，《西北大学学报（哲学社会科学版）》2008 年第 2 期。

张金岭《财政危机与晚宋政局》，《西南民族学院学报（哲学社会科学版）》1999 年第 S6 期。

吕月忠《南宋公田法推行前的财政状况》，《黑龙江史志》2013 年第 21 期。

吕月忠《贾似道的公田法研究》，宁波大学硕士学位论文，2014。

申万里、岑宇凡《宋蒙鄂州之役期间的"议和"问题新探》，《安徽史学》2021 年第 3 期。

于洁《金汁砲小考》，《军事历史》2013 年第 1 期。

肖崇林、廖寅《"福华编"：南宋末年贾似道执政时代述论》，《宋史研究论丛》，2013 年第 1 期。

陈伟生《宋朝太学教育管理研究》，《兰台世界》2014 年 6 期。

张诗芳、王素美《方回的生平经历与创作》，《宋史研究论丛》2019 年第 1 期。

王书才《宋元文学家方回与周密交恶真相之考述》，《鄂州大学学报》2011 年第 4 期。

詹杭伦《周密 < 癸辛杂识 > "方回"条考辨》，《四川师范大学学报（社会科学版）》1989 年第 6 期。

蔺熙民《隋唐时期儒释道的冲突与融合》，陕西师范大学博士学位论文，2009。

刘琼《唐初以论辩为线索的儒释道三教关系特征研究》，陕西师范大学硕士学位论文，2019。

李淑芳《唐代尊孔兴儒现象研究》，曲阜师范大学硕士学位论文，2007。

钟肇鹏《儒学的更新与朱熹在儒学发展中的贡献》，《孔子研究》1998 年第 2 期。

李锦全《孔、孟到程、朱——兼论儒学发展历程中的双重价值效应》,《孔子研究》1998 年第 3 期。

李槐《从汉学到宋学——对儒学发展的历史考察》,《孔学研究》1995 年第 1 期。

刘文《宋末文化中的气节问题》,天津大学硕士学位论文,2016。

徐明辉《浅析宋明理学对中华民族民族性格的影响》,《作家天地》2022 年第 6 期。

彭强龙《宋代理学气节观研究》,哈尔滨工业大学哲学硕士学位论文,2020。

夏延章《文天祥年谱》,《吉安师范学报(哲学社会科学版)》1995 年第 1 期。

罗超《方回降元之文化诠释》,《殷都学刊》2001 年第 2 期。

张程《南宋那些事儿》,《国学》2010 年第 4 期。

张景明《元上都与大都城址的平面布局》,《内蒙古文物考古》1999 年第 2 期。

王尧《南宋少帝赵显遗事考辨》,《西藏研究》1981 年第 6 期。

李勤璞《瀛国公史事再考》,《西藏研究》1999 年第 1 期。

任崇岳《论宋代民族英雄谢枋得》,《黄淮学刊(社会科学版)》1995 年第 1 期。

邝向荣《泉州湾后渚港南宋古船排水量与稳性等研究》,"广域万象:人类航海的维度与面向"国际会议,2019 年。

麻健敏《略述南宋对泉州蕃客的政策》,《中央民族学院学报》1990 年第 6 期。

毛佳佳《蒲寿庚事迹考》,《海交史研究》2012 年第 1 期。

肖建新《两川行院述论》,《四川师范大学学报(社会科学版)》1992 年第 4 期。

《大元光禄大夫平章政事商议陕西等处行中书省事贺公墓铭》,《文物》1979 年第 4 期。

邓晓、何瑛《对宋蒙战争中钓鱼城陷落之反思》，《三峡大学学报（人文社会科学版）》2017 年第 6 期。

王珍燕《从钓鱼城守将看中国传统价值观》，《重庆交通大学学报（社会科学版）》2013 年第 6 期。

王曾瑜《南宋亡国的厓山海战述评》，《南开学报（哲学社会科学版）》2008 年第 1 期。